ROGER DOMMERGUE

VERITÀ E SINTESI
LA FINE DELLE FINZIONI

OMNIA VERITAS

ROGER-GUY POLACCO DE MENASCE
(1924-2013)

Roger Dommergue è stato un professore di filosofia franco-lussemburghese noto per le sue posizioni controverse sull'Olocausto. Dommergue ha sostenuto le teorie revisioniste dell'Olocausto, mettendo in dubbio il numero delle vittime ebree e sostenendo che le camere a gas naziste fossero un mito. Ha tenuto conferenze e interviste in cui ha negato la portata dei crimini commessi dal regime nazista durante la Seconda Guerra Mondiale.

VERITÀ E SINTESI
LA FINE DELLE FINZIONI

Vérité et synthèse – La fin des impostures
2000

Tradotto e pubblicato da
OMNIA VERITAS LTD

OMNIA VERITAS®
www.omnia-veritas.com

© Omnia Veritas Limited – 2025

Tutti i diritti riservati. Nessuna parte di questa pubblicazione può essere riprodotta con qualsiasi mezzo senza la previa autorizzazione dell'editore. Il codice della proprietà intellettuale vieta le copie o le riproduzioni per uso collettivo. Qualsiasi rappresentazione o riproduzione totale o parziale con qualsiasi mezzo, senza il consenso dell'editore, dell'autore o dei loro successori, è illegale e costituisce una violazione punita dagli articoli del Codice della proprietà intellettuale.

PREFAZIONE 15
L'ebreo è il nemico principale 21
PARTE PRIMA 22
CIÒ CHE GLI EBREI HANNO DETTO DI LORO STESSI 22
PREMESSA FONDAMENTALE 22
UN RABBINO SI DICHIARA COLPEVOLE 25
CIÒ CHE GLI EBREI DICONO DEGLI EBREI 31
Baruch Lévy, ebreo 33
Le ghiandole dell'umanità 34
Mondo ebraico 35
Walter Ratheneau, ebreo 35
Benjamin Disraeli, ebreo 35
Benjamin Disraeli, ebreo 37
Marcus Éli Ravage, ebreo 37
Isidore Loeb, ebreo 38
"La Revue des Études Juives 39
I Protocolli degli Anziani di Sion 40
Werner Sombart, ebreo 41
Il coadiutore del rabbino capo di Gerusalemme 41
Henri Barbusse, ebreo 41
Adolphe Crémieux, ebreo 42
Adolphe Crémieux, ebreo 43
René Groos, ebreo 44
Blumenthal, ebreo 44
La Conferenza centrale dei rabbini americani 44
Dichiarazioni fatte all'interno del B'nai B'rith 44
COSA DICONO GLI STESSI EBREI SUL COMUNISMO 49
Rabbino Judah L. magnes 49
Sig. Cohan, ebreo 49
Nahum Sokolow, ebreo 49
Rabbino Lewis Brown 50
Il professor Reinhold Niebuhr, ebreo 50
"L'ebraico americano 50
Hermalin, ebreo 51
"Cronaca ebraica 51
Rabbino Judah L. Magnes 51
Otto Weininger, ebreo 51
"Verso Mosca 51
Angelo Rappoport, ebreo 52
Moritz Rappoport, ebreo 52
"Tribuna ebraica 52
Kadmi Cohen, ebreo 52
"I Maccabei 53
Maurice Samuel, ebreo 53

Angelo Rappoport, ebreo 53
Bernard Lazare, ebreo 54
"Il mondo israelita 54
"Archivi israeliti 54
"New York Time 54
Elie Eberlin, ebreo 55
"Cronaca ebraica 55
Manifesto dei rabbini 55
Louis Fisher, ebreo 56
"I Maccabei 57
"Mondo ebraico 57
"Cronaca ebraica canadese 57
Maurice Murrey, ebreo 57
"Novy mar 58
J. Olgin, ebreo 58
Bernard Lazare, ebreo 58
Angelo Rappoport, ebreo 62
Alfred Nossig, ebreo 62

IL COMUNISMO SOSTENUTO E FINANZIATO DALL'ALTA FINANZA EBRAICA 64

Ecco il testo e le analisi di padre Fahey. 64
Rapporto dei servizi segreti statunitensi 65
Capitalisti ebrei 67
La Rivoluzione russa è stata un investimento ebraico 67
Il simbolismo della bandiera rossa 68
Ebrei e liberalismo 69
Un interessante documento britannico sugli ebrei 69
Risultati inevitabili 70
Un importante banchiere ebreo fa una confessione sensazionale 71
Ecco un documento atroce: 78
La grande proprietà distrugge la piccola proprietà 79
I veri genocidi della storia 79
Interessante documento sulla conversione del rabbino capo Neofìt 82
Due interessanti citazioni di Zinovieff, un ebreo 83
Oro ebraico, padrone del mondo 83
Lo zar nel castello dei Rothschild 88
"Tag 88
"Gli ebrei devono vivere 88
Un abisso incolmabile 95
Gli ebrei sono i più razzisti di tutti i popoli 96
La Società delle Nazioni, un'organizzazione ebraica 96
Dottor Klee, ebreo 96
Jesse E. Sampter, ebreo 96
Max Nordau, ebreo 96
Nahum Sokolov, ebreo 97
Lucien Wolf, ebreo 97
Lennhorr, ebreo 97

Judische Rundschau 97
Sir Max Waechter, ebreo 98
Lenin, ebreo 98
Emil Ludwig, ebreo 98
Al Gran Convento Massonico Internazionale 98
Al convento del Grande Oriente 99
Al Congresso dell'American Jewish Committee 99
La Conferenza di pace 99
La Massoneria, uno strumento ebraico 100
Benjamin Disraeli, ebreo 101
La verità israelita 101
Bernard Shillmann, ebreo 102
Bernard Lazare, ebreo 102
Ludwig Blau, ebreo 102
Isaac Wise, ebreo 102
Bernard Lazare, ebreo 102
La Società Storica Ebraica 103
La guida libera dei massoni 103
Enciclopedia della massoneria 103
Rudolph Klein, ebreo 103
Rev. S. Mac Gowan 103
Simbolismo 103
Il libro di testo della libera muratoria 103
Alpina 104
Le Costituzioni Anderson 104
Samuel Untermeyer, ebreo e massone 104
Findel, ebreo e massone 104
Il tribuno ebraico 105
L'Enciclopedia Ebraica 105
La rivista B'nai B'rith 105

PERCHÉ GLI EBREI NON POSSONO MAI ESSERE CITTADINI DI NESSUN PAESE? 106

UNA PROVA ILLIMITATA DI QUESTO 106

Dr Chaïm Weizman, ebreo 106
Ludwig Lewinsohn, ebreo 106
Israele messaggero 106
Jesse E. Sempter, ebreo 107
Enciclopedia ebraica 107
Tribuna di New York 107
Max Nordau, ebreo 107
Cronaca ebraica 107
Archivi israeliti 108
Lévy-Bing, ebreo 108
Bernard Lazare, ebreo 108
"Pro-Israele 108
Max Nordau, ebreo 108

Nahum Sololow, ebreo 108
S. Rokhomovsky, ebreo 109
Il mondo israelita 109
Archivi israeliti 109
Cronaca ebraica 110
Wodislawski, ebreo 110
Cronaca della domenica 110
Mondo ebraico 110
Theodore Herzl, ebreo 110
Léon. Lévy, ebreo 111
Mondo ebraico 111
Mondo ebraico 111
Rabbino Morris Joseph 112
Arthur D. Lawis, ebreo 112
Léon Simon, ebreo 112
Moses Hess, ebreo 112
Cronaca ebraica 112
Corriere ebraico 112
G. B Stern, ebreo 113
S. Gerald Soman, ebreo 113
La preghiera del Kol Nidre 117
Conseguenze di questa psicopatologia 118
Klatskin, ebreo 118
Jacob Braffmann, ebreo 118
Marcus Éli Ravage, ebreo 118
James Darmesteter, ebreo 119
Kurt Munzer, ebreo 119
Otto Weininger, ebreo 119
Bernard Lazare, ebreo 119
René Groos, ebreo 120
Il signor J Olgin, ebreo 120
Medina Ivrit, ebraico 120
Koppen, ebreo 120
Baruch Lévi, ebreo 121
Dott. Ehrenpreis, rabbino capo 121

IL CROLLO DELLA RUSSIA 122

Verità sull'Israele britannico 122
La Giudeopatia totalitaria è tollerabile? 122
Enciclopedia ebraica 123
Bernard Lazare, ebreo 123
Dott. Hugo Ganz, ebreo 123
Théodore Reinach, ebreo 124
Dr. Rudolf Wasserman, ebreo 124
Cerfbeer da Medelsheim, ebreo 124
L'usura ha regalato agli ebrei metà dell'Alsazia 125
Oscar Frank, ebreo 125
Graetz, ebreo 126

Dr. Rudolf Wasserman, ebreo *126*
Dr. M. J. Guttmann, ebreo *126*
Kreppel, ebreo *126*
La bandiera francese vista dall'ebreo Jean Zay *127*
Simbolismo del pugno chiuso e del braccio alzato, mano aperta *131*
Pericolo! *132*
Comunismo ed ebraismo in Canada *133*
Un interesse vitale *133*
Karl Marx, fondatore del comunismo *134*
Boicottaggio sistematico di tutte le opere che non sono filo-ebraiche, fin dal 1895. .... *134*
Il destino della Russia fu deciso nel 1913 .... *135*
Informazioni sulla Bibbia *135*
Il Giappone *135*

COSA HANNO FATTO PER L'UMANITÀ **137**

Latzis, ebreo *137*
Dr. Fromer, ebreo *137*
Alcune dichiarazioni significative di ebrei *138*
Corruzione fondamentale *139*
Il Jewish Chronicle commenta l'opera di un teologo irlandese *142*
I giudeo-comunisti del Fronte Popolare spagnolo e il 1837 .... *143*
Testimonianze unanimi da parte di ebrei e goyim *143*

TRAGICA CONCLUSIONE **147**
COSA DICONO GLI EBREI IN QUESTA PRIMA PARTE DEL LIBRO?
.... **148**

Mille anni! Accanto all'eterna Sion! *158*

PARTE SECONDA **165**
COSA DICONO I GOYIM DEGLI EBREI **165**

Winston Churchill *165*
Maometto *167*
Erasmus *167*
Lutero *167*
Ronsard *167*
Voltaire *167*
Emmanuel Kant *168*
Benjamin Franklin *168*
Malesherbes *168*
Fichte *169*
Napoleone *169*
Charles Fourier *169*
Schopenhauer *169*
Alfred de Vigny *169*
Honoré de Balzac *170*
Alphonse Toussenel *170*
Proudhon *170*

Michelet *170*
Ernest Renan *170*
Bakunin *170*
Dostoevskij *171*
Victor Hugo *171*
Wagner *171*
Édouard Drumont *171*
Edmond de Goncourt *172*
Guy de Maupassant *172*
Jules Verne *173*
Adolphe Hitler *173*
Georges Simenon *173*
Jean Giraudoux *173*
Lucien Rebatet *173*
Paul Morand *174*
Marcel Aymé *174*
Pierre-Antoine Cousteau *174*
Louis Ferdinand Céline *175*

L'OLOCAUSTO SHERLOCKLAMIZZATO 177

Per saperne di più sulle Nazioni Unite *182*
Segreteria generale *182*
Centro informazioni *184*
Ufficio Internazionale del Lavoro (ILO). *184*
Organizzazione delle Nazioni Unite per l'alimentazione e l'agricoltura (FAO) *184*
Organizzazione educativa, scientifica e culturale (Unesco) *185*
Banca Mondiale per la Ricostruzione e lo Sviluppo *185*
Fondo Monetario Internazionale (FMI) *186*
Organizzazione Mondiale dei Rifugiati *186*
Organizzazione Mondiale della Sanità (che) *187*
Organizzazione Mondiale del Commercio (OMC) *187*
Unione Internazionale delle Telecomunicazioni (UIT) *187*

PARTE TERZA 189
UN TESTO ASSOLUTAMENTE VERO ATTRIBUITO A UN EBREO .. 189

Il diritto della razza superiore *190*

IL NOSTRO PER LA FRANCIA! 215
GIUDEOPATIA GLOBALISTA TOTALITARIA 228
CONCLUSIONE 232
ALTRI TITOLI 235

PREFAZIONE

"Tutto finirà con la canaglia". Nietzsche

Attaccati alla loro comunità, gli ebrei non possono essere assimilati. La genialità del popolo ebraico consiste nell'aver presentato il problema ebraico solo nel suo aspetto religioso. Secondo l'ebreo, ci sono francesi di fede ebraica, così come ci sono francesi di fede cattolica. Molti goyim (estranei al popolo ebraico) sono caduti in questa trappola. Monsignor Lustiger è un tipico esempio di ebreo cattolico.

Innanzitutto, i semiti non sono di origine europea; sono etnicamente vicini agli arabi, non ai galli.

In secondo luogo, l'ebreo appartiene innanzitutto al popolo di Israele, che è la sua comunità nazionale.

Infine, l'ebraismo approva religiosamente la più antica forma di razzismo che il mondo abbia mai conosciuto. Solo il popolo eletto appartiene all'essenza stessa di Dio, il resto dell'umanità è paragonato agli animali. I rabbini non fanno proselitismo, convertire gli animali all'ebraismo è inutile.

A riprova del suo tradimento, l'ebreo si fa chiamare francese di origine rumena (François Copé, Pierre Moscovici), francese di origine ungherese (Nicolas Sarkozy), francese di origine lussemburghese (Stéphane Bern), francese di origine spagnola (David Pujadas)...

Quando non si definiscono francesi, gli ebrei si definiscono europei, corsi, bretoni... Cittadini del mondo.

Ma mai, oh mai, si definisce ebreo.

Dove c'è l'oro, c'è la nostra patria": questo detto tipicamente ebraico è vero ovunque. Gli ebrei si concentrano nelle regioni più ricche delle nazioni più ricche. Nessun ebreo in Mozambico, molti ebrei in America. La regione di Parigi e l'Alsazia, le due regioni più ricche della Francia, concentrano la maggior parte della popolazione ebraica.

Il denaro governa il mondo e gli ebrei sono i re della finanza: Soros, Barclay, Rothschild, Rockefeller...

Anche l'usuraio Mosè esortava il suo popolo a prestare denaro, ma mai a prenderlo in prestito.

Il prestito con interesse tra ebrei è religiosamente vietato.

Questa passione per l'oro è confermata dai nomi dei nostri economisti più famosi: Marc Touati, Elie Cohen, Alain Minc, Guy Sorman...

Nove volte su dieci il nostro ministro delle Finanze appartiene alla razza errante. Mentre la popolazione ebraica del nostro Paese è dell'1%.

Per la cronaca, il primo testo del successo commerciale di Jean-Jacques Goldman (in francese: *L'homme en or*) era *"Un jour j'aurai tout ce qui brille entre mes mains"* *("Un giorno avrò tutto ciò che brilla nelle mie mani")*. Più che un simbolo, una profezia.

Ogni anno, in occasione della riunione del CRIF (Consiglio di rappresentanza delle istituzioni ebraiche in Francia), tutti i leader politici vengono convocati e invitati a giurare pubblicamente fedeltà alla comunità ebraica. Ad eccezione del Fronte Nazionale, che è stato escluso dalla vita politica francese in seguito a un ordine emesso dal B'naï B'rith (massoneria esclusivamente ebraica) nel 1986.

Jacques Chirac (il più ebreo dei francesi) deve la sua posizione alla promessa fatta alla comunità che, una volta eletto, avrebbe denunciato ufficialmente lo Stato francese e le sue misure antiebraiche di conservazione nazionale.

Nel 2002, il truffatore è stato rieletto con oltre l'80% dei voti, difendendo il valore più importante che il popolo ebraico esige dagli altri: la tolleranza.

Il sogno ebraico di un mondo senza confini implica la dissoluzione delle nazioni in Europa, e poi la dissoluzione dell'Europa nel mondo. Ricordate lo sgomento dell'ebrea Christine Ockrent quando la Francia disse no al referendum euro-globalista del 2005.

Gli ebrei sono i più fanatici sostenitori dell'ingresso della Turchia nell'Unione Europea:
Daniel Cohn-Bendit, Pierre Lellouche, Gilles Martin-Chauffier, Pierre Moscovici, Alexandre Adler...
Il loro sogno deve diventare il nostro incubo. L'argomento è che la Turchia è sempre stata il protettore degli ebrei, anche nelle ore più buie della nostra storia.

Gli ebrei negli Stati Uniti si battono con altrettanta forza per l'ingresso del Messico nell'Unione americana.

Sempre questo desiderio ebraico di annientare l'uomo bianco che potrebbe ancora una volta minacciare il piccolo popolo che soffre.

Come il Front National ha sempre sostenuto, non sono gli immigrati a dover essere incolpati, ma i responsabili della politica di immigrazione.

Da Marek Halter a Elie Wiesel, qui in Francia gli ebrei sognano l'immigrazione, l'incrocio, l'apertura al mondo, l'accoglienza dell'Altro - con la A maiuscola.

Il motore di questa ossessione è la vendetta. Il popolo ebraico vuole farci pagare per le rappresaglie, che ritiene ingiuste, che ha subito nel corso della storia del nostro Paese.

Il popolo ebraico ci ricorda costantemente il nostro dovere di ricordare. Nel migliore dei casi per estorcerci denaro, nel peggiore per farci accettare l'inaccettabile: la sostituzione di una popolazione francese di origine europea con un'altra di origine africana. La messa in scena dell'Olocausto e la sua strumentalizzazione politica ci impediscono di compiere qualsiasi passo verso la salvezza nazionale.

I più accaniti sostenitori degli immigrati senza documenti appartengono alla razza di Giuda: la bestia ebrea Emmanuelle Béart, la bestia ebrea Stéphane Hessel, la bestia ebrea Alain Krivine, la bestia ebrea Patrick Gaubert, la bestia ebrea Mathieu Kassovitz, la bestia ebrea Arno Klarsfeld...

Per 30 anni il ebraico ha sostenuto l'arabizzazione e l'islamizzazione della Francia. Ebrei e arabi hanno marciato mano nella mano contro i sinceri rappresentanti del popolo francese. Inveendo contro il Fronte Nazionale e il suo presidente. L'ebreo

Bernard Stasi martellava il suo slogan "L'*immigrazione è un'opportunità per la Francia*". Erano i giorni d'oro del S.O.S. racisme, fondato dall'ebreo Julien Dray.

Dallo scoppio della violenza in Medio Oriente tra ebrei e arabi. Abbiamo assistito a un'inversione di tendenza e ora queste due comunità sono in guerra sul nostro stesso territorio. Anche la comunità nera chiede conto agli ebrei che hanno tratto profitto dalla tratta degli schiavi (famiglie ebree di Nantes, tra cui la famiglia Mendès-France). Il popolo ebraico si rivolge ora ai francesi, cercando il loro sostegno attraverso la voce di Alain Finkielkraut, che ora denuncia il razzismo anti-bianco.

L'islamofobia, cavallo di battaglia di Philippe de Villiers, è innanzitutto un segnale rivolto alla comunità ebraica. È un segno di fedeltà e di adesione a una lobby che non esiste.

Dopo l'Iraq, gli ebrei stanno preparando l'opinione pubblica a una guerra contro l'Iran. La guerra preventiva tanto cara a Bernard Kouchner è innanzitutto la possibilità di distruggere preventivamente qualsiasi Paese che possa minacciare lo Stato di Israele.

Dopo la vittoria ebraica del 1945, l'antirazzismo, il multiculturalismo e la miscegenazione sono diventati i valori fondanti della società giudeo-occidentale.

La compagna di Sarkozy, Cécilia, ebrea purosangue, si vanta di non avere nemmeno una goccia di sangue francese nelle vene. Mentre il marito spiega il declino delle civiltà con la mancanza di incroci.

Per l'ebrea Madame de Fontenay, organizzatrice delle elezioni di Miss Francia, le donne più belle si trovano nelle regioni più miste.

Ufficialmente le razze non esistono, ma devono mescolarsi, ed è fondamentale mescolare ciò che non esiste!

Il popolo dominante sostiene di amare la giustizia. Più vicino agli assassini che alle loro vittime, l'ebreo Robert Badinter ha fatto abolire la pena di morte.

L'ebreo André Gluksmann denuncia costantemente gli errori commessi in Cecenia, ma ignora sistematicamente i crimini commessi dal popolo ebraico in Palestina.

Il custode del tempio della memoria, Claude Lanzmann, ha dichiarato pubblicamente che se gli storici revisionisti potessero esprimersi liberamente, nel giro di 2 o 3 anni nessuno crederebbe più all'Olocausto.

È vero che per un popolo che si dichiara sterminato, ce ne sono molti nei media: i Drucker, gli Arthur, i Fogiel, i Castaldi, i Moati, gli Okrent, i Miller, i Benamou, gli Schonberg, i Pujada, gli Attal, i Veil, gli Abiker, i Beigbeder, i Namias, ecc.

Si tratta degli stessi media che hanno organizzato manifestazioni spontanee contro il FN in vista delle elezioni presidenziali del 2002.

Si dice che gli antisemiti soffrano di paranoia, che vedano gli ebrei ovunque. Facciamo un esempio a caso. I candidati del Partito Socialista alle elezioni presidenziali del 2007 sono:

Laurent Fabius: *ebreo*

Dominique (*Gaston*) Strauss-Kahn: *ebreo*

Jack Lang: *ebreo*

François Hollande: *ebreo*

Bernard Kouchner: *ebreo*

Ségolène Royal: *finalmente una francese!*

Si dice che gli antisemiti sopravvalutino l'influenza degli ebrei. Ma chi è che detta la politica estera degli Stati Uniti? A tal punto che non è più chiaro se siano gli Stati Uniti ad essere alleati di Israele o viceversa.

Da Voltaire a Shakespeare a Dostoevskij, le menti più brillanti della cultura europea sono antisemite.

Quanto ai filosemiti, vogliono convincerci che tutti gli uomini sono uguali. Tuttavia, l'aggressione reale a un francese suscita generalmente poco interesse; è solo un'altra notizia, una banalità, un dettaglio. Mentre l'aggressione reale (*affare Halimi*) o fittizia (*affare RER*) a un semita scatena immediatamente un putiferio, l'emozione suscitata è al massimo e le massime autorità emettono il loro richiamo all'ordine: "*Attaccare un ebreo è attaccare tutta la Francia*".

Siamo invitati a ricordare che la vita di un solo ebreo vale la vita di 60 milioni di francesi.

Questa Francia ebraica è incarnata moralmente dal miliardario Bernard Henry Levy. Nel suo libro straccione *L'idéologie française*, vomita la France profonde, la Francia francese.

Le civiltà nascono e muoiono, ma l'ebreo è sempre lì, eterno a se stesso. Sparsi per il mondo, minoranza ovunque, sono sopravvissuti ai millenni.

Quando la Francia, che è stata africanizzata fino alla morte, sarà finalmente entrata a far parte del Terzo Mondo. Gli ebrei faranno le valigie e si dirigeranno verso terre più prospere (*probabilmente l'Asia*) per continuare i loro affari. Jacques Attali ha sempre mostrato il suo disprezzo per i popoli sedentari legati alla loro terra.

L'immigrazione per il ripopolamento e l'incoraggiamento dell'aborto (*inaugurato dall'ebrea Simone Veil*) sono i due pilastri della politica ebraica contro i francesi autoctoni. Senza dubbio non dobbiamo generalizzare sulla colpevolezza degli ebrei nello sterminio del popolo francese. Tra loro potrebbero esserci stati alcuni innocenti.

Per molto tempo i nostri re ci hanno protetto dal potere finanziario ebraico. La monarchia riuscì persino a espellere il popolo ebraico dal regno di Francia.

Quanto alla Chiesa cattolica, ha tradito la sua missione primaria: proteggerci dalla perfidia dei deicidi.

Oggi la bestia ebraica ripone tutte le sue speranze nel capitalismo senza Stato. Il mondo intero visto come un grande mercato aperto, senza confini, senza nazioni, senza identità, senza tradizioni. Un mondo monocolore popolato da consumatori che indossano tutti jeans Levis.

Nulla sembra ora ostacolare l'ascesa del popolo ebraico verso il governo mondiale dei Saggi.

Ma questo significa che dovremmo abbandonare ogni speranza, sdraiarci e morire di quella morte lenta che gli ebrei sanno fare così bene?

In passato, il popolo ebraico credeva che avrebbe raggiunto il suo obiettivo di dominio mondiale attraverso il comunismo (*l'ideologia dell'ebreo Marx, la rivoluzione dell'ebreo Trotsky*). Il comunismo ha dato origine al fascismo e al nazismo.

Ogni volta che la bestia ebraica si avvicina al suo obiettivo supremo, si mostra troppo sicura di sé, diventa temeraria, rivela la sua arroganza superba. Facendo sì che il non-ebreo prenda vita.

L'EBREO È IL NEMICO PRINCIPALE

Per convincersene, basta leggere la stampa ebraica, in particolare rivista *Droit de vivre* della LICRA.

Prendiamo l'esempio della RECONQUISTA, la lotta lunga 5 secoli contro l'occupazione araba della Spagna, che non sarebbe mai stata possibile senza la precedente espulsione del popolo ebraico.

G. S.

Solstizio d'estate 2006

PARTE PRIMA
CIÒ CHE GLI EBREI HANNO DETTO DI LORO STESSI

> *"I re dell'epoca in cui stiamo per entrare saranno quelli che sapranno meglio impadronirsi della ricchezza. I figli di Israele possiedono questa attitudine in un grado che non è ancora stato eguagliato, e nel movimento generale che sta prendendo forma ovunque contro di loro, dobbiamo vedere i sintomi precursori delle temibili lotte che dovranno essere condotte contro di loro per sfuggire al loro minaccioso potere".*[1] Gustave le Bon, *fine XIX secolo*

PREMESSA FONDAMENTALE

La parola antisemita non significa assolutamente nulla.

Un ebreo è semita solo se le circostanze geografiche lo costringono ad esserlo, e solo allo stesso modo degli altri semiti. Un ebreo alto, biondo e con gli occhi azzurri, la cui famiglia vive in Polonia da sette secoli, non è in alcun modo semita. Un ebreo basso e tarchiato del Sud America non ha nulla in comune con questo ebreo polacco, a parte un costante particolarismo nel tempo e nello spazio, di cui questo libro si occuperà a lungo.

A parte le razze bianche, nere, gialle e rosse, le razze non esistono: esistono solo gruppi etnici che sono il risultato di un adattamento ormonale a un ambiente fisso, per almeno otto-dieci secoli. Gli ebrei non hanno mai vissuto in un luogo geografico fisso per mille anni,

---

[1] Il fatto spiacevole è che, un secolo dopo, nel 1999, la giudeopatia totalitaria ha completato la sua opera egemonica, con le conseguenze di un inquinamento morale, fisico ed ecologico che, essendo innaturale, può essere risolto solo da cataclismi multiformi.

nemmeno in Palestina: non possono in alcun modo costituire un gruppo etnico.

I tratti caricaturali che spesso mostrano, così come le loro impareggiabili capacità speculative, ma prive di senso morale e spirito di sintesi, come vediamo a profusione nelle cronache di questo secolo e nella Storia, sono dovuti esclusivamente agli effetti della circoncisione dell'ottavo giorno, il primo dei ventuno giorni della prima pubertà.[2]

Quindi non ci sono Goyim come Soros, Warburg, Hammer, Marx o Freud (finanza, logica smontata, sogni del sistema).

È quindi possibile essere "antiebraici" per ovvi motivi, dimostrati da argomenti e fatti implacabili.

Ebrei famosi li hanno smascherati. Goyim famosi come Benjamin Franklin, che voleva negare loro la cittadinanza americana, li hanno confermati.

Qualsiasi verità sugli ebrei viene automaticamente etichettata come "antisemita" e d'ora in poi punibile per legge, poiché gli ebrei hanno fatto promulgare leggi razziste "antirazziste" (crimine di pensiero secondo Orwell) che vietano di rivelare le loro manovre, le loro azioni, la loro mostruosa importanza nei governi occidentali dove, come negli Stati Uniti, dominano tutto.

In questo libro studieremo le verità espresse da ebrei molto famosi e confermate da famosi goyim.

Al giorno d'oggi, uno studio del genere è confidenziale, dato che nel 2000 non c'è ancora libertà di espressione, a parte quella abbondantemente concessa alla droga, alla pornografia, all'omosessualità, all'aborto, alla pillola patogena e teratogena, alle chemtrails alimentari e farmaceutiche, alla pedofilia, alla distruzione ecologica e all'orrore economico in generale...

Spesso mi viene chiesto: "Perché tu, ebreo, scegli di rivelare la verità che può solo danneggiare la tua 'razza'?

---

[2] Il problema della circoncisione ebraica è trattato nel mio libro "*Secret Files of the 21st Century*". Questa scoperta è dovuta al dottor Jean Gautier, che ha spiegato l'anteriorità funzionale del sistema ormonale rispetto al sistema nervoso. Ho difeso una tesi di dottorato alla Sorbona basata sul suo lavoro: "*Le dandysme, hyperthyroïdie physiologique*".

La mia risposta è che, prima di tutto, non è una questione di razza ma di patologia extradimensionale e che il fatto di avere la peste non significa che si debba sostenere che la peste sia un criterio di salute.

Inoltre, la simbiosi tra la perversione ebraica e la stupidità goyish (non c'è altra parola per definirla) sta portando il mondo intero al nulla, alla sua fine.

Vorrei, per quanto mi è possibile, impedire che si realizzi la previsione di Hitler nel *Mein Kampf*: "Se gli ebrei, con la loro professione di fede marxista, prenderanno in mano le redini dell'umanità, allora la terra sarà privata dei suoi abitanti e ricomincerà a girare, da sola nell'etere, come fece milioni di anni fa".

Il testo che segue: "*Un rabbino si dichiara colpevole*", è di tale importanza che l'ho volutamente posto all'inizio di questo libro. Con implacabile lucidità, il rabbino Manfred Reifer offre una magistrale panoramica della necrosi ebraica che ha preceduto Hitler, demistificando la demonizzazione di Hitler ed evidenziando la demonizzazione ebraica.

Mai un Goy "antisemita" ha scritto con tale implacabile lucidità, nemmeno Céline...

UN RABBINO SI DICHIARA COLPEVOLE

Questo documento, non più disponibile, è stato distrutto in massa dagli ebrei.

È facile capire perché. Otto mesi dopo l'ascesa al potere di Hitler, il 2 settembre 1933 la *Czernowitz Allgemeine Zeitung* pubblicò questo articolo del rabbino Manfred Reifer.

"L'attuale situazione degli ebrei in Germania è il culmine di un processo storico. È uno sviluppo il cui inizio può essere fatto risalire all'epoca di Bismarck. Doveva essere così se vogliamo comprendere la profonda importanza storica di questo movimento antisemita, di cui Hitler è l'espressione più forte. Chiunque non l'avesse previsto era cieco.[3]

Abbiamo cercato di chiudere gli occhi sugli eventi e abbiamo agito secondo il volgare assioma: "ciò che non vogliamo, non ci crediamo". *Era un modo comodo per evitare le questioni fondamentali, per guardare il mondo attraverso occhiali rosa. I predicatori dell'assimilazione ebraica cercavano di gettare un velo sulla realtà delle cose e giocavano il liberalismo, morto da tempo, come ultima carta. Non capivano il corso della storia e pensavano di potervi sfuggire dichiarandosi* "tedeschi di fede mosaica", *negando l'esistenza di una nazione ebraica, tagliando tutti i fili che li legavano all'ebraismo di , cancellando la parola* "Sion" *dai loro libri di preghiera e inaugurando* il *"servizio domenicale". Essi consideravano l'antisemitismo come un fenomeno passeggero che*

---

[3] Dieci anni prima del nazismo, il filosofo ebreo Henri Bergson avvertì gli ebrei che se non avessero cambiato il loro comportamento, avrebbero vissuto la più grande manifestazione antisemita della storia.

Ma oggi, quando i parametri dell'antisemitismo sono concentrati come mai nella storia, dico loro esattamente la stessa cosa: non mi ascoltano perché non si può nemmeno dire senza essere accusati, se si è ebrei o goy. Questa superba analisi sarà integrata dalla mia nella seconda parte del libro.

poteva essere eliminato con un'intensa propaganda e l'organizzazione di società fondate per combatterlo.[4]

Questi erano i pensieri di molti ebrei tedeschi. Da qui l'immensa delusione, la profonda rassegnazione di fronte alla vittoria di Hitler, la disperazione senza nome, la psicosi crescente, che culmina nel suicidio, la demoralizzazione completa. Ma chiunque giudichi gli eventi in Germania secondo il principio di causalità, giudicherà il movimento nazionalsocialista come il culmine di uno sviluppo naturale.

Capirà anche che la storia non conosce incidenti, che ogni epoca è il risultato dell'epoca che l'ha preceduta. Questa è la chiave per comprendere la situazione attuale. In Germania, la lotta contro l'ebraismo è stata condotta intensamente per mezzo secolo, con precisione tedesca. L'antisemitismo scientifico ha messo radici nel terreno stesso della Germania.

Tutto questo gli ebrei tedeschi si rifiutarono di vederlo. Si nutrivano di false speranze, ignoravano la realtà e sognavano il cosmopolitismo, l'epoca di Dohm, Lessing e Mendelssohn. Gli ebrei sradicati si abbandonarono a fantasie e si illusero con sogni cosmopoliti. Ciò si manifestò in due modi: o acclamarono il liberalismo generale o divennero i portabandiera del socialismo. Entrambi i campi di attività hanno fornito nuova linfa all'antisemitismo. In buona fede, desiderosi di servire la causa dell'umanità, gli ebrei iniziarono a infiltrarsi attivamente nella vita del popolo tedesco. Con la loro caratteristica passione ebraica, si lanciarono in tutti i campi del sapere. Si impadronirono della stampa, organizzarono le masse di lavoratori e cercarono di influenzare l'intera vita spirituale in direzione del liberalismo e della democrazia. Questo naturalmente provocò una profonda reazione nelle popolazioni che li ospitavano. Quando gli ebrei, ad esempio, presero il controllo delle cosiddette discipline

---

[4] Stanno commettendo di nuovo lo stesso errore: immaginano che la creazione di MRAP, LICRA, SOS Racisme, ecc. impedirà loro di essere completamente fuori moda, anche se raggiungono il livello stalinista della legge Gayssot.

Non riusciranno a sfuggire a una terribile esplosione perché il problema non è quello. Il problema è in loro stessi. L'unica soluzione radicale è l'abolizione della circoncisione dell'ottavo giorno, perché non sono in grado di cambiare il loro comportamento: al contrario, lo stanno peggiorando con una progressione geometrica.

internazionali, quando si distinsero nei campi della fisica, della chimica, della medicina, dell'astronomia e, in una certa misura, della filosofia, poterono al massimo suscitare l'invidia dei loro colleghi ariani, ma non l'odio generale dell'intera nazione. La gente non gradiva che gli ebrei vincessero il premio Nobel, ma lo accettava in silenzio. Ma quando si tratta di discipline nazionali, la questione è ben diversa.

In questo campo, ogni nazione si sforza di sviluppare le proprie forze originali e di trasmettere alle generazioni presenti e future i frutti del lavoro spirituale della razza. Non è questione di indifferenza per il popolo sapere chi scrive sul Natale, chi celebra la Messa, chi chiede di frequentare la Chiesa. Ogni popolo, in ogni nazione, vuole che i suoi figli siano educati nel proprio spirito. Ma mentre ampie fasce del popolo tedesco lottavano per mantenere la propria specie, noi ebrei riempivamo le strade della Germania con il nostro clamore.

Ci siamo proposti come riformatori mondiali e abbiamo pensato di poter influenzare la vita pubblica con le nostre idee.

Abbiamo suonato le campane e invitato alla preghiera silenziosa, abbiamo preparato la Cena del Signore e celebrato la sua Risurrezione.

Abbiamo giocato con i beni più sacri del popolo e ci siamo presi gioco di tutto ciò che era sacro per la nazione.

Ci siamo affidati ai diritti imperituri della democrazia e ci siamo sentiti cittadini uguali allo Stato nella comunità tedesca. Ci atteggiammo a censori della morale del popolo e versammo tazze piene di satira sul tedesco Michael.

Volevamo essere profeti nei campi pagani della Germania e ci siamo dimenticati di noi stessi fino al punto di dimenticare che tutto questo avrebbe portato la distruzione su di noi.

Abbiamo fatto rivoluzioni e, come eterni cercatori di Dio, ci siamo precipitati alla testa delle masse.

Abbiamo dato una seconda Bibbia al proletariato internazionale, una Bibbia al passo con i tempi, e abbiamo suscitato le passioni del Terzo Stato.

➢ *Dalla Germania, l'ebreo Karl Marx dichiarò guerra al capitalismo.*

> *L'ebreo Lassalle organizzò le masse di persone nella stessa Germania.*

> *L'ebreo Édouard Bernstein ha reso popolare l'idea.*

> *Gli ebrei Karl Liebknecht e Rosa Luxembourg diedero vita al movimento spartachista.*

> *Kurt Eistner, ebreo, fondò la Repubblica Sovietica Bavarese e ne fu il primo presidente.*

Contro tutto questo, la nazione tedesca si sollevò e si ribellò. Voleva plasmare il proprio destino, determinare il futuro dei propri figli. Non la si può biasimare per questo.

Quello che non ho mai condiviso è l'idea della cittadinanza mondiale e del cosmopolitismo, con gli ebrei in prima linea nelle loro truppe. Questo popolo sradicato[5] immaginava di avere la forza di trapiantare le idee di Isaia nelle pianure della Germania e di assaltare il Walhalla con Amos. A volte ci riuscirono, ma inghiottirono se stessi e l'intero popolo ebraico sotto le rovine di un mondo che era crollato.

Dobbiamo guardare alla lotta del regime hitleriano da un'angolazione diversa da quella che imponiamo noi e imparare a comprenderla. Noi ebrei non ci siamo forse ribellati e abbiamo condotto guerre sanguinose contro tutto ciò che era straniero?

Che cos'erano le guerre dei Maccabei se non una protesta contro uno stile di vita straniero e non ebraico? E in cosa consistevano le eterne battaglie dei profeti? Nient'altro che l'eliminazione degli elementi estranei e la sacra conservazione della natura originale dell'ebraismo. Non ci siamo forse ribellati ai re di razza mista della casa degli Idumei? Non abbiamo forse escluso i Samaritani dalla nostra comunità perché praticavano matrimoni misti?

Perché i nazionalisti tedeschi non dovrebbero fare come noi, quando un Kurt Eisner si appropria personalmente delle prerogative dei Wittelsbach?

Dobbiamo imparare a guardare in faccia la verità e a trarre le nostre conclusioni.

---

[5] Simone Weil ha usato ancora questo termine: "Gli ebrei, questo pugno di '*sradicati*', hanno causato lo sradicamento dell'intero globo".

Non vorrei essere un falso profeta, ma ignorare i fatti tangibili non risolverà il problema.

Ciò che accade oggi in Germania accadrà domani in Russia. Per tutti i crimini che sono derivati dal sistema comunista, gli ebrei della Russia sovietica dovranno un giorno soffrire. Dovremo pagare a caro prezzo il fatto che Trotsky, Joffe, Sinovieff, ecc. hanno avuto ruoli di primo piano nella Russia sovietica.

Non abbiamo forse peccato più gravemente contro la democrazia nella Russia sovietica che in Germania? Mentre nella Germania di Hitler è stato eletto dalla maggioranza, in Russia non è successo nulla del genere. In quel Paese una piccola minoranza, che oggi conta appena quattro milioni di persone, dopo 15 anni di organizzazione, ha proclamato la dittatura del proletariato.

Anche nella Russia sovietica gli ebrei cercarono di essere i precursori e i proclamatori di una nuova verità assoluta. Essi intensificarono i loro sforzi per interpretare la Bibbia bolscevica e per influenzare il pensiero del popolo russo.

Questo processo richiede la più forte resistenza e porta all'antisemitismo. Cosa succederà quando il governo sovietico cadrà e la democrazia festeggerà il suo ingresso solenne in Russia?

Gli ebrei staranno meglio di come stanno oggi in Germania?[6] Dietro ai Trotsky, ai Kameneff, ai Sinovieff, ecc. il popolo russo non scoprirà i loro vecchi nomi ebraici e farà soffrire i loro figli per i crimini dei loro padri? Il popolo russo non scoprirà i suoi vecchi nomi ebraici e farà soffrire i suoi figli per i crimini dei loro padri? O il regime durerà così poco che saranno i padri stessi a dover espiare?[7]

Non ci sono esempi di questo? Non sono forse migliaia gli ebrei che hanno perso la vita in Ungheria perché Bela Kuhn ha fondato una repubblica sovietica nella terra di Santo Stefano? Lo stesso Bela

---

[6] Questa analisi è tanto più attuale se si considera che il 17 novembre 1998 l'antisemitismo russo, persino quello comunista, era appena esploso, fino a sfociare in pogrom. Ciò sottolinea la lucidità di questa analisi, di cui nessun goy, a mia conoscenza, è stato capace.

[7] In un programma storico del canale francese La Cinq, abbiamo appreso che Stalin, poco prima di morire, aveva pianificato un pogrom nazionale che non ebbe luogo a causa della sua morte.

Kuhn che fece massacrare 25.000 cristiani in meno di cento giorni! Gli ebrei ungheresi pagarono caro il fatto di aver giocato a fare il profeta.

All'interno delle Internazionali, gli ebrei sembravano essere gli elementi più radicali.

I tedeschi, i francesi, i polacchi e i cechi hanno una patria e il loro internazionalismo risiede in Germania, Francia, Polonia e Cecoslovacchia. Sono nativi sotto un potere nazionale. Nel 1914, i tedeschi bruciarono la bandiera rossa nello zoo di Berlino e corsero verso la guerra con un ritornello patriottico sulle labbra. Il socialista polacco Daszinski era in prima linea nella lotta per far risorgere la Polonia e i socialisti cechi cantavano con entusiasmo la loro canzone patriottica (Kde domov muj).

Solo gli ebrei non volevano sentir parlare di patria. Caddero come profeti illustri sul campo di battaglia della libertà. Karl Liebnecht, Rosa Luxembourg, Kurt Eisner, Gustave Landauer: non verrà recitato alcun Kaddosh,[8] non verrà celebrata alcuna messa. Loro, e in una certa misura i figli del liberalismo, tutti questi poeti, autori, artisti, giornalisti (ebrei) hanno preparato i tempi attuali, alimentato l'antigiudaismo, fornito le basi e i materiali per il nazismo. Tutti desideravano il meglio e hanno ottenuto solo il contrario.

La maledizione della cecità li aveva colpiti.[9]

Non hanno visto l'avvicinarsi della catastrofe. Non hanno sentito i passi del tempo, i passi pesanti del loro destino, i passi pesantissimi della nemesi della Storia".

---

[8] Furono tutti uccisi durante i disordini causati dalle rivoluzioni che avevano organizzato.

[9] E li colpirà sempre finché non avranno distrutto l'umanità distruggendo se stessi. Solo l'abolizione radicale della circoncisione dell'ottavo giorno potrebbe salvare gli ebrei e l'umanità.

CIÒ CHE GLI EBREI DICONO DEGLI EBREI

Nel numero del 1° luglio 1880, "*Le Contemporain*", un'importante rivista parigina, pubblicò un lungo articolo intitolato "*Compte rendu de Sir John Readcliff sur les événements politico-historiques survenus dans les dix dernières années*". Si tratta di un discorso tenuto a Praga dal rabbino Reichhorn nel 1869 sulla tomba del rabbino capo Simeon Ben Jehuda. Questo documento fu riprodotto nel libro "*La Russie juive*", di Calixte de Volsky, poi in "*The Britons*" di Londra, quindi in "*La Vieille France*" (n. 214) e in altri giornali. *La Vieille France*" riferisce che Readcliff era stato ucciso poco prima della pubblicazione di questo documento e che l'ebreo che lo aveva fornito (un certo Lassalle) era stato ucciso in un duello.

Queste le parole del rabbino Reichorn:

"Ogni cento anni, noi, i Saggi di Israele, siamo soliti riunirci nel Sinedrio per esaminare i nostri progressi verso il dominio promessoci da Geova e le nostre conquiste sul nemico Cristianesimo.

Quest'anno, riuniti presso la tomba del nostro venerato Simeone Ben Jehouda, possiamo dire con orgoglio che il secolo passato ci ha avvicinato alla nostra meta, e che questa meta sarà presto raggiunta. L'oro è sempre stato e sempre sarà il potere irresistibile. Maneggiato da mani esperte, sarà sempre la leva più utile per chi lo possiede e l'oggetto di invidia per chi non lo possiede. L'oro viene usato per comprare le coscienze più ribelli, per fissare il tasso di tutti i titoli, il prezzo di tutti i prodotti e per sovvenzionare i prestiti dei governi, che sono così alla nostra mercé.

Le principali banche, le borse mondiali e i crediti verso tutti i governi sono già nelle nostre mani. L'altro grande potere è la stampa. Ripetendo incessantemente certe idee, la stampa le fa accettare come verità. Il teatro svolge un servizio simile. (Il cinema non esisteva ancora all'epoca e sarebbe diventato il loro monopolio).

Ovunque la stampa e il teatro obbediscono alle nostre direttive. Lodando instancabilmente il regime democratico, divideremo i cristiani in partiti politici, distruggeremo l'unità delle loro nazioni e semineremo discordia. Impotenti, si sottometteranno alla legge della nostra banca, sempre uniti, sempre devoti alla nostra causa. Spingeremo i cristiani alla guerra, sfruttando il loro orgoglio e la loro stupidità. Si massacreranno a vicenda e ci spianeranno la strada per spingere il nostro popolo. Il possesso della terra ha sempre portato influenza e potere. In nome della giustizia sociale e dell'uguaglianza, smantelleremo i grandi latifondi, ne daremo dei frammenti ai contadini che li desiderano con tutte le loro forze e che presto si indebiteranno a causa dello sfruttamento. Il nostro capitale ci renderà padroni di loro. Noi, a nostra volta, diventeremo i grandi proprietari terrieri e il possesso della terra ci garantirà il potere.

Cerchiamo di sostituire l'oro in circolazione con la cartamoneta. I nostri forzieri assorbiranno l'oro e noi regoleremo il valore della carta, che ci renderà padroni di tutte le vite. Abbiamo tra noi oratori capaci di fingere entusiasmo e di persuadere le folle. Li diffonderemo tra i popoli per annunciare i cambiamenti che devono portare felicità alla razza umana. Con l'oro e le lusinghe, conquisteremo il proletariato che si farà carico di distruggere il capitalismo cristiano. Prometteremo ai lavoratori salari che non hanno mai osato sognare, ma poi aumenteremo il prezzo delle cose necessarie a tal punto che i nostri profitti saranno ancora maggiori. In questo modo, prepareremo le rivoluzioni che i cristiani stessi faranno, e ne raccoglieremo tutti i frutti.

Con le nostre beffe, con i nostri attacchi, renderemo i loro sacerdoti ridicoli e odiosi, e la loro religione ridicola e odiosa quanto il loro clero. Saremo così padroni delle loro anime. Perché il nostro devoto attaccamento alla nostra religione e al nostro culto dimostrerà la superiorità delle nostre anime.

Abbiamo già piazzato i nostri uomini in tutte le posizioni importanti. Cerchiamo di fornire ai Goyim avvocati e medici. Gli avvocati di sono consapevoli di tutti gli interessi; i medici, una volta entrati in casa, diventano confessori e direttori di coscienza.

Ma, soprattutto, occupiamoci dell'istruzione. Così facendo, diffonderemo le idee che ci sono utili fin dall'infanzia e plasmeremo i cervelli a nostro piacimento. Se uno dei nostri cade per disgrazia nelle grinfie della giustizia cristiana, corriamo in suo aiuto. Troviamo tutte le testimonianze necessarie per salvarlo dai suoi giudici, finché non diventiamo noi stessi giudici.

I monarchi della cristianità, gonfi di ambizione e vanità, si circondano di lusso e di numerosi eserciti. Noi forniremo loro tutto il denaro che la loro follia richiede e li terremo al guinzaglio. Dobbiamo stare attenti a non impedire il matrimonio dei nostri uomini con figlie cristiane, perché attraverso di loro penetriamo nei circoli più chiusi. Se le nostre figlie sposeranno dei Goyim, non saranno meno utili per noi perché i figli di una madre ebrea sono nostri. Propagandiamo l'idea della libera unione per distruggere l'attaccamento delle donne cristiane ai principi e alle pratiche della loro religione.

Per secoli, i figli di Israele, disprezzati e perseguitati, si sono fatti strada verso il potere. Controllano la vita economica dei cristiani maledetti; la loro influenza è predominante sulla politica e sulla morale. All'ora desiderata, fissata in anticipo, scateneremo la rivoluzione che, rovinando tutte le classi della cristianità, renderà noi cristiani schiavi una volta per tutte.

È così che si realizzerà la promessa di Dio al suo popolo.[10]

BARUCH LÉVY, EBREO

Amico di Adolphe Crémieux e dei Rothschild, Baruch Lévy scrisse la seguente lettera a Karl Marx. Questa lettera, poco conosciuta, è stata tuttavia riprodotta in numerosi libri e giornali, tra cui la "*Revue de Paris*" del 1° giugno 1928, a pagina 574: "*Nella nuova organizzazione dell'umanità, i figli di Israele si diffonderanno su tutta la superficie del globo e diventeranno ovunque, senza la minima opposizione, l'elemento principale, soprattutto se riusciranno a imporre alla classe operaia il fermo controllo di alcuni di loro. I governi delle nazioni che formeranno la Repubblica Universale passeranno senza sforzo nelle mani degli ebrei sotto la copertura della vittoria del proletariato.*

---

[10] Gli ebrei possono solo negare l'autenticità di tali testi: è inutile, perché queste semplici righe sono un resoconto perfetto della politica del secolo così come l'ho osservata e come si è realizzata.

Hanno anche detto che "*I Protocolli degli Anziani di Sion*" erano un falso. Non ho problemi a crederlo, ma ahimè, tutto ciò che è contenuto in quel libro è assolutamente vero, e molto lontano dagli orrori di oggi (globalismo, rovina economica, pornografia, droga, omosessualità, collasso ecologico, ecc.)

La proprietà privata sarà poi abolita dai governanti ebrei, che controlleranno i fondi pubblici ovunque. In questo modo si realizzerà la promessa del Talmud secondo cui, quando arriverà il tempo del Messia, gli ebrei possederanno le proprietà di tutti i popoli della terra.

San Paolo stesso ha detto: "*Gli ebrei non sono graditi a Dio e sono nemici degli uomini*" (Prima Lettera). Tutto ciò che viene qui riportato, perfettamente realizzato nell'anno 2000, non dimostra che San Paolo avesse torto...

LE GHIANDOLE DELL'UMANITÀ

Testo composto da Louis Lévy nel 1918, pubblicato da "*Nytnordisk Forlag*" di Copenaghen. Fu letto dall'attore ebreo Samuel Basekow in occasione di una festa a sostegno di Karen Hajesad a Copenaghen l'8 dicembre 1935, secondo il "*Berlingske Tidende*" del 9 dicembre 1935, davanti a un pubblico ebreo in delirio.

"I tempi sono giunti - e solo una cosa conta ora - e cioè che ci mostriamo per quello che siamo: una nazione tra le nazioni - i principi del denaro e dell'intelligenza. Un sospiro si leverà da tutta la terra e le folle tremeranno nell'ascoltare attentamente la saggezza che risiede negli ebrei.

Chi non conosce il significato delle ghiandole del corpo umano? Ebbene, ora, per un oculato istinto di autoconservazione, gli ebrei si sono fissati nelle ghiandole della moderna comunità di popoli. Le ghiandole di questa comunità di popoli sono le Borse, le banche, i ministeri, i grandi quotidiani, le case editrici, le commissioni arbitrali, le compagnie di assicurazione, gli ospedali, i tribunali.

Ci sono alcuni pubblicani e alcuni peccatori, studiosi e professori che sostengono che non esiste una questione ebraica. Chiedete al primo che passa per strada, lui lo sa bene. A causa della sua gelosia belligerante, questo zoticone sarà antisemita!

Naturalmente, il popolo ebraico dovrebbe avere una rappresentanza internazionale, un proprio territorio nazionale. Non credete che gli ebrei dell'Europa occidentale faranno un solo passo. In apparenza tutto rimarrà immutato, eppure tutto si trasformerà. Gerusalemme diventerà il nuovo papato. Gerusalemme assomiglierà a una laboriosa tela di ragno, una tela i cui fili di elettricità risplenderanno sul mondo intero.

Il centro di questa rete d'oro, da cui scorreranno tutti i fili, sarà Gerusalemme.

MONDO EBRAICO

Uno dei principali giornali ebraici inglesi pubblicò il 9 febbraio 1883: "*La dispersione degli ebrei li ha resi un popolo cosmopolita. Sono l'unico popolo veramente cosmopolita, e in questa veste devono agire e agiscono come dissolutori di tutte le distinzioni di razza e nazionalità.*

Il grande ideale dell'ebraismo non è che gli ebrei si riuniscano un giorno in qualche angolo della terra per scopi separatisti, ma che il mondo intero sia impregnato dell'insegnamento ebraico e che in una fratellanza universale di nazioni - un ebraismo più grande, appunto - scompaiano tutte le razze e le religioni separate.

Come popolo cosmopolita, gli ebrei hanno superato lo stadio che la forma nazionale del separatismo rappresenta nella vita sociale. Non potranno mai tornarci. Hanno fatto del mondo intero la loro casa e ora tendono la mano alle altre nazioni del mondo perché seguano il loro esempio. Stanno facendo di più. Con la loro attività nel campo della letteratura e della scienza, con la loro posizione dominante in tutti i rami dell'attività pubblica, stanno gradualmente trasformando pensieri e sistemi non ebraici in stampi ebraici".

WALTER RATHENEAU, EBREO

L'industriale (AEG) e organizzatore dell'economia bellica del Reich durante la Prima Guerra Mondiale, Walter Ratheneau, ebreo e ministro degli Esteri tedesco, nel dicembre 1921 pubblicò sulla "*Wiener Press*" le seguenti osservazioni: "*Solo trecento uomini, ognuno dei quali conosce tutti gli altri, governano i destini dell'Europa. Essi scelgono i loro successori all'interno della loro stessa cerchia. Gli ebrei tedeschi hanno nelle loro mani i mezzi per porre fine a qualsiasi forma di governo che ritengono irragionevole*".

BENJAMIN DISRAELI, EBREO

Il primo ministro della Regina Vittoria scrisse questo in "*Coningsby*", un famoso romanzo pubblicato nel 1844: "*E proprio *in questo momento, nonostante secoli o decine di secoli di degrado, la mente ebraica esercita una vasta influenza sugli affari dell'Europa. Non parlo delle loro leggi, che voi obbedite sempre, o della loro letteratura, di cui i vostri cervelli sono saturi, ma dell'intelletto israelita di oggi. Non vedrete mai un grande movimento intellettuale in Europa in cui gli ebrei non abbiano avuto un ruolo importante. La misteriosa diplomazia russa che tanto allarma l'Europa è organizzata e condotta principalmente da ebrei.*

Questa grande rivoluzione, che sarà in realtà una seconda Riforma, più importante della prima, e di cui si sa così poco in Inghilterra, si sta sviluppando sotto gli auspici degli ebrei che monopolizzano in gran parte le cattedre in Germania.

Neander, il fondatore del cristianesimo spirituale e professore reale di teologia all'Università di Berlino, è ebreo. Anche Benary, anch'egli famoso e proveniente dalla stessa università, è ebreo.

Qualche anno fa siamo stati contattati dalla Russia. La verità è che non ci sono mai stati legami di amicizia tra la Corte di San Pietroburgo e la mia famiglia (Rothschild)... Tuttavia, le circostanze tendevano a un riavvicinamento tra i Romanoff e i Sidonia (Rothschild). Decisi di andare io stesso a San Pietroburgo. Al mio arrivo, ebbi un incontro con il ministro delle Finanze russo, il conte Cancrine. Mi trovai faccia a faccia con il figlio di un ebreo lituano. Il prestito riguardava affari spagnoli. Feci il viaggio tutto d'un fiato. Appena arrivato, mi fu concessa un'udienza con il ministro spagnolo, el Señor Mendizabel. Mi trovai faccia a faccia con un ebreo, figlio di un "nuevo christiano", un ebreo dell'Aragona.

A seguito di quanto stava accadendo a Madrid, mi recai direttamente a Parigi per consultare il Presidente del Consiglio francese. Mi trovai faccia a faccia con un ebreo francese: un eroe, un maresciallo dell'Impero, e non c'era nulla di sorprendente in questo, perché dove sarebbero gli eroi militari se non tra coloro che adorano il Dio degli eserciti?

- E Soult, è ebreo? - Sì, e molti altri marescialli francesi. Il più famoso è Massena, il cui vero nome è Manasse.

Ma torniamo al mio aneddoto. Il risultato delle nostre consultazioni fu che sarebbe stata una buona idea rivolgersi a qualche potenza del Nord come amico e mediatore. Decidemmo per la Prussia e il Presidente del Consiglio si rivolse al ministro prussiano che partecipò alla nostra conferenza qualche giorno dopo. Il conte

Arnim entrò nel gabinetto e io mi trovai faccia a faccia con un ebreo prussiano. Come vedi, caro Coningsby, il mondo è governato da personaggi ben diversi da quelli che non sono dietro le quinte...".

BENJAMIN DISRAELI, EBREO

Benjamin Disraeli (Lord Beaconsfield) pubblicò un altro libro intitolato "*La vita di Lord George Bentinck, una biografia politica*". A pagina 357 di questo libro, scrisse: "*Se scoppia un'insurrezione contro la tradizione e l'aristocrazia, contro la religione e il diritto di proprietà, allora l'uguaglianza naturale dell'uomo e l'abolizione del diritto di proprietà saranno proclamate da società segrete che formano governi provvisori, perché a capo di ciascuna di queste società si trovano gli ebrei. Il popolo di Dio collabora con gli atei, i più abili accumulatori di ricchezza si alleano con i comunisti. La razza particolare ed eletta dà una mano a tutta la feccia della malavita europea, e tutto questo perché gli ebrei vogliono distruggere quella cristianità ingrata che deve loro anche solo il nome e di cui non vogliono più sopportare la tirannia*".

Disraeli scrisse anche nella stessa pagina, a proposito della rivoluzione del 1848 che fece sprofondare diversi Paesi nel caos: "*Se non fosse stato per gli ebrei, questo indesiderabile disordine non avrebbe devastato l'Europa*".

MARCUS ÉLI RAVAGE, EBREO

Questo autore ebreo ha scritto quanto segue nel "Century Magazine" del gennaio e febbraio 1928:

"State facendo molto rumore sull'indebita influenza degli ebrei nel teatro e nel cinema. Va bene, allora. Ammettiamo che le vostre lamentele siano fondate. Ma cos'è questo rispetto alla nostra penetrante influenza nelle vostre chiese, nelle vostre scuole, nelle vostre leggi, nei vostri pensieri quotidiani? Non avete ancora cominciato ad apprezzare la vera profondità della nostra colpa. Siamo degli intrusi. Siamo dei disturbatori. Siamo sovversivi. Abbiamo preso il vostro mondo naturale, i vostri ideali, il vostro destino e li abbiamo offuscati. Siamo stati all'origine non solo dell'ultima grande guerra, ma di quasi tutte le vostre guerre, non solo della rivoluzione russa, ma di tutte le principali rivoluzioni della vostra storia. Abbiamo portato discordia, confusione e frustrazione nella vostra vita personale e pubblica. Lo stiamo ancora facendo e nessuno può dire per quanto tempo ancora lo faremo.

Chissà quale grande e glorioso destino avreste avuto se vi avessimo lasciato in pace! Ma non vi abbiamo lasciati soli. Vi abbiamo preso per mano e abbiamo abbattuto la bella e generosa struttura che avevate costruito, e abbiamo cambiato il corso della vostra storia. Vi abbiamo conquistato come nessuno dei vostri imperi ha mai conquistato l'Africa o l'Asia. E lo abbiamo fatto senza armi, senza proiettili, senza spargimento di sangue e senza rumore, con la sola forza del nostro spirito. Lo abbiamo fatto solo con la forza irresistibile del nostro spirito, delle nostre idee e della nostra propaganda.

Prendiamo le tre principali rivoluzioni dei tempi moderni: quella francese, quella americana e quella russa. Cosa sono se non il trionfo dell'idea ebraica sulla giustizia sociale, politica ed economica? Vi dominiamo ancora... C'è da stupirsi che non ci sopportiate? Abbiamo frenato il vostro progresso. Abbiamo semplicemente diviso la vostra anima, confuso i vostri impulsi e paralizzato i vostri desideri. Se fossimo al vostro posto, vi odieremmo più di quanto vi odiamo. Ci chiamate sovversivi, agitatori, fomentatori di rivoluzioni. Ed è vero. Con il più semplice sforzo e la minima consapevolezza dei fatti, potete apprendere che siamo stati al centro di ogni grande rivoluzione della vostra storia. Senza dubbio abbiamo svolto un ruolo importante nella rivoluzione luterana, ed è un fatto noto che siamo stati i principali istigatori delle rivoluzioni borghesi e democratiche dell'altro secolo in Francia e negli Stati Uniti. Se non lo fossimo stati, avremmo ignorato i nostri interessi.

IsIDORE LOEB, EBREO

Nel suo libro "*La questione ebraica*", Georges Batault cita Isidore Loeb: "*Le nazioni si riuniranno per rendere omaggio al popolo di Dio: tutta la ricchezza delle nazioni passerà al popolo ebraico. Cammineranno dietro al popolo ebraico in catene come prigionieri e si inchineranno davanti a loro. I re alleveranno i loro figli e le principesse allatteranno i loro bambini. Gli ebrei comanderanno le nazioni. Chiameranno a sé popoli che nemmeno conoscono e popoli che non li conoscono correranno da loro. Le ricchezze del mare e le ricchezze delle nazioni verranno da sé agli Ebrei. Il popolo e il regno che non serviranno Israele saranno distrutti. Il popolo eletto berrà il latte delle nazioni e succhierà il seno dei re. Mangerà le ricchezze delle nazioni e si coprirà della loro gloria. Gli ebrei vivranno nell'abbondanza e nella gioia. La loro felicità non avrà fine, i loro cuori si rallegreranno, cresceranno come l'erba. Gli Ebrei saranno una razza benedetta da Dio e tutto il popolo sarà un popolo di dèi. La posterità degli ebrei e il loro nome saranno eterni. Il più piccolo di loro si moltiplicherà in migliaia e il più piccolo diventerà una grande nazione. Dio stringerà con loro un'alleanza eterna. Egli tornerà a regnare su di loro e il loro potere sugli uomini sarà tale che, come si dice, cammineranno a grandi passi sulle alture della terra. La natura stessa si trasformerà in una sorta di paradiso terrestre: sarà l'età dell'oro dell'umanità".*

LA REVUE DES ÉTUDES JUIVES"

Finanziata da James de Rothschild, questa rivista ha pubblicato nel 1880 un documento inedito che mostra gli Anziani di Sion all'opera in Francia a partire dal XV secolo, dirigendo l'azione di conquista degli ebrei.

Il 13 gennaio 1489, Chamor, rabbino degli ebrei di Arles, in Provenza, scrisse al Grande Sinedrio di Costantinopoli chiedendo il suo parere in circostanze critiche.

I francesi di Aix, Arles e Marsiglia, che all'epoca non si tradivano eleggendo un Léon Blum, minacciarono le sinagoghe: cosa si poteva fare?

Questa fu la risposta: *"Amati fratelli in Mosè, abbiamo ricevuto la vostra lettera in cui ci parlate delle ansie e delle disgrazie che state sopportando. Siamo stati pieni di dolore come voi.*

L'opinione dei grandi satrapi e rabbini è la seguente: a quello che dici ti viene imposto, è bene diventare cristiano. Fatelo perché dovete farlo, ma conservate la Legge di Mosè nel vostro cuore.

Quello che dite è un ordine di spogliarvi dei vostri beni: Fate dei vostri figli dei mercanti, affinché a poco a poco spoglino i cristiani dei loro. Quando dite che è in gioco la vostra vita, fate i vostri figli medici e speziali, in modo che possano privare i cristiani della loro vita.[11] *Quando dite che stanno distruggendo le vostre sinagoghe, fate i vostri figli canonici e chierici perché distruggano la loro Chiesa.*[12] *Per quanto riguarda le altre seccature che vi vengono inflitte: fate i vostri figli avvocati, notai, e lasciateli sempre immischiarsi negli affari degli Stati, in modo che, mettendo i cristiani sotto il vostro giogo, possiate dominare il mondo e vendicarvi di loro.*

Non deviate da questo ordine che vi diamo, perché sarete abbassati in un momento in cui sarete presto all'apice del potere". (Firmato; V.S.S.V.F.F., Principe degli Ebrei, 21° di Casleu, novembre 1489)

I PROTOCOLLI DEGLI ANZIANI DI SION

Riportiamo per dovere di cronaca questo testo sconcertante. Il Congresso ebraico canadese ha cercato di screditare questo documento basandosi su un articolo de *"L'Ordre"* che il *"Patriote"* aveva confuso nel marzo 1934. In un opuscolo. Il CJC sostiene che *"I Protocolli degli Anziani di Sion"* sono stati pubblicati per la prima volta a Londra nel 1920, anche se il British Museum aveva catalogato quest'opera, edizione Nilus, già nel 1906 (come 3926

---

[11] Questa affermazione sembra esagerata e persino assurda. Ma la realtà è molto peggiore: il mandarinato della medicina allopatica è ebraico. Questa medicina chimica è patogena e teratogena. I laboratori di terapia chimica sono radicalmente legati alla finanza ebraica. Non si uccidono i cristiani, ma l'uomo nel suo complesso a livello cromosomico. L'aborto di Simone Veil e la pillola patogena di Baulieu sono entrambi ebraici. La vaccinazione sistematica, una manna finanziaria, distrugge i sistemi immunitari e degenera massicciamente la razza umana. (500 casi di sclerosi multipla nel 1995 in seguito alla vaccinazione contro l'epatite B).

[12] Il più importante prelato francese all'alba del 2000 è un ebreo: il cardinale Lustiger, arcivescovo di Parigi. Non è lui che sosterrà J.M. Le Pen, il detentore delle idee cristiane elementari, o semplicemente delle idee elementari perché una nazione sia sana, qualunque sia la sua tradizione religiosa.

Allo stesso modo, la madre di Giovanni Paolo II è ebrea. Il Papa è quindi ebreo. La penetrazione ebraica ha fatto crollare la Chiesa, quando un rabbino ha detto: "Se fossi un cattolico, sarei un fondamentalista, perché essendo un ebreo, sono certamente un fondamentalista. Non è in una sinagoga che si troverebbe l'equivalente di una donna senza cappello, in jeans, a messa davanti al popolo, in francese, con musica regressiva con l'alibi dell'apertura e della tolleranza. Nella sinagoga non si è mosso nulla. Nel cattolicesimo tutto è diventato grottesco.

D17, 10 agosto 1906, come indicato dagli editori della prima edizione inglese, "*Eyres and Spottishwoode, Limited*", stampatore del governo britannico).

Ancora una volta, l'autenticità è , poiché è contenuto in questi testi è vero. Nel corso della mia vita, per tutto il XX secolo, ho assistito personalmente alla realizzazione di tutte le parole d'ordine di questo libro, e anche di molto peggio (freudismo, pornografia, musica patogena e criminogena, droga, collasso ecologico, collasso intellettuale ed estetico, per non parlare dell'orrore supremo del marxismo).

WERNER SOMBART, EBREO

Nel suo studio "*Gli ebrei e la vita economica*" (1926, pagina 51), Werner Sombart, economista e sociologo tedesco, ci dice: "*In una certa misura, si può affermare che è all'impronta ebraica che gli Stati Uniti devono ciò che sono, cioè il loro americanismo, perché ciò che chiamiamo americanismo è solo lo spirito ebraico che ha trovato la sua espressione definitiva. E vista l'enorme influenza che l'America ha esercitato sulla vita economica dell'Europa e su tutta la cultura europea fin dalla sua scoperta, il ruolo che gli ebrei hanno svolto nella costruzione del mondo americano è diventato di importanza capitale per l'intero sviluppo della nostra storia*".

IL COADIUTORE DEL RABBINO CAPO DI GERUSALEMME

Questo rapporto sulla situazione in Palestina (fonte: *Agence Télégraphique Juive*, luglio 1920) affermava: "*L'ebreo sembra ora essere il vero monarca del mondo. Imperi come la Russia, la Germania e l'Austria sono governati da ebrei. Gli ebrei sono i leader dei popoli. Altri Paesi e nazioni seguiranno presto. Gli ebrei vedranno la loro bandiera sventolare sul mondo intero.*

HENRI BARBUSSE, EBREO

Nel suo libro "*Jésus nous dit*", questo ammiratore di Stalin afferma quanto segue: "*Tratteremo le nazioni con una verga di ferro. La giustizia è la restaurazione della dinastia di Davide, la pietà è la condizione degli ebrei. La fede è la vendetta. Vi dico che noi siamo i veri e unici esecutori della legge della lotta finale per il regno di Dio e per la vita eterna, che è la gloria eterna del conquistatore ebreo. Attraverso di voi, la parola del Signore possa rotolare sulle città come un rotolo. Ho in mente una rivolta che assomigli a una rivoluzione".*

ADOLPHE CRÉMIEUX, EBREO

Adolphe Crémieux, che emancipò gli ebrei d'Algeria, fu Gran Maestro del Grand Orient de France, Presidente dell'Alliance Israélite Universelle e due volte Ministro della Giustizia nel 1848 e nel 1870, nel momento critico di queste due rivoluzioni. La seguente dichiarazione fu pubblicata sul *The Morning Post* di Londra il 6 settembre 1920: "*L'unione che vogliamo fondare non sarà un'unione francese, inglese, irlandese o tedesca, ma un'unione ebraica universale. Gli altri popoli e le altre razze sono divisi in nazionalità. Noi da soli non abbiamo cittadini, ma correligionari.*

In nessun caso un ebreo diventerà amico di un cristiano o di un musulmano finché non arriverà il momento in cui la luce della fede ebraica, l'unica religione della ragione, risplenderà sul mondo intero. Dispersi tra le altre nazioni, che da sempre sono ostili ai nostri diritti e ai nostri interessi, vogliamo innanzitutto essere e rimanere immutabilmente ebrei. La nostra nazionalità è la religione dei nostri padri e non riconosciamo nessun'altra nazionalità. Viviamo in terra straniera e non possiamo preoccuparci delle mutevoli ambizioni di Paesi a noi del tutto estranei, mentre i nostri problemi morali e materiali sono cruciali. L'educazione ebraica deve estendersi a tutta la terra.

Israeliti! Ovunque il destino vi conduca, sparsi come siete su tutta la terra, dovete sempre considerarvi parte del popolo eletto.

Se vi rendete conto che la fede dei vostri padri è il vostro unico patriottismo, se riconoscete che, nonostante le nazionalità che avete adottato, rimanete e formate sempre e ovunque un'unica nazione, se credete che l'ebraismo sia la sola e unica verità religiosa e politica, se siete convinti di questo, israeliti dell'universo, allora venite, ascoltate il nostro appello e inviateci la vostra adesione.

La nostra causa è grande e santa, e il suo successo è assicurato. Il cattolicesimo, il nostro nemico di sempre, giace nella polvere, ferito mortalmente alla testa. La rete che Israele sta gettando in tutto il mondo si sta allargando e diffondendo, e le gravi profezie dei nostri libri sacri si realizzeranno finalmente.

Si avvicina il momento in cui Gerusalemme diventerà la casa di preghiera per tutte le nazioni e i popoli, in cui l'unico vessillo del Dio d'Israele sarà srotolato e innalzato fino alle coste più lontane. Sfruttiamo al massimo ogni opportunità. Il nostro potere è immenso: impariamo ad adattarlo alla nostra causa. Che cosa avete da temere? Non è lontano il giorno in cui tutte le ricchezze, tutti i tesori della terra diventeranno proprietà dei figli di Israele".

ADOLPHE CRÉMIEUX, EBREO

Questo uomo d'influenza dichiarò nella rivista "*Les Archives israélites*" (numero 25, 1861):

"La Gerusalemme di un nuovo ordine, una fondazione santa tra Oriente e Occidente, deve sostituire l'impero duale di papi e imperatori. Non nascondo che nel corso degli anni ho dedicato i miei pensieri a questa sola e unica opera. Non appena ha iniziato il suo lavoro, l'influenza dell'Alliance Israélite Universelle si è fatta sentire in lungo e in largo.

Non si limita solo alla nostra fede, ma vuole penetrare in tutte le religioni, così come ha penetrato tutti i Paesi.

➤ *Le nazionalità devono scomparire, le religioni devono essere abolite.*

➤ *Israele non deve scomparire, perché questo piccolo popolo è l'eletto di Dio.*

In ogni Paese dobbiamo mettere in contatto gli ebrei isolati con le autorità, in modo che alla prima notizia di un attacco possiamo sollevarci come un sol uomo. Vogliamo che la nostra voce sia ascoltata nelle stanze dei ministri, nelle orecchie dei principi, e che sia quel che sia. Tanto peggio se dovremo usare leggi di forza incompatibili con il progresso del tempo, allora ci uniremo a tutti i manifestanti.[13] *Siamo invitati a perdonare il passato, ma ora è il momento di costruire un'alleanza immortale su basi incrollabili.*

---

[13] All'alba del 2000, tutte le organizzazioni di protesta razziste, travestite da antirazzismo, sono ebraiche: SOS Racisme, LICRA, MRAP che, sotto la maschera dell'antirazzismo, stanno architettando un mostruoso razzismo fatto

RENÉ GROOS, EBREO

In un articolo pubblicato su "*Le Nouveau Mercure*" nel maggio 1927, scrisse: "*Le due internazionali della finanza e della rivoluzione lavorano alacremente: sono i due volti dell'internazionale ebraica... C'è una cospirazione ebraica contro tutte le nazioni.*

BLUMENTHAL, EBREO

Questo redattore della "*Judisk Tidskrift*" ha scritto quanto segue (n. 57, 1929): "*La nostra razza ha dato al mondo un nuovo profeta, ma ha due volti e due nomi: Rothschild, capo dei grandi capitalisti, e Karl Marx, l'apostolo dei nemici dell'altro*".

(Queste righe riassumono la politica mondiale).

LA CONFERENZA CENTRALE DEI RABBINI AMERICANI

Il giornale ebraico di Chicago "*The Sentinel*", nel suo numero del 24 settembre 1936, riporta le seguenti osservazioni fatte durante questa conferenza: "*La più notevole ma anche la più dannosa delle conseguenze della guerra mondiale è stata la creazione di nuovi nazionalismi e l'esaltazione di quelli esistenti.*

Il nazionalismo è un pericolo per il popolo ebraico. Oggi, come in tutti i tempi della storia, è stato dimostrato che gli ebrei non possono rimanere in Stati forti dove si è sviluppata un'alta cultura nazionale".[14]

DICHIARAZIONI FATTE ALL'INTERNO DEL B'NAI B'RITH

---

di giustapposizioni di etnie reciprocamente inassimilabili che non porrebbero alcun problema se vivessero secondo le norme geografiche, logiche e naturali che le riguardano. La mistificazione antirazzista inflitta dal megalomane razzismo ebraico è una mistificazione suprema che si basa soprattutto sulla stupidità dei Goyim.

[14] Da qui la necessità per gli ebrei di degradare le nazioni con ogni mezzo possibile: laicismo, marxismo, freudianesimo, chemioterapia, vaccinazioni sistematiche, la pornografia di Benazareff e altri, le droghe gestite dalla loro Alta Finanza, la musica patogena e criminogena, ecc...

Questa setta massonica esclusivamente ebraica è quindi vietata ai Goyim. Le *Réveil du Peuple*" del febbraio 1936 riportava le seguenti dichiarazioni: "*Finché tra i Goyim persisterà una concezione morale dell'ordine sociale, e finché la fede, il patriottismo e la dignità non saranno stati sradicati, il nostro regno sul mondo sarà impossibile.*

Abbiamo già portato a termine una parte del nostro compito, ma non possiamo ancora affermare che tutto il lavoro sia stato fatto. Abbiamo ancora molta strada da fare prima di abbattere il nostro principale nemico: la Chiesa cattolica. Dobbiamo sempre tenere presente che la Chiesa cattolica è l'unica istituzione che è sopravvissuta e, finché sopravviverà, ci ostacolerà.

La Chiesa cattolica, attraverso il suo lavoro metodico e i suoi insegnamenti edificanti e morali, manterrà sempre i suoi figli in uno stato mentale tale che avranno troppo rispetto di se stessi per piegarsi davanti al nostro dominio e al nostro futuro Re d'Israele.

Per questo abbiamo cercato di scoprire i mezzi migliori per scuotere la Chiesa cattolica alle sue fondamenta. Abbiamo diffuso lo spirito di ribellione e di falso liberalismo tra le nazioni dei Goyim per convincerli ad abbandonare la loro fede e persino per ispirare loro la vergogna di professare i precetti della loro religione e di obbedire ai comandamenti della loro Chiesa. Abbiamo portato molti di loro a vantarsi di essere atei e, meglio ancora, a vantarsi di essere discendenti della scimmia!

Abbiamo fornito loro nuove teorie radicalmente impossibili da realizzare, come il comunismo, il socialismo e l'anarchismo.

Questi miti servono ai nostri scopi. Gli stupidi Goyim li hanno accettati con il massimo entusiasmo, senza rendersi minimamente conto che queste teorie vengono da noi e che sono un potente strumento contro loro stessi.

Abbiamo annerito la Chiesa con le calunnie più ignominiose. Abbiamo infangato la sua storia e screditato le sue attività più nobili. Le abbiamo imputato i torti dei suoi nemici e li abbiamo avvicinati a noi. E così oggi siamo testimoni soddisfatti di ribellioni contro la Chiesa in molti Paesi.

Abbiamo trasformato il suo clero in un oggetto di odio e di derisione. Li abbiamo esposti al disprezzo delle masse. Abbiamo fatto sembrare le pratiche della religione cattolica antiquate e una perdita di tempo.

I Goyim, con nostro grande stupore, si sono dimostrati degli straordinari imbroglioni. Ci aspettavamo da loro più intelligenza e senso pratico, ma non sono migliori di un gregge di pecore: lasciamoli pascolare nei nostri campi finché non saranno abbastanza grassi da essere sacrificati al nostro futuro Re del Mondo.

Abbiamo fondato molte associazioni segrete che lavorano per i nostri scopi, sotto i nostri ordini e la nostra direzione. Abbiamo reso un onore per i Goyim appartenervi. Grazie al nostro oro, esse stanno fiorendo più che mai.

I Goyim che tradiscono in questo modo i loro interessi più preziosi devono essere inconsapevoli che queste associazioni sono opera nostra e che lavorano per noi. Uno dei tanti trionfi della Massoneria è che i Goyim non sospettano nemmeno che li stiamo usando per costruire le loro prigioni e che stanno forgiando le catene del loro servilismo nei nostri confronti.[15]

Finora abbiamo attaccato la Chiesa dall'esterno. Ma non è tutto. Vediamo ora come abbiamo proceduto per accelerare la rovina della Chiesa, come siamo penetrati nei suoi circoli più interni e abbiamo indotto gran parte del suo clero a diventare predicatore della nostra causa.

Oltre all'influenza della nostra filosofia, abbiamo fatto altri passi per violare la Chiesa. Abbiamo indotto alcuni dei nostri figli a entrare nel corpo cattolico, con l'esplicita indicazione che avrebbero lavorato in modo ancora più efficace per disintegrare la Chiesa creando scandali al suo interno. Abbiamo obbedito all'antico ordine: "fate canonici i vostri figli perché possano distruggere la Chiesa".

---

[15] Non è solo la Massoneria a svolgere questo ruolo: associazioni come il CFR, il Club di Roma, il Bilderberg, la Commissione Trilaterale, ecc. hanno asservito i politici di tutti i partiti. La Massoneria non nasconde il suo desiderio di distruggere "razza, nazione e famiglia" (vedi "*Juifs et Francs-Maçons constructeurs de temples*", Editions du Rocher, di Bérésniak).

Purtroppo, non tutti gli ebrei convertiti sono stati fedeli alla loro missione.[16] *Molti ci hanno tradito. Ma molti hanno mantenuto la loro promessa e onorato la loro parola.*

Siamo i padri di tutte le rivoluzioni, anche di quelle che a volte si sono rivoltate contro di noi. Siamo i padroni supremi della pace e della guerra. Possiamo vantarci di essere stati gli artefici della Riforma. Calvino era un ebreo, le autorità ebraiche si fidavano di lui ed egli ebbe l'aiuto della finanza ebraica per elaborare il suo piano di riforma.

Martin Lutero cedette alle influenze dei suoi amici ebrei e, grazie all'autorità e ai finanziamenti ebraici, il suo complotto contro la Chiesa fu coronato da successo.

Grazie alla nostra propaganda, alle nostre teorie sul liberalismo, alla nostra perversa definizione di libertà, i Goyim erano pronti ad accettare la Riforma. Si staccarono dalla Chiesa per cadere nelle nostre reti. La Chiesa fu indebolita, la sua autorità sui re ridotta a nulla.

Siamo grati ai protestanti per la loro fedeltà ai nostri scopi. Ma la maggior parte di loro non ha idea di essere fedele a noi. Ma siamo grati a loro per il meraviglioso aiuto che ci danno nella lotta contro la roccaforte della civiltà cristiana e nei preparativi per l'avvento della nostra supremazia sul mondo intero e sui regni dei Goyim.

Siamo riusciti a rovesciare la maggior parte dei troni in Europa. Gli altri seguiranno nel prossimo futuro. La Russia è già al servizio della nostra dominazione. La Francia, con il suo governo massonico, è completamente alla nostra mercé. L'Inghilterra, con la sua dipendenza dalla nostra finanza, è sotto il nostro tallone e il suo protestantesimo distruggerà il cattolicesimo nel Paese. La Spagna e il Messico non sono che giocattoli nelle nostre mani.

Molti Paesi sono nelle nostre mani: gli Stati Uniti sono uno di questi. Ma la Chiesa è ancora viva. Dobbiamo distruggerla senza

---

[16] Oggi, gli ebrei convertiti sono tutti fedeli a questa istruzione di disintegrare la Chiesa. Non un solo prelato famoso sostiene Jean Marie Le Pen, che è l'unico difensore dei valori tradizionali senza i quali nessuna nazione può sopravvivere e che sono fondamentalmente cattolici.

ulteriori indugi e senza pietà.[17] *La stampa mondiale è sotto il nostro controllo. Promuoviamo l'odio verso la Chiesa cattolica con maggiore violenza. Intensifichiamo le nostre attività per avvelenare la morale dei Goyim. Diffondiamo lo spirito rivoluzionario nei cuori del popolo.*

Bisogna indurli a disprezzare il patriottismo e l'amore per la famiglia, a considerare la loro fede come una sciocchezza, l'obbedienza alla Chiesa come un servilismo degradante, in modo che diventino sordi all'appello della Chiesa e ciechi alle sue grida di allarme contro di noi.[18]

Soprattutto, rendiamo impossibile ai cristiani fuori dalla Chiesa di entrare nella Chiesa e ai non cristiani di entrare nella Chiesa. Altrimenti, il più grande ostacolo al nostro dominio sarà rafforzato e il nostro lavoro rimarrà incompiuto.[19] *Il nostro complotto verrebbe smascherato. I Goyim si rivolterebbero contro di noi con spirito di vendetta e il nostro dominio diventerebbe impossibile.*[20]

Finché la Chiesa avrà dei militanti, non saremo i padroni del mondo. Gli ebrei non regneranno finché il Papa di Roma non sarà detronizzato, come tutti gli altri monarchi della terra".

---

[17] Oggi la Chiesa è distrutta. I suoi prelati sono grotteschi. Trenta vescovi comunisti hanno firmato un *"pentimento"* su un olocausto che è un'assurdità aritmetica e tecnica. Ma è certo che gli ebrei sono morti durante la Seconda guerra mondiale, per atti di guerra, tifo e malnutrizione nei campi.

Ma due o trecentomila ebrei morti nella Seconda guerra mondiale sono ben lontani dai quindici milioni di tedeschi morti in una guerra che gli ebrei hanno dichiarato a Hitler nel 1933!

[18] Tutto questo è stato realizzato perfettamente nel 2000.

[19] Questa politica è cambiata: oggi gli ebrei predicano l'ecumenismo, che è un bene in una Chiesa che è scomparsa.

[20] Data la stupidità dei goyish, non c'è alcun rischio. Non vedono nulla, non capiscono nulla e manifestano non appena un ebreo alza un dito.

COSA DICONO GLI STESSI EBREI SUL COMUNISMO

RABBINO JUDAH L. MAGNES

Parlando a New York nel 1919, dichiarò: "*Le qualità radicali che sono nell'ebreo vanno al fondo delle cose; in Germania, egli diventa un Marx o un Lassalle, un Haas e un Edouard Bernstein. In Austria diventa un Victor Adler, in Russia un Trotsky. Guardate la situazione attuale in Germania e in Russia. La rivoluzione sta mettendo in azione le sue forze creative; guardate il grande contingente di ebrei che sono immediatamente pronti alla battaglia. Socialisti rivoluzionari, menscevichi, bolscevichi, socialisti di maggioranza e di minoranza, con qualsiasi nome possano essere chiamati, in tutti questi partiti ci sono ebrei come loro leader devoti e come loro lavoratori regolari".*

SIG. COHAN, EBREO

Questa dichiarazione è stata pubblicata su "*The Communist*", Kharkoff, n. 72, 12 aprile 1919):

"Si può dire senza esagerare che la grande rivoluzione russa è stata fatta per mano degli ebrei. Sono stati proprio gli ebrei che hanno guidato il proletariato russo all'alba dell'Internazionale che non solo hanno guidato, ma guidano tuttora la causa dei Soviet, che rimangono nelle loro mani affidabili. È vero che non ci sono ebrei nell'Armata Rossa per quanto riguarda i soldati, ma gli ebrei comandano coraggiosamente come leader dei comitati e delle organizzazioni sovietiche e conducono le masse del proletariato russo alla vittoria. Il simbolo dell'ebraismo è diventato il simbolo del proletariato russo. Con questo simbolo moriranno i parassiti della borghesia che pagheranno con gocce di sangue le lacrime degli ebrei".

NAHUM SOKOLOW, EBREO

Questo grande leader ebraico afferma nel suo libro "*La storia del sionismo*": "*Il sionismo ha svolto un ruolo importante nelle attività bolsceviche in Russia*".

RABBINO LEWIS BROWN

Questo rabbino ci dice, nel suo libro "*How odd of God*": "*Vogliamo rifare il mondo non ebraico, fare quello che i comunisti stanno facendo in Russia*".

IL PROFESSOR REINHOLD NIEBUHR, EBREO

Questo famoso teologo protestante, parlando il 3 ottobre 1934 davanti al *Jewish Institute of Religion* di New York: "Il *marxismo è una forma moderna di profezia ebraica*".

L'EBRAICO AMERICANO

Il seguente articolo è apparso nell'edizione del 10 settembre 1920: "*Dal caos economico l'ebreo ha concepito il capitale con il suo meccanismo di applicazione, la banca. Uno dei fenomeni più impressionanti dei nostri tempi moderni è la rivolta degli ebrei contro questo mostro che la sua mente aveva concepito e le sue mani avevano modellato. La rivoluzione bolscevica in Russia, quella conquista destinata a passare alla storia come il risultato primordiale della Grande Guerra, fu in larga misura il risultato del pensiero ebraico, del malcontento ebraico.*

Ciò che l'idealismo ebraico e il malcontento ebraico hanno contribuito in modo così potente a realizzare in Russia, le stesse qualità storiche ebraiche del cuore e della mente tendono a realizzarle in altri Paesi.[21]

L'America, come la Russia degli zar, accuserà l'ebreo di essere un distruttore e lo costringerà a essere un nemico inconciliabile? Oppure l'America approfitterà del genio ebraico? Questa è una domanda a cui il popolo americano deve rispondere.

---

[21] Non è necessario soffermarsi sul marxismo universalmente tentacolare e sui suoi 200 milioni di vittime...

HERMALIN, EBREO

Questo comunista ebreo dichiarò in un discorso tenuto a New York nel 1917: "*La rivoluzione russa è stata fatta dagli ebrei. Abbiamo formato società segrete. Abbiamo immaginato il regno del terrore. Abbiamo fatto in modo che la rivoluzione avesse successo grazie alla nostra convincente propaganda e agli omicidi di massa per formare un nostro governo*".

CRONACA EBRAICA

Nell'edizione del 4 aprile 1919 del principale giornale ebraico di Londra: "*C'è molto nel fatto stesso del bolscevismo, nel fatto che così tanti ebrei sono bolscevichi, nel fatto che gli ideali del bolscevismo si fondono su molti punti con i più alti ideali dell'ebraismo*".

RABBINO JUDAH L. MAGNES

Questo rabbino di New York fece la seguente dichiarazione alla Conferenza nazionale radicale degli Stati Uniti nell'aprile 1918: "*Sostengo di essere un vero bolscevico. Posso dire con certezza che il Presidente degli Stati Uniti si appellerà a breve ai governi alleati per una pace immediata. Chiederà una pace immediata sulla semplice base avanzata dai bolscevichi della Russia*".

OTTO WEININGER, EBREO

In "*Sesso e carattere*", pubblicato a Vienna nel 1921, questo ebreo austriaco dichiara a pagina 406:

"*L'idea di proprietà è indissolubilmente legata all'individualità, alla particolarità del carattere. Questo è uno dei motivi per cui gli ebrei si avvicinano al comunismo*".

A pagina 413: "*L'ebreo è un comunista*".

A pagina 407: "*La completa incapacità dell'ebreo di comprendere l'idea di Stato*".

VERSO MOSCA

Nell'edizione del settembre 1919 di questo giornale bolscevico ebraico si legge: "*Non dobbiamo dimenticare che il popolo ebraico forma il vero proletariato, la vera internazionale che non ha patria*".

ANGELO RAPPOPORT, EBREO

L'autore di "*Pionieri della rivoluzione russa*" ci dice: "*Gli ebrei di Russia, nel loro insieme, sono stati responsabili della rivoluzione*".

MORITZ RAPPOPORT, EBREO

L'autore delle seguenti righe, commentando la rivoluzione tedesca del 1918: "*La rivoluzione ci ricorda ancora una volta l'importanza della questione ebraica, perché gli ebrei sono l'elemento principale della rivoluzione*".

TRIBUNA EBRAICA

Nell'edizione del 5 luglio 1922: "*La rivoluzione tedesca è opera degli ebrei. I partiti liberaldemocratici hanno alla loro testa un gran numero di ebrei e gli ebrei hanno un ruolo predominante nelle alte cariche governative*".

KADMI COHEN, EBREO

Nel suo libro "Nomadi", pubblicato nel 1928, l'ebreo Kadmi Cohen dichiarò: "L'istinto stesso della proprietà, peraltro derivante dall'attaccamento al suolo, non esiste tra gli ebrei che non hanno mai posseduto il suolo, che non hanno mai voluto possederlo. Da qui la loro innegabile tendenza comunista fin dai tempi più remoti". (pag. 85) Non basta ricordare i nomi dei grandi rivoluzionari ebrei dell'Ottocento e del Novecento, i Karl Marx, i Lassalle, i Kurt Eisner, i Bela Kuhn, i Trotsky, i Léon Blum, perché vengano citati i nomi dei teorici del socialismo moderno?

Sebbene non sia possibile dichiarare il bolscevismo, nel suo complesso, come una nazione ebraica, è comunque vero che gli ebrei fornirono diversi leader del movimento massimalista e che, di fatto, svolsero un ruolo importante. Le tendenze degli ebrei verso il comunismo, al di là di qualsiasi collaborazione materiale nelle organizzazioni di partito, sono confermate in modo eclatante dalla profonda avversione che un grande ebreo, un grande poeta, Henri Heine, provava per il diritto romano.

Le cause soggettive, le cause appassionate della rivolta di Rabbi Aquiba e Bar Kocheba nel 70 d.c. contro la Pax romana e lo Jus romanum, comprese e sentite soggettivamente, appassionatamente da un ebreo del XIX secolo, che apparentemente non aveva conservato alcun legame con la sua razza. E i rivoluzionari ebrei e i comunisti ebrei che attaccano il principio della proprietà privata, il cui monumento più solido è il Codex Juris Civilis di Giustiniano e Vulpiano, fanno forse qualcosa di diverso dai loro antenati che resistettero a Vespasiano e Tito? In realtà, sono i morti a parlare". (pag. 86).

I MACCABEI

Nel novembre 1905, questo giornale ebraico di New York pubblicò un clamoroso articolo dal titolo

"Una rivoluzione ebraica" - *"La rivoluzione del 1905 in Russia è una rivoluzione ebraica, una crisi nella storia ebraica. È una rivoluzione ebraica perché la Russia ospita quasi la metà degli ebrei del mondo e il rovesciamento del suo governo dispotico avrà una grandissima influenza sui destini di milioni di ebrei che vivono in quel Paese e di migliaia che sono emigrati da ogni parte. Ma la rivoluzione russa è una rivoluzione ebraica perché gli ebrei sono i rivoluzionari più attivi nell'impero dello zar".*

MAURICE SAMUEL, EBREO

Nel suo libro *Moi, le Juif (Io, l'ebreo)*, pubblicato nel 1923, l'autore dichiarava: "*Noi ebrei siamo rivoluzionari. Dio ci ha fatti e costituiti in modo tale che se ci fosse data l'opportunità di raggiungere alcuni dei nostri obiettivi, che sono l'oggetto dei nostri desideri dichiarati, ci metteremmo immediatamente al lavoro, per semplice principio, per cercare di demolire ciò che è stato appena costruito*".

ANGELO RAPPOPORT, EBREO

In "*Pionieri della rivoluzione russa*", pubblicato nel 1918, a pagina 100: "*Nel corso della storia, lo spirito degli ebrei è sempre stato rivoluzionario e sovversivo, ma sovversivo con l'idea di costruire sulle rovine"*.

BERNARD LAZARE, EBREO

Nel suo libro pubblicato a Parigi nel 1894, "*L'antisémitisme et ses causes*", l'autore ci dice: "*L'ebreo gioca un ruolo nelle rivoluzioni e vi partecipa in quanto ebreo o, più correttamente, finché rimane ebreo. Lo spirito ebraico è essenzialmente rivoluzionario e, consapevolmente o meno, l'ebreo è un rivoluzionario*".

IL MONDO ISRAELITA

Nel numero del 5 settembre 1867: "*La rivoluzione con la sua uguaglianza e fraternità è la stella di Israele*".

ARCHIVI ISRAELITI

Nel numero del 6 luglio 1889: "*L'anno 1789 è una nuova Pasqua, la Rivoluzione francese ha un carattere ebraico molto pronunciato*".

NEW YORK TIME

Nell'edizione del 24 marzo 1917: "*Kennan riscrive la storia. Racconta che Jacob Schiff, un banchiere ebreo, finanziò la propaganda rivoluzionaria nell'esercito dello zar. Kennan ha parlato del lavoro svolto per la rivoluzione dagli amici della libertà russa. Ha raccontato che durante la guerra russo-giapponese si trovava a Tokyo e gli fu permesso di visitare i 12.000 prigionieri russi nelle mani dei giapponesi. Aveva concepito l'idea di infondere nell'esercito russo idee rivoluzionarie. Portò dall'America tutta la propaganda rivoluzionaria russa che riuscì a procurarsi. Racconta che un giorno il dottor Nicholas Russell lo incontrò a Tokyo e gli disse che era stato mandato per aiutarlo nel suo lavoro.*

Il movimento è stato finanziato da un banchiere di New York che voi tutti conoscete e amate", ha detto riferendosi al signor Schiff. Ben presto ricevemmo una tonnellata e mezza di propaganda rivoluzionaria in russo. Alla fine della guerra, 50.000 ufficiali e soldati russi stavano tornando a casa come ardenti rivoluzionari. Gli amici della libertà russa avevano piantato 50.000 semi di libertà in 100 reggimenti. Non so quanti di questi ufficiali abbiano catturato la fortezza di Pietrogrado la scorsa settimana, ma sappiamo quale ruolo l'esercito abbia appena svolto nella rivoluzione". Poi è stato letto all'assemblea un telegramma di Jacob Schiff, che recitava in parte come segue: Dite a coloro che sono qui questa sera per me quanto mi dispiace non poter celebrare con gli 'amici della libertà russa' la ricompensa tangibile per ciò che abbiamo sperato e fatto in questi lunghi anni".

ELIE EBERLIN, EBREO

Questo ebreo, nel suo libro "*Gli ebrei di oggi*", pubblicato nel 1928, scrisse quanto segue: "*Il popolo del sionismo continua il suo compito in Russia, in Palestina e altrove. Attualmente sembra essere l'unico partito proletario internazionale. Una delle sue frazioni aderisce all'Internazionale Comunista, l'altra all'Internazionale Socialista* (pagina 24). *Nel corso della sua esistenza autonoma, il popolo ebraico è passato attraverso molte forme di governo. Ma né la dittatura paterna del grande Mosè, né il potere dei re governati da una costituzione religiosa, né la repubblica dei fedeli sotto la presidenza dei sommi sacerdoti, né il dispotismo degli ultimi re appoggiati a Roma sono stati accettati da questo popolo di sognatori. Gli ebrei hanno sempre avuto un governo, ma sono sempre stati soggetti ad esso* (pag. 134). *Di conseguenza, gli ebrei non sono stati in grado di mantenere il loro stato tra gli stati dell'antichità e hanno dovuto inevitabilmente diventare il lievito rivoluzionario dell'universo* (pagina 143). *Ciò che è ancora ebraico nel bolscevismo è la rinuncia alle ricompense dell'aldilà, nell'altro mondo, e la ricerca della felicità sulla terra. Questa idea, che segna il trionfo dei valori ebraici su quelli mistico-cristiani, è comune a tutti i popoli di oggi*". (pag. 155).

CRONACA EBRAICA

Il giornale ebraico londinese pubblicò nella sua edizione del 6 gennaio 1933: "*Più di un terzo di tutti gli ebrei in Russia sono diventati ufficiali sovietici*".

MANIFESTO DEI RABBINI

Manifesto del 25 febbraio 1930, firmato dai rabbini Menahem Gluskin di Minsk, Osée L. Zimbalist, Herz Mazel, Gabrielow,

Oscher Kerstein e Mendel Jarcho, e pubblicato dal comunista ebreo Michael Sheimann in "*Krestobyl Pokhod Protiv*" URSS, Mosca, 1930, pagine 103 e 104:

"Non è possibile per noi separare il nostro destino da quello del popolo ebraico, nei confronti del quale il governo dell'URSS può essere proclamato l'unico che combatte apertamente tutte le manifestazioni di antisemitismo. Da un punto di vista mondiale è un fatto della massima importanza che il leader del Partito Comunista e capo dello Stato sovietico, Lenin, abbia emanato un decreto che dichiarava gli antiebrei nemici del popolo. E mentre sotto il dominio britannico erano ancora possibili conflitti sanguinosi e in Romania e in molti altri Paesi si svolgevano pogrom e altre manifestazioni antiebraiche, in URSS si mobilitava ogni mezzo di propaganda contro l'antisemitismo e si metteva in moto persino la macchina della legge.[22] *Sotto il regime sovietico non abbiamo mai subito alcuna persecuzione a causa delle nostre convinzioni religiose*[23]

LOUIS FISHER, EBREO

Questo corrispondente in Russia del giornale "*Nation*" scrisse nel "*New York Jewish Tribune*" del 18 gennaio 1924 quanto segue: *"Se giudichiamo i bolscevichi da ciò che gli ebrei hanno ottenuto da loro nel campo dell'istruzione, il verdetto è certamente a loro favore. I bambini ebrei, decine di migliaia, frequentano le scuole pubbliche ufficiali dove la lingua d'insegnamento è lo yiddish. Il governo ha istituito speciali seminari pedagogici ebraici dove gli insegnanti vengono formati per impartire lezioni in yiddish nelle scuole ebraiche. Nelle università ci sono persino sezioni in cui lo yiddish è la lingua d'insegnamento. Prima della rivoluzione sotto lo zar, la percentuale di studenti ebrei era limitata al 4%. Ora non c'è più alcun limite. In alcune università il 50% degli studenti è ebreo. A Minsk (Russia Bianca) la percentuale è ancora più alta.*

---

[22] Questo è ora il caso della Francia con la legge stalino-orwelliana *"Fabius-Gayssot"*.

[23] Va notato che questo non è il caso di altre religioni: al momento della stesura di questo testo, 42.800 alti dignitari, sacerdoti e ministri delle confessioni cristiane avevano subito il martirio e la morte...

I MACCABEI

Estratto da un articolo dell'ebreo Haas pubblicato su questo giornale: "*La rivoluzione russa è una rivoluzione ebraica perché segna una pietra miliare nella storia ebraica. È anche una rivoluzione ebraica perché gli ebrei sono stati i rivoluzionari più attivi nell'Impero russo*".

MONDO EBRAICO

Articolo pubblicato l'8 agosto 1922: "*Gli affari si stanno riprendendo in Russia e sotto il nuovo regime gli ebrei stanno rapidamente diventando i capitani d'industria. A Mosca ci sono ora 100.000 ebrei e le insegne delle macellerie kosher sono visibili in molte strade. Tuttavia, l'antisemitismo è cresciuto in città con l'aumento della popolazione ebraica.*

CRONACA EBRAICA CANADESE

Edizione del 10 agosto 1923, citata dall'*Ufficio di corrispondenza ebraica*: "*Il numero di banditi ebrei a Mosca sta aumentando in modo allarmante. Non c'è giorno in cui non vengano commessi attentati sulla pubblica via o violenti furti da parte di bande i cui membri sono prevalentemente ebrei. Sono i padroni della malavita, compresa la mafia, e per coinvolgere meglio gli italiani, cambiano i loro nomi ebraici in nomi italiani*".

MAURICE MURREY, EBREO

Nel suo libro *L'Esprit juif (Lo spirito ebraico)*, questo ebreo francese ha scritto: "*Per sangue e tradizione, Karl Marx appartiene anima e corpo all'ebraismo. Karl Marx e Rothschild rappresentano i due estremi, ma come diciamo spesso, "gli estremi si toccano".*

Marx e Rothschild personificano entrambi l'ideale ebraico elevato alla massima potenza. Più le masse si allontanano dal cristianesimo, più diventano visibilmente ebraiche. L'idealismo rigenerativo ebraico potrebbe preparare una rivoluzione disastrosa per il XX secolo. Ogni intensa manifestazione dell'idealismo propriamente ebraico in Europa ha coinciso con rivolte, omicidi e ribellioni".

NOVY MAR

Il 16 marzo 1922, questo organo di stampa bolscevico pubblicò un appello ai lavoratori e ai cittadini ebrei di tutto il mondo, che recitava: "*Il nostro governo dei Soviet ha speso miliardi per aiutare gli ebrei che hanno sofferto a causa dei pogrom. Ma oggi la nostra Repubblica è indigente. Dovete fare pressione sui vostri governi affinché riparino a loro spese i quartieri ebraici devastati e risarciscano gli ebrei che hanno sofferto in Russia. Tutte le organizzazioni ebraiche del mondo sono invitate a presentare questa richiesta alla Conferenza di Genova attraverso la delegazione sovietica. È vostro sacrosanto dovere fare pressione sui vostri governi, siano essi rappresentati o meno a Genova, per costringerli a sostenere le richieste degli ebrei di Russia. Dovete insistere affinché i delegati dei vostri rispettivi Paesi a Genova sostengano le richieste che gli ebrei faranno presentare dai loro rappresentanti, i delegati dei Soviet*".

J. OLGIN, EBREO

Questo leader comunista, nel suo giornale newyorkese "*Morning Freiheit*", pubblicò le seguenti righe: "*Ogni ebreo deve sostenere il Fronte Popolare perché è il baluardo che difende i diritti del popolo ebraico*".

BERNARD LAZARE, EBREO

Nel suo libro "*L'antisémitisme et ses causes*", pubblicato a Parigi nel 1894, lo storico ebreo ci dice: "*In mezzo a tutte le nazioni d'Europa, gli ebrei esistono come una comunità confessionale con una propria nazionalità, avendo conservato un tipo particolare, attitudini speciali e uno spirito proprio*". (pagina 297)

"*L'ebreo è un tipo confessionale così com'è; sono la legge e il Talmud che lo hanno reso più forte del sangue e delle variazioni climatiche; hanno sviluppato in lui caratteri che l'imitazione e l'ereditarietà hanno perpetuato.*" (pagina 283)[24]

---

[24] Sappiamo che tutto questo è falso, o comunque trascurabile, tanto più che la maggioranza degli ebrei borghesi è completamente ignorante della propria religione, come sa qualsiasi ebreo che abbia vissuto nell'alta borghesia

"Nessuna religione è stata un'ottima impastatrice di anime e menti come la religione ebraica". (pagina 283)

[La religione ebraica è "più antica, più immutabile, più ristretta e più strettamente aderente di qualsiasi altra". (pagina 281)

"Animato da quell'antico materialismo ebraico che sognava perennemente un paradiso realizzato sulla terra e respingeva sempre la lontana e problematica speranza di un Eden dopo la morte." (pagina 346)

"La filosofia dell'ebreo era semplice. Avendo solo un numero limitato di anni da dedicare a se stesso, voleva goderseli, e non chiedeva piaceri morali, ma piaceri materiali per abbellire la sua esistenza e renderla dolce. Poiché il paradiso non esisteva, poteva solo aspettarsi favori tangibili da Dio in cambio della sua fedeltà e della sua pietà, non vaghe promesse buone per i cercatori dell'aldilà, ma realizzazioni formali, che si risolvevano in un aumento del benessere. Senza la speranza di un compenso futuro, l'ebreo non poteva rassegnarsi alle disgrazie della vita; solo molto tardi riuscì a consolarsi per le sue disgrazie pensando alla beatitudine celeste. Ai flagelli che lo colpivano non rispondeva con il fatalismo musulmano o la rassegnazione cristiana, ma con la rivolta". (pagina 307)

"La concezione che gli ebrei avevano della vita e della morte costituiva quindi il primo elemento del loro spirito rivoluzionario. Partendo dall'idea che il bene, cioè la rettitudine, dovesse realizzarsi non nell'oltretomba poiché nell'oltretomba c'è il sonno fino alla resurrezione dei corpi, ma durante la vita cercavano la giustizia e non trovandola mai, perennemente insaziabili, si agitavano per ottenerla." (pagina 314)

"Senza la legge, senza Israele che la pratichi, il mondo non esisterebbe. Dio lo trasformerebbe nel nulla, e il mondo conoscerà la felicità solo quando sarà sottomesso all'impero universale di questa legge, cioè all'impero degli ebrei." (pagina 8)

"La felicità sarà raggiunta attraverso la libertà, l'uguaglianza e la giustizia". Tuttavia, sebbene Israele sia stata la prima nazione a

---

occidentale. Il particolarismo ebraico deriva esclusivamente dalla circoncisione dell'ottavo giorno. È ovvio che l'*"atmosfera sociologica ebraica"* lo rafforza, ma non è affatto determinante. (vedi *Archivio segreto del XXI secolo*).

pensare a queste idee, altri popoli in vari momenti della storia le hanno sostenute e non si sono quindi ribellati come il popolo ebraico. Perché? Perché questi popoli, pur essendo convinti dell'eccellenza della giustizia, dell'uguaglianza e della libertà, non consideravano possibile la loro totale realizzazione, almeno in questo mondo, e di conseguenza non lavoravano esclusivamente per il loro avvento. Al contrario, non solo gli ebrei credevano che la giustizia, la libertà e l'uguaglianza potessero essere i sovrani del mondo, ma credevano anche di avere una missione speciale per lavorare per questo regime. Tutti i desideri e le speranze che queste tre idee suscitavano finirono per cristallizzarsi attorno a un'idea centrale: quella dei tempi messianici, della venuta del Messia che doveva essere inviato da Yahweh per stabilire il suo sovrano potere terreno". (pagina 322)

"Così com'era, con le sue disposizioni, con le sue tendenze, era inevitabile che l'ebreo giocasse un ruolo nelle rivoluzioni: lo fece." (pagina 329)

"Gli ebrei sono sempre stati scontenti. Non voglio dire che fossero semplicemente ribelli o oppositori sistematici di qualsiasi governo, ma non erano soddisfatti di come stavano le cose. Erano perennemente preoccupati, in attesa di qualcosa di meglio che non trovavano mai. (pagina 305)

"Le cause che hanno dato origine a questa agitazione, che l'hanno sostenuta e perpetuata nell'animo di alcuni ebrei moderni, non sono cause esterne come la tirannia effettiva di un principe, di un popolo o di un codice feroce. Sono cause interne, cioè hanno a che fare con l'essenza stessa dello spirito ebraico. Dobbiamo chiederci quali fossero le ragioni dei sentimenti di rivolta che animavano gli ebrei nella loro idea di Dio e nella loro concezione della vita e della morte[25]

---

[25] Bernard Lazare capì molto bene che questa mentalità ribelle ha una causa interna: è la loro natura ormonale. Quando l'insufficienza interstiziale è totale, porta alla demenza. C'è quindi una mancanza di controllo, una mancanza di ragione, aggravata da un potenziale tiroideo molto più alto di quello dei Goyim.

La tiroide è la ghiandola dell'intelligenza e della sensibilità, ma anche dell'orgoglio e della tentazione.

VERITÀ E SINTESI - LA FINE DELLE FINZIONI

"Durante il secondo periodo rivoluzionario, iniziato nel 1830, mostrarono ancora più ardore che nel primo, perché nella maggior parte degli Stati d'Europa non godevano della pienezza dei loro diritti. Anche coloro che non erano rivoluzionari per ragione o per temperamento lo erano per interesse e, lavorando per il trionfo del liberalismo, lavoravano per se stessi. Non c'è dubbio che con il loro oro, la loro energia e il loro talento abbiano sostenuto e appoggiato la rivoluzione europea. In quegli anni, i loro banchieri, i loro industriali, i loro preti, i loro scrittori e i loro tribuni, animati da idee molto diverse, lavoravano tutti per lo stesso obiettivo". (pagina 341)

"Si trovano mescolati nel movimento della giovane Germania; erano numerosi nelle società segrete, che formavano l'esercito rivoluzionario combattente nelle logge massoniche, nei gruppi della Charbonnerie, nelle Alte Vendite romane, ovunque in Francia, Germania, Svizzera, Austria e Italia".

"Da un lato, sono stati tra i fondatori del capitalismo industriale e finanziario e collaborano attivamente a questa estrema centralizzazione del capitale, che senza dubbio ne faciliterà la socializzazione.

"Dall'altro, sono tra i più accaniti oppositori del capitale. All'ebreo cercatore d'oro, prodotto dell'esilio, del talmudismo, della legislazione e della persecuzione[26] si oppone l'ebreo rivoluzionario, figlio della tradizione biblica e profetica, quella tradizione che animava gli anabattisti tedeschi libertari del XVI secolo e i puritani di Cromwell." (pagina 393)

"A Rothschild corrispondono Marx e Lassalle. Alla lotta per il denaro corrisponde la lotta contro il denaro e il cosmopolitismo dell'agioteur diventa internazionalismo proletario e rivoluzionario." (pagina 343)

Questa configurazione ormonale, a cui si aggiunge un'altrettanto decuplicata possibilità ipofisaria (speculazione analitica, finanza, scienza, ideologie), costituisce il determinismo della natura degli ebrei e della loro speculazione. Gli ebrei non sono padroni della loro natura speculativa-parassitaria o della loro natura sovversiva: tutto ciò deriva esclusivamente dalla circoscrizione dell'8° giorno.

[26] L'ebreo che scava nell'oro è un prodotto della circoncisione dell'ottavo giorno, come l'ebreo rivoluzionario immediatamente citato.

"Gli ebrei emancipati sono entrati nelle nazioni come stranieri. Sono entrati nelle società moderne non come ospiti, ma come conquistatori. Erano come una mandria di bestiame. All'improvviso, le barriere sono cadute e si sono precipitati in campo aperto. Ma non erano guerrieri: fecero l'unica conquista per la quale erano armati: la conquista economica che avevano preparato per molti anni". (pagina 223)

"La Rivoluzione francese fu soprattutto una rivoluzione economica. Se può essere vista come il risultato di una lotta di classe, deve anche essere vista come il risultato di una lotta tra due forme di capitale: il capitale di proprietà e il capitale mobile, il capitale fondiario e il capitale industriale e di agenzia. Con la supremazia della nobiltà, scomparve la supremazia del capitale fondiario, mentre la supremazia della borghesia portò con sé la supremazia del capitale industriale e di agenzia. L'emancipazione degli ebrei è legata alla storia della preponderanza di questo capitale industriale". (pagina 224)

ANGELO RAPPOPORT, EBREO

A pagina 25 del suo libro *"Pionieri della rivoluzione russa"*, pubblicato nel 1918: *"Non c'era una sola organizzazione politica in questo vasto Paese russo che non fosse influenzata dagli ebrei o diretta da loro. Il Partito socialdemocratico, il Partito socialista rivoluzionario e il Partito socialista polacco avevano tutti degli ebrei tra i loro leader".* Forse Plehve aveva ragione quando diceva che la lotta per l'emancipazione politica in Russia e la questione ebraica erano praticamente identiche. Il Bund, o Unione Generale dei Lavoratori Ebrei, fu fondato nel 1897. È un'associazione politica ed economica del proletariato ebraico, inizialmente contraria a tutte le distinzioni nazionalistiche, poi gradualmente impregnata di sentimenti nazionalistici ebraici".

A pagina 288: *"Più dei polacchi, dei lettoni, dei finlandesi o di qualsiasi altro gruppo etnico nel vasto impero dei Romanof, gli ebrei furono i sostenitori della Rivoluzione del 1917".*

ALFRED NOSSIG, EBREO

Per l'autore di *"Integrales Judentum"*, pubblicato a Berlino nel 1922: *"Il movimento socialista moderno è, per la maggior parte, opera degli ebrei. Sono stati gli ebrei a imprimervi il loro cervello. Furono anche gli ebrei a svolgere un ruolo di primo piano nella guida delle prime repubbliche socialiste.*

Tuttavia, la maggior parte dei leader socialisti ebrei era lontana dall'ebraismo. Nonostante ciò, il ruolo che svolsero non dipendeva solo da loro. In loro operava inconsciamente l'antico principio eugenetico del mosaicismo; il sangue del vecchio popolo apostolico viveva nei loro cervelli e nel loro temperamento sociale. Il socialismo mondiale di oggi è la prima tappa del compimento del mosaicismo, l'inizio della realizzazione del mondo futuro predetto dai nostri profeti.

Solo quando ci sarà una Società delle Nazioni, solo quando i suoi eserciti alleati saranno efficacemente impiegati nella protezione di tutti i deboli, potremo sperare che gli ebrei siano in grado di sviluppare il loro Stato nazionale in Palestina senza ostacoli, e solo una Società delle Nazioni impregnata di spirito socialista ci renderà possibile godere delle nostre necessità internazionali e nazionali.

Ecco perché tutti i gruppi ebraici, sionisti o disperdenti, hanno un interesse vitale nella vittoria del socialismo. Devono esigerlo non solo per la sua identità con il mosaicismo, ma anche come principio tattico".

IL COMUNISMO SOSTENUTO E FINANZIATO DALL'ALTA FINANZA EBRAICA

Nessuno ne dubita più, ma è interessante esaminare alcuni documenti sull'argomento. Furono i grandi banchieri ebrei di New York a finanziare il bolscevismo in Russia. I servizi segreti degli Stati Uniti inviarono il seguente documento a tutte le ambasciate dei Paesi alleati. Questo prodigioso documento fu riprodotto nel 1929 in molti giornali patriottici di vari Paesi. Fu anche ristampato in una rivista cattolica "*The Mystical Body of Christ in Modern Times*" con l'imprimatur di un vescovo, da padre Denis Fahey, professore di teologia al Black Rocks College di Dublino, Irlanda.

Ecco il testo e le analisi di padre Fahey.

Il principale documento sulle modalità di finanziamento della rivoluzione russa è quello pubblicato dai servizi segreti americani e trasmesso dall'Alto Commissario francese al suo governo. Fu pubblicato dalla "*Documentation Catholique*" di Parigi il 6 marzo 1920, preceduto dalle seguenti note: "Garantiamo l'autenticità di questo documento. I servizi segreti americani si assumono la responsabilità dell'esattezza delle informazioni in esso contenute". Il documento fu pubblicato nel 1920 in un supplemento del giornale parigino "*La Vieille France*", che aggiungeva: "Tutti i governi dell'Intesa erano a conoscenza di questo memorandum, redatto sulla base delle informazioni dei servizi segreti americani e inviato all'Alto Commissario francese e ai suoi colleghi".

Questa memoria si trova anche nel libro di Monseigneur Jouin "*Le péril judéo-maçonnique*", parte III, pagine 249-351, con l'ulteriore osservazione che gli ebrei ne ostacolarono la pubblicazione, cosicché la maggior parte del pubblico ne ignorò l'esistenza. Sebbene sia stata messa in dubbio l'origine ebraica di Kerenskij, artefice della prima rivoluzione russa del 1917, sembra certo che egli fosse figlio dell'ebreo Aaron Kerbis e dell'ebrea Adler.[27] Il documento è diviso in otto sezioni. Le sezioni da I a IV e da VI a VIII sono riprodotte di seguito.

RAPPORTO DEI SERVIZI SEGRETI STATUNITENSI

Sezione I: *Nel febbraio 1916 si scoprì per la prima volta che in Russia si stava fomentando una rivoluzione. Si scoprì che le seguenti persone, insieme alle banche menzionate, erano impegnate in quest'opera di distruzione. Jacob Schiff, ebreo, Guggenheim, ebreo, Max Breitung, ebreo, Kuhn, Loeb & C° Banca ebraica i cui direttori erano: Jacob Schiff, Felix Warburg, Otto Kahn, Mortimer Schiff, S.H Hanauer, tutti ebrei.*

Non c'è dubbio che la Rivoluzione russa, scoppiata un anno dopo la diffusione delle informazioni di cui sopra, sia stata fomentata e dichiarata da influenze specificamente ebraiche. Infatti, nell'aprile del 1917, Jacob Schiff dichiarò pubblicamente che erano stati lui e il suo aiuto finanziario a portare al successo della Rivoluzione russa.

Sezione II: *Nella primavera del 1917, Jacob Schiff iniziò a fornire a Trotsky (un ebreo) fondi per realizzare la rivoluzione sociale in Russia. Il "New Cork Daily Forward", un organo giudeo-bolscevico, fece una sottoscrizione per lo stesso scopo. A Stoccolma, anche l'ebreo Max Warburg fornì fondi a Trotsky & Co. Essi ricevettero fondi anche dal Sindacato Renano di Westfalia, un'importante società bancaria ebraica. Allo stesso modo, un altro ebreo, Olaf Aschberg, della banca Nya di Stoccolma, e Givotovsky, un ebreo la cui figlia era sposata con Trotsky.*

Sezione III: *Nell'ottobre del 1917 scoppiò la rivoluzione in Russia. Grazie a questa rivoluzione, le organizzazioni sovietiche assunsero la guida del popolo russo. Tra i sovietici divennero famosi i seguenti personaggi, tutti ebrei:*

Lenin (*Ulvanov*)	Garine (*Garfeld*)	Trotsky (*Bronstein*)
Zinovieff (*Apfelbaum*)	Kameneff (*Rosenfeld*)	Dan (*Gourevitch*)

---

[27] Questo dettaglio non ha molta importanza, poiché tutti sanno che la rivoluzione bolscevica fu, nel complesso, di matrice ebraica: ideologi, finanziatori, politici, amministratori, esecutori di prigioni e campi di concentramento. Ne parleremo più avanti.

Ganetzki (*Furstenberg*)	Parus (*Helphand*)	Uritsky (*Pademilsky*)
Larine (*Lurge*)	Bohrine (*Nathanson*)	Martinoff (*Zibar*)
Bogdanoff (*Zilberstein*)	Suchanoff (*Gimel*)	Kamnleff (*Goldmann*)
Sagersky (*Krochmann*)	Riazanoff (*Goldenbach*)	Solutzeff (*Belichmann*)
Pianitsky (*Ziwin*)	Axelrod (*ortodosso*)	Glasunoff (*Schultze*)
Zuriesain (*Weinstein*)	Lapinsky (*Lowensohn*)	

Va aggiunto che la madre di Lenin era ebrea, quindi la tradizione ebraica lo considerava un ebreo a tutti gli effetti. Lenin studiò con studenti ebrei in Svizzera. Victor Marsden, corrispondente inglese in Russia, affermò che Lenin era un ebreo kalmyk sposato con una donna ebrea (Kroupskaya) i cui figli parlavano yiddish. Hervert Fitch, un detective di Scotland Yard che aveva spiato Lenin come cameriere, dichiarò che Lenin era un tipico ebreo.

Sezione IV: *Nello stesso periodo l'ebreo Paul Warburg, che era stato uno dei fondatori del Consiglio della Federal Reserve, divenne noto per il suo attivo sostegno ad alcuni noti bolscevichi negli Stati Uniti. Queste circostanze, e una relazione fatta su di lui, gli impedirono di essere eletto direttore della Federal Reserve.*

Sezione VI: *D'altra parte, Judas Magnes, che riceve sovvenzioni da Jacob Schiff, è in stretto contatto con l'organizzazione sionista mondiale Poale-Sion, di cui è il direttore de facto. Lo scopo ultimo di questa organizzazione era quello di stabilire la supremazia internazionale del Movimento Laburista Ebraico. Judas Magnes era allora rabbino a New York. Fu poi inviato a Gerusalemme per dirigere l'Università ebraica. Poale-Sion, un'organizzazione marxista militante, ha un ramo attivo e potente a Montreal.*

Sezione VII: *La rivoluzione sociale era appena scoppiata in Germania quando l'ebrea Rosa Luxembourg ne assunse automaticamente la guida politica. Uno dei principali leader del movimento bolscevico internazionale era l'ebreo Haase. In quel periodo la rivoluzione sociale in Germania si sviluppava parallelamente alla rivoluzione sociale in Russia.*

Sezione VIII: *Se si tiene conto del fatto che la banca ebraica Kuhn, Loeb et Cie è in contatto con il sindacato Westphalian-Rhenan, una banca ebraica tedesca, e con Lazare Frères, una banca ebraica di Parigi, così come con la casa ebraica Gunsbourg di Pietrogrado, Tokyo e Parigi, se inoltre si nota che tutte le case ebraiche sopra* *menzionate, sono in stretta corrispondenza con l'azienda ebraica Speyer et Cie di Londra, New York e Francoforte sul Meno, nonché con la Nya Banken, una struttura ebraico-bolscevica di Stoccolma, diventa chiaro che il movimento bolscevico è l'espressione di un movimento ebraico generale e che le grandi banche ebraiche sono interessate all'organizzazione di questo movimento.*

È così che l'intelligence americana ha stabilito la collusione tra i multimilionari capitalisti ebrei e i rivoluzionari bolscevichi ebrei.

CAPITALISTI EBREI

Sembrano interessanti alcune osservazioni aggiuntive sulle persone sopra citate. Secondo l'"*Écho de Paris*" del 28 aprile 1920, Max Warburg era l'amministratore delegato della Banque Max Warburg & Cie di Amburgo. Era anche il principale azionista della Hamburg-America Line e della Deutscher-Lloyd. I suoi due fratelli, Paul e Félix, uno sposato con la cognata e l'altro con la figlia del francofortese Jacob Schiff, erano con Schiff alla guida della Banque Kuhn, Loeb & Cie. Nel documento "*German-Bolshevik Conspiracy*" *(Cospirazione tedesco-bolscevica)*, a pagina 27, pubblicato dal Committee of Public Information di Washington D.C. nell'ottobre 1918, si apprende che Max Warburg anticipò denaro ai bolscevichi.

Ecco un messaggio rivelatore: "*Stoccolma, 21 settembre 1917. Mr Raphael Scholak, Haparand*": "*Caro compagno, in base a un telegramma del Sindacato Westfalia-Renania, la Banca Max Warburg & Cie ci informa che è stata aperta una linea di credito per la società del compagno Trotsky. Firmato: Furstenberg.*

Secondo fonti francesi, Jakob Schiff pagò 12.000.000 di dollari per la Rivoluzione russa del 1917. Leggendo il libro di Nesta Webster*The Surrender of an Empire*, alle pagine 74 e 79, si trovano ulteriori informazioni sull'ascesa del bolscevismo.

LA RIVOLUZIONE RUSSA È STATA UN INVESTIMENTO EBRAICO

Sembra che il vero nome della persona citata nella Sezione III come Parvus sia Israel Lazarevitch Hellphand, un ebreo della provincia di Minsk nella Russia Bianca. Verso la fine del secolo scorso partecipò al lavoro rivoluzionario a Odessa. Nel 1886 andò all'estero e alla fine, dopo molte peregrinazioni, arrivò a Copenaghen dove accumulò una grande fortuna come agente capo per la distribuzione del carbone tedesco in Danimarca, lavorando attraverso il Partito Socialista Danese. Il dottor Ziv, nella sua "*Vita di Trotsky*", racconta che quando si trovava in America nel 1916, chiese a Trotsky: "Come sta Parvus? Trotsky rispose: "*Sta per completare il suo dodicesimo milione*". Fu questo multimilionario ebreo che, dopo Karl Marx, fu la più grande ispirazione di Lenin. Fu grazie a Parvus che Lenin fu inviato in Russia. La Russia bolscevica non è il trionfo dei lavoratori, ma sembra essere solo un gigantesco investimento dei capitalisti ebrei per i loro scopi.

Il simbolismo della bandiera rossa

La bandiera rossa è sempre stata un simbolo di pericolo. In coda a un treno, sull'orlo di un precipizio, su una strada interrotta, alla periferia di una cava o di una miniera, ovunque ci un pericolo di morte o di rovina, la bandiera rossa viene srotolata per avvertire. Oggi questa bandiera, così perfettamente simbolica, viene srotolata e imposta alle masse ignoranti da chi sogna di impadronirsi del mondo per condurlo ai massacri planetari e al nulla.

È quindi l'emblema della rovina, delle rivolte, dei disordini, del caos, degli sconvolgimenti sociali e della miseria umana: duecento milioni di cadaveri del comunismo internazionale seguono questa bandiera. È in realtà la bandiera della finanza ebraica internazionale e fu sventolata per la prima volta da Rothschild. Fu srotolata da Karl Marx come bandiera della politica mondiale giudeo-proletaria.

Il primo Rothschild fu Amschel Mayer. Viveva a Francoforte sul Meno, in Germania, dove aveva un negozio di collezionismo e cambio monete. Quando voleva indicare che il suo negozio aveva una vendita speciale, esponeva una bandiera rossa davanti al negozio. Le persone che vi si recavano dicevano: "Vado alla bandiera rossa". Quando un passante derise la bandiera, si dice che l'ebreo Amschel Mayer abbia risposto: "*Questa bandiera un giorno dominerà il mondo*".

Il fondatore della finanza internazionale cambiò presto il suo nome in Rothschild, che significa "*bandiera rossa*" (o "*bandiera rossa*"). Una volta ottenuto il controllo del mondo dall'alto, attraverso la finanza, gli ebrei decisero di ottenere il controllo anche dal basso, attraverso il proletariato. Hanno lanciato Karl Marx con la sua bibbia socialista e comunista e hanno finanziato i grandi movimenti internazionali che ne sono scaturiti. Così la bandiera rossa dell'alta finanza divenne anche quella del proletariato internazionale. Che la conquista dei popoli avvenga ad opera della finanza ebraica o delle Internazionali sotto controllo ebraico, sono sempre gli ebrei a vincere ed è sempre la bandiera rossa del dominio ebraico a sostituire le bandiere delle Nazioni.

E legioni di Goyim, che gli ebrei considerano "*vile seme di bestiame*" (Zohar), seguono estasiati questa bandiera rossa della loro degradazione e schiavitù, come pecore che seguono stupidamente i loro macellai. I leader sono addestrati a condurli verso quella che credono essere la loro "libertà", cioè l'antitesi radicale e assoluta della vera libertà.

La bandiera rossa dei Rothschild è la bandiera del Vitello d'Oro, dei distruttori di Paesi, degli assassini di massa di Spagna, Russia e Ungheria, la bandiera dei Trotsky, dei Bela Kuhn, dei Litvinoff, dei Kaganoviche (che guidavano i boia ebrei delle prigioni e dei campi di concentramento in URSS: Frenkel, Yagoda, Firine, Apetter, Rappaport, Jejoff, Abramovici e una cinquantina di altri boia ebrei).

EBREI E LIBERALISMO

"La sentinella"

In questo giornale ebraico del 9 giugno 1936, il rabbino Louis I. Newmann scriveva: "*Gli ebrei devono essere sempre dalla parte del liberalismo, ora e sempre. Anche se il liberalismo subisce battute d'arresto temporanee. L'ebraismo non ha nulla in comune con la reazione (il nazionalismo), ma tutto nella sua tradizione è liberale*".

UN INTERESSANTE DOCUMENTO BRITANNICO SUGLI EBREI

Nell'aprile 1919 a Londra, per ordine di Sua Maestà, fu stampato un Libro Bianco intitolato "*Russia N°1*", pubblicato nel 1919, "*A Collection of Reports on Bolshevism in Russia*". (A Collection of Reports on Bolshevism in Russia"). Questo documento ufficiale fu presentato alla Camera dei Comuni. Questo documento, a pagina 6, conteneva un rapporto di Sua Eccellenza Oudendyk, Ministro dei Paesi Bassi a Pietrogrado, che al tempo stesso stava agendo in veste ufficiale come protettore dei sudditi e degli interessi britannici, al posto del rappresentante britannico, il Capitano Cromie, che era stato assassinato dai bolscevichi.

Estratto di questo rapporto ufficiale, datato 6 settembre 1918 e ricevuto da Balfour il 18 settembre 1918:

"A Mosca ho avuto ripetuti incontri con Chichérine e Karachan. L'intero governo sovietico è sceso al livello di un'organizzazione criminale. I bolscevichi si sono imbarcati in una vera e propria follia criminale. Il pericolo è ora così grande che sento il dovere di richiamare l'attenzione del governo britannico e di tutti gli altri governi sul fatto che l'intera civiltà mondiale è in grave pericolo se il bolscevismo russo non viene immediatamente sradicato. Considero l'immediata soppressione del bolscevismo come il più grande problema che il mondo si trova ad affrontare, se si esclude la guerra in corso. Se non viene stroncato sul nascere, il bolscevismo si diffonderà in una forma o nell'altra in Europa e nel mondo, perché è organizzato e costruito da ebrei senza nazionalità il cui unico scopo è distruggere l'ordine delle cose esistenti per i loro fini particolari. L'unico modo per scongiurare questo pericolo sarebbe un'azione collettiva di tutte le potenze".

RISULTATI INEVITABILI

➤ Il generale comunista cinese Chen è stato chiamato Cohen.

➤ L'organizzatore del comunismo in Cina si chiamava Crusenberg, alias Borodin.

➤ Il leader dei marxisti in Italia era l'ebreo Claudio Trèves.

➤ In Russia, Lenin, Trotsky, Kerensky, Zinoviev, Radomilisky, Konstantinovitch, Abramovici, Rosenblum, Litvinov, Lindé, Ravitch e migliaia di altri leader sovietici erano ebrei.

➤ In Ungheria, il movimento rivoluzionario del 1919 fu guidato dagli ebrei Bela Kuhn, Kunsi, Agoston, Peter Grunbaum, Weinstein e altri.

➤ In Baviera, la rivoluzione del 1918 fu guidata da ebrei: Kurt Eisner, Loewenberg, Rosenfeld, Koenigberg, Birbaum, Kaiser e Hoch.

➤ A Berlino, nel 1918, erano gli ebrei Lundsberg, Riesenfeld, Lewisohn, Moses, Rosa Luxembourg, Cohen, Reuss e Hodenberg.

➢ A Monaco, nell'aprile 1919, i leader erano Levine, Levien e Axelrod.

➢ Ad Amburgo, nel 1923, l'ebreo Sobelsohn (Karl Radek).

➢ In Brasile, nel 1936, scoppiò un'insurrezione marxista. I capi erano gli ebrei Rosenberg, Gardelsran, Gutnik, Képlanski, Goldberg, Sternberg, Jacob Gria, Weiss e Friedmann.

➢ In Spagna, nel 1936, ricompaiono Bela Kuhn, Neumann, Ginsburg, Julius Deutch, l'ebrea Nelken, Rosenberg, l'ambasciatore dell'URSS e l'ebreo Del Vayo, delegato della SDN.

➢ Un'intera schiera di ebrei provenienti dalla Spagna presiedette ai massacri e alle atrocità.

Esattamente come in Russia... Il fatto è che tutte queste rivoluzioni comuniste, lanciate a favore del proletariato, si traducono in realtà in massacri di contadini e operai sacrificati alla causa ebraica.

UN IMPORTANTE BANCHIERE EBREO FA UNA CONFESSIONE SENSAZIONALE

Alla fine del 1936, il conte di Saint-Aulaire, ambasciatore di Francia, pubblicò un libro intitolato *"Genève contre la Paix" (Ginevra contro la pace)* (Edition Plon). In esso riportava le dichiarazioni che un importante banchiere ebreo di New York gli aveva fatto in un caffè di Budapest, la capitale dell'Ungheria, che l'ebreo Bela Kuhn aveva appena insanguinato con una terribile rivoluzione comunista. La banca a cui si fa riferimento è la Kuhn, Loeb & Co. Bank di New York, i cui direttori erano Jacob H. Shiff, Otto H. Kahn e i fratelli Paul e Félix Warburg.

Questo è ciò che dice il libro a pagina 85 e seguenti:

"Questa situazione spiega come gli alleati mascherati di Bela Kuhn fossero rimasti a Budapest dopo la sua sconfitta e come si potessero trovare al tavolo delle missioni alleate, di cui alcuni erano membri, il che era molto conveniente per loro per il compimento dell'altra missione. Erano felici di bere tokaj con gli Alleati come lo erano con Bela Kuhn, e quando avevano bevuto più di quanto i bambini bevessero il latte, la loro lingua si era sciolta. Molti dei rivoluzionari ebrei espulsi dall'Ungheria vi erano tornati dopo

l'armistizio, in uniforme americana, e furono i loro rapporti a Wilson a ispirare la politica del Consiglio Supremo in Europa centrale.

Ricordo le parole di uno di quegli augelli che sedeva accanto a me in una di quelle cene internazionali che sono la migliore scuola e il più pericoloso tranello della diplomazia. Era diventato direttore di una grande banca di New York, una di quelle che avevano finanziato la rivoluzione bolscevica. Ma non era uno di quei banchieri che, secondo le parole di Luigi Filippo su Casimir Perrier, erano sigillati al pavimento come una cassaforte. Aveva un "tetto" nella sua specialità ed era felice di infrangerlo per raggiungere regioni più alte.

Da buon orientale, si esprimeva attraverso immagini alle quali, da persona cerebrale, dava estensioni intellettuali. Un ospite gli chiese "come l'Alta Finanza potesse proteggere il bolscevismo, nemico della proprietà immobiliare, condizione dell'industria bancaria, così come della ricchezza immobiliare che le è non meno necessaria", e il nostro uomo incaricato di rifornire i senza pane svuotò un grande bicchiere di Tokay, si prese un momento per sbuffare sul suo enorme sigaro d'oro da cinque franchi e disse: "Coloro che si stupiscono della nostra alleanza con i sovietici dimenticano che il popolo di Israele è il più nazionalista di tutti i popoli, perché è il più antico, il più unito, il più esclusivo. Dimenticano che il suo nazionalismo è il più eroico perché ha resistito alle più terribili persecuzioni.

Dimenticano anche che è il nazionalismo più duro, il più intangibile, poiché è sopravvissuto nei secoli nonostante tutti gli ostacoli senza il sostegno di un territorio. È ecumenico e spirituale come il papato. Ma guarda al futuro invece che al passato e il suo regno è qui sulla terra. Per questo è il sale della terra, il che non gli impedisce di essere, come si dice sul boulevard, il più dissalato dei nazionalismi, cioè il più decantato, il più spogliato...".

Quando alcuni degli ospiti accolsero queste ultime parole con un sorriso malinconico, questo Saggio di Sion rispose con questa glossa: "Quando dico il più spoglio, intendo dire che il nostro nazionalismo è il più potabile di tutti, quello con più bottiglia, quello che gli altri popoli assorbono più facilmente con piacere e senza farsi male ai capelli. Tornando al sale, conoscete il precetto dei salatori di merluzzo? Io l'ho imparato sulla secca di Terranova. Eccolo:

Troppo sale brucia la carne, poco la corrompe. Lo stesso vale per la mente e per le persone. Applichiamo questo precetto con saggezza, come si conviene, essendo il sale l'emblema della saggezza.

Lo mescoliamo con discrezione al pane degli uomini: lo somministriamo in dosi corrosive solo in casi eccezionali, quando è necessario bruciare le macerie di un passato impuro, come ad esempio nella Russia degli zar. Questo spiega già in parte perché ci piace il bolscevismo: è un'ammirevole terra salata da bruciare, non da conservare. Ma a parte e al di sopra di questo caso particolare, siamo in comunione con il marxismo integrale dell'Internazionale, la nostra religione, perché è l'arma del nostro nazionalismo, un'arma a sua volta difensiva e offensiva, lo scudo e la spada.

Si potrebbe dire che il marxismo è l'antitesi del capitalismo, che pure è sacro per noi. È proprio perché sono poli opposti che ci danno i due poli del pianeta e ci permettono di essere il suo asse. Questi due opposti, come il bolscevismo e noi, trovano la loro identità nell'Internazionale. Inoltre, questi due opposti, polari sia dal punto di vista sociale che dottrinale, sono uniti nell'identità dello stesso fine: il rinnovamento del mondo dall'alto, cioè attraverso il controllo della ricchezza, e dal basso, cioè attraverso la rivoluzione.

Per secoli Israele è stato separato dal cristianesimo, ricacciato nel ghetto per mostrare ai fedeli quelli che venivano chiamati i testimoni dell'antica fede, in un'umiliazione che, si diceva, era l'espiazione del deicidio. Questo è ciò che ci ha salvato e, attraverso di noi, salverà l'umanità. Abbiamo così conservato il nostro genio e la nostra missione divina. Oggi siamo i veri fedeli. La nostra missione è promulgare la nuova legge e creare un Dio, in altre parole purificare la nozione di Dio e portarla a compimento quando il tempo è passato. La purifichiamo identificandola con la nozione di Israele che diventa il proprio Messia, che faciliterà il suo avvento attraverso il nostro trionfo definitivo. Questo è il nostro Nuovo Testamento.

In essa riconciliamo re e profeti, come Davide il re-profeta o il re-profeta, riunendoli nella sua persona. Siamo re perché si compiano le profezie e siamo profeti perché non cessiamo mai di essere re".

Con ciò, il re-profeta bevve un altro bicchiere di Tokay.

Uno scettico obiettò: "Questo Messia di cui siete profeti e apostoli, non rischiate di essere anche voi martiri? Dopo tutto, per quanto il vostro nazionalismo possa essere deprivato, a volte depriva altri popoli. Se disprezzate la ricchezza non la disprezzate, se non altro come mezzo non di godimento ma di potere. Come può il trionfo della rivoluzione universale, che distrugge e nega il capitalismo, aprire la strada al trionfo di Israele, l'arca santa di quello stesso capitalismo?

"Non ignoro che Geroboamo fondò il culto del vitello d'oro a Dan e Betel. Né ignoro che la rivoluzione è, nei tempi moderni, la sacerdotessa di questo culto, la più diligente fornitrice dei suoi tabernacoli. Se il vitello d'oro è ancora in piedi, il suo piedistallo più comodo è la tomba degli imperi, per due motivi: in primo luogo, la rivoluzione non è mai altro che uno spostamento di privilegi, e quindi di ricchezza. Ma ciò che alimenta il nostro vitello d'oro non è la creazione di ricchezza, e nemmeno il suo sfruttamento, è soprattutto la sua mobilitazione, l'anima della speculazione. Più cambia di mano, più rimane nelle nostre. Siamo corrieri che ricevono commissioni su tutti gli scambi o, se preferite, esattori che controllano i crocevia del mondo e riscuotono le tasse su tutti i movimenti di ricchezza anonima e vagabonda, sia che si tratti di trasferimenti da un Paese all'altro, sia che si tratti di oscillazioni tra i prezzi. Al posto del canto calmo e monotono della prosperità, preferiamo le voci appassionate e alternate dell'ascesa e della caduta. Per suscitarle, niente è meglio della rivoluzione, se non la guerra, che è una forma di rivoluzione. In secondo luogo, la rivoluzione indebolisce i popoli e li rende meno resistenti alle compagnie straniere. La salute del nostro Vitello d'Oro richiede la malattia delle Nazioni, quelle che sono in grado di svilupparsi da sole. Al contrario, siamo solidali con i grandi Stati moderni come la Francia, gli Stati Uniti, l'Inghilterra e l'Italia, rappresentati a questo tavolo, che ci hanno ospitato generosamente e con i quali stiamo collaborando per il progresso della civiltà.[28]

---

[28] Questa magnifica collaborazione non ha impedito a Rothschild, Freud, Marx, Einstein, Picasso e i loro simili di ridurre l'Occidente cristiano alla degenerazione più estrema e ai super-crimini della lèse-humanité: disoccupazione, droga, pornografia, suicidio giovanile, chemificazione alimentare e terapeutica, collasso ecologico, estinzione delle specie, Aids, Hiroshima, Chernobyl e così via.

Ma prendiamo ad esempio la Turchia di prima della guerra, "il malato", come lo chiamavano i diplomatici. Questo malato era un fattore di salute per noi, perché ci elargiva concessioni di ogni tipo - banche, miniere, porti, ferrovie, eccetera - e noi dovevamo accontentarci della sua salute.

Tutta la sua vita economica è stata affidata a noi: lo abbiamo curato così bene che è morto, almeno in Europa. Guardando la cosa dal punto di vista concreto dell'accumulo di ricchezza per compiere la nostra missione, abbiamo bisogno di un altro malato. Al di là di ogni considerazione superiore, questo sarebbe stato un motivo sufficiente per vaccinare la vecchia Russia con il bolscevismo. Ora è il malato del dopoguerra, molto più nutrito dell'Impero Ottomano e che si difende ancora meno. Ora è pronta per un altro banchetto. Presto sarà un cadavere e noi dovremo solo scuoiarlo.

All'altro capo del tavolo, un correligionario, un enfant terrible della sinagoga, aspettava il momento di dire la sua: "Pensano che siamo rapaci, ma siamo più che altro spazzini".

Sì, se insiste, rispose il confessore della nuova legge. Ma aggiungete che lo facciamo per il bene dell'umanità, per la sua salute morale, proprio come altri uccelli lo fanno per la salute pubblica nei Paesi con strade rudimentali. Aggiungiamo anche che il nostro dinamismo essenziale usa le forze della distruzione e della creazione, ma usa le prime per alimentare le seconde. Che cos'erano paesi come la vecchia Turchia, la vecchia Russia e, in misura minore, la vecchia Ungheria con il suo sistema feudale e il suo latifondo? Erano arti paralizzati che impedivano tutti i movimenti del mondo; erano emboli dell'Europa che poteva morire, coaguli di sangue che ostruivano i vasi vitali. Sciogliendoli, li restituiamo alla corrente circolare di tutto il corpo. Se durante l'operazione fuoriesce qualche goccia di sangue liquefatto, perché dovremmo commuoverci? È un piccolo prezzo da pagare per un beneficio immenso. Qualcuno ha detto che "siamo rivoluzionari perché siamo autoconservatori".

Nel plasmare il nuovo mondo, stiamo dimostrando la nostra organizzazione per la rivoluzione e per la conservazione con questa distruzione, il bolscevismo, e con questa costruzione della Società delle Nazioni, che è anche opera nostra, l'una essendo l'acceleratore, l'altra il freno del meccanismo di cui siamo il motore e la direzione. L'obiettivo? È segnato dalla nostra missione. Israele è una nazione sintetica e omogenea. È composta da elementi sparsi in tutto il mondo, ma fusi insieme dalla fiamma della nostra fede in noi stessi. Siamo una SDN che riassume tutte le altre. È questo che ci qualifica a riunirli intorno a noi. Ci accusano di dissolverli. Siamo dissolutori solo su quei punti che resistono a questa sintesi, di cui la nostra è l'esempio e il mezzo. Dissociamo solo la superficie per risvegliare affinità in profondità che vengono ignorate. Siamo il più grande comune divisore di popoli solo per diventare il loro più grande comune unificatore. Israele è il microcosmo e il seme della città futura.

Questo testo merita una profonda meditazione. È semplicemente sbalorditivo.

Dr. Oscar Lévy, ebreo:

Noi ebrei abbiamo condotto i goyim in un nuovo inferno.

Nel 1920, lo scrittore inglese Pitt-Rivers del Worcester College di Oxford pubblicò un pamphlet intitolato "The *World Significance of the Russian Revolution"*. L'editore era Basil Blackwell, Oxford. Il dottor Oscar Lévy, molto apprezzato nei circoli letterari, scrisse una prefazione al libro.

Non mi sono mai imbattuto in una confessione incredibile e perfetta scritta da un ebreo. Nessun goy, nemmeno un Céline, sarebbe capace di raggiungere un tale livello di lucidità. Questo per dire che tutto è ebraico, anche la forma più perfetta e completa di antisemitismo (antiebraismo, dovremmo dire).

Solo la grande Simone Weil, nel suo libro "*La pesanteur et la Grâce" (Il peso e la grazia)*, nel capitolo dedicato a Israele, ha offerto una critica straordinaria di ineguagliabile altezza metafisica. Nessun goy ha raggiunto un tale livello di antiebraismo...

Ecco il succo del discorso:

"Il bolscevismo è una religione e una fede. Come possono questi credenti a metà sognare di sconfiggere i "veri" e i "fedeli" della loro stessa fede, quei santi crociati che si erano radunati intorno alla bandiera rossa del profeta Karl Marx e che avevano combattuto sotto l'audace guida di quegli esperti ufficiali delle ultime rivoluzioni: gli ebrei?

Non c'è razza al mondo più enigmatica, più fatale e quindi più interessante di quella degli ebrei. Ogni scrittore che, come lei, è oppresso dall'apparenza del presente e imbarazzato dall'angoscia del futuro, deve cercare di chiarire la questione ebraica e il suo impatto sul nostro tempo.[29]

Perché la questione ebraica e la sua influenza sul mondo antico e moderno vanno alla radice di tutto e devono essere discusse da ogni pensatore onesto, per quanto grandi siano le difficoltà, per quanto complesso sia l'argomento, per quanto numerosi siano gli individui di questa razza.[30]

Rivelate, e con grande fervore, i legami che esistono tra il collettivismo della ricchissima finanza internazionale - la democrazia dei valori monetari, come la chiamate voi - e il collettivismo internazionale di Karl Marx e Trotsky. E tutti questi mali e miserie, sia economici che politici, li fate risalire a un'unica fonte, a un'unica "fons et origo malorum": *gli ebrei.*

Ebbene! Altri ebrei potrebbero oltraggiarvi e crocifiggervi per questa energica espressione della vostra opinione. Da parte mia, mi asterrò dall'aggiungermi al coro di condanne che vi infliggerebbero.

Prima di tutto, devo dire questo: difficilmente un evento è accaduto nell'Europa moderna senza essere ricondotto agli ebrei. Tutte le idee e i movimenti dei tempi moderni sono nati da una fonte ebraica, per la semplice ragione che l'idea semitica ha finalmente conquistato e completamente soggiogato il nostro universo. Non c'è dubbio che, in tutto ciò che fanno, gli ebrei fanno meglio o peggio dei goyim, e non c'è dubbio che la loro influenza oggi merita un'indagine molto attenta, e non è possibile prevedere questa influenza senza un serio allarme. Noi ebrei abbiamo commesso un errore, amico mio, un errore molto grave. Oggi non c'è altro che falsità e follia. Una follia che produrrà una miseria ancora maggiore e un'anarchia ancora più profonda.

Ve lo confesso apertamente e sinceramente, con il dolore e la profondità che solo un antico salmista potrebbe misurare nella

---

[29] Una cosa del genere è impossibile nel 2000: le leggi razziste ebraiche vietano qualsiasi commento, qualsiasi verità che sia a loro sfavorevole. Siamo in coma.

[30] Ricordiamo ancora una volta questo nuovo insegnamento sconosciuto: non esistono razze, ma solo gruppi etnici che sono il risultato di un adattamento ormonale a un ambiente fisso. Il problema ebraico deriva esclusivamente dalla circoncisione dell'ottavo giorno, unico denominatore comune che rende conto di un particolarismo costante nel tempo e nello spazio.

nostra epoca bruciata. Ci siamo proposti come i salvatori del mondo, noi che ci siamo persino vantati di avervi dato "il Salvatore", oggi non siamo altro che i seduttori del mondo, i suoi distruttori, i suoi incendiari, i suoi carnefici. Vi avevamo promesso di condurvi a un nuovo paradiso, ma alla fine vi abbiamo condotto solo a un nuovo inferno. Non c'è stato alcun progresso, almeno morale, ed è solo la nostra moralità che ha impedito ogni vero progresso e, quel che è peggio, sta bloccando la strada a qualsiasi futura e naturale ricostruzione nel nostro mondo in rovina. Guardo questo mondo e rabbrividisco alla vista del suo orrore, e rabbrividisco ancora di più perché conosco gli autori spirituali di tutto questo orrore.

Ma questi stessi autori, inconsapevoli in questo come in tutto ciò che fanno, non sanno ancora nulla di questa sorprendente rivelazione. Mentre l'Europa è in fiamme, mentre le sue vittime gemono, mentre i suoi cani ululano alla conflagrazione, mentre i suoi fumi scendono in lenzuola sempre più spesse sul nostro continente, gli ebrei, o almeno alcuni di loro, e non i meno meritevoli, cercano di fuggire dall'edificio in fiamme, desiderosi di passare dall'Europa all'Asia, dalla lugubre scena del nostro disastro, all'angolo soleggiato della Palestina. I loro occhi sono chiusi alla miseria, le loro orecchie sorde alle lamentele, i loro cuori induriti dall'anarchia dell'Europa. Non sentono più nulla se non i propri dolori, non pensano più a nulla se non al proprio destino, non sospirano più se non per il proprio fardello".[31]

Ecco un documento atroce:

In un momento in cui gli ebrei fomentano le guerre mondiali, questo articolo è nauseante "*The Sentinel*", un settimanale ebraico di Chicago, ha pubblicato i verbali della Conferenza centrale dei rabbini americani del 24 settembre 1936. Essi hanno deciso di chiedere al governo degli Stati Uniti di liberare dagli obblighi

---

[31] Il culmine nauseante di questa psicologia è l'assurdità aritmetico-tecnica dell'Olocausto, che serve da leva per l'estorsione internazionale, quando sappiamo che il ciclone B è del tutto inadatto a gasare 1.000 o 2.000 persone alla volta; e che la cifra di sei milioni (un Paese come la Svizzera!) è smentita dall'American Jewish Year Book, che indica in 3.300.000 il numero di ebrei presenti nell'Europa occupata nel 1941 (molti se ne sono andati dopo quella data!).

militari gli ebrei che, per obiezione di coscienza, si oppongono alla guerra.

Quindi è bene che inizino le guerre, ma che siano condotte dai Goyim.

L'intera élite goyish sarà decimata, come è avvenuto nel 1914-18.

LA GRANDE PROPRIETÀ DISTRUGGE LA PICCOLA PROPRIETÀ

Nella "*Nouvelle Revue Internationale*" del gennaio 1897, il grande ebreo Theodore Herzl ci disse: "*La questione agraria è solo una questione di macchine. L'America deve sconfiggere l'Europa così come la grande proprietà distrugge la piccola proprietà. Il contadino è un tipo destinato a scomparire.*

I VERI GENOCIDI DELLA STORIA

Gli ebrei non parlano mai dei crudeli massacri della storia. È inaudito che si parli incessantemente dei "*Sei milioni*" (veri o falsi che siano) e mai degli 80 milioni di Goyim sterminati in URSS da un regime che era per antonomasia ebraico (200 milioni le vittime dei regimi comunisti in tutto il mondo).

Nell'antichità, sotto Assuero, 70.000 Goyim furono sterminati su istigazione degli ebrei. Essi celebrano questa impresa con la festa di Purim. Il giorno prima che gli ebrei lasciassero l'Egitto, tutti i primogeniti delle famiglie egiziane furono massacrati. Quando nacque Cristo, gli ebrei massacrarono i Santi Innocenti in tutta la Palestina nella speranza di uccidere il Dio-Bambino. Costrinsero Ponzio Pilato a condannare Cristo. Lapidarono Santo Stefano e fecero massacrare gli apostoli. Il primo consigliere di Nerone fu l'ebreo Attilio e la sua favorita fu l'ebrea Poppea: lo incoraggiarono a massacrare centinaia di migliaia di cristiani. Il libro ebraico *Sepher Juchasin* (Amsterdam 1919) riporta che al tempo di Papa Clemente I (89-97), gli ebrei misero a morte a Roma e dintorni "*una folla di cristiani innumerevole come la sabbia del mare*".

Dione Cassio, il grande storico dell'antichità, nella sua "*Storia romana*" (traduzione di Anthoine de Bandole, 1660), scrive: "*in questo periodo, i Giudei che vivevano lungo Cirene, con un certo Andrea come capitano, uccidevano tutti i Greci e i Romani, mangiavano la loro carne e le loro interiora, si bagnavano nel loro sangue e si rivestivano delle loro pelli.*

Uccisero alcuni di loro in modo molto crudele, segandoli dalla cima della testa fino al centro del corpo. Li gettarono in pasto alle bestie e costrinsero gli altri a combattere tra loro. Ne uccisero 220.000. Esercitarono una crudeltà simile in Egitto e nell'isola di Cipro, avendo un certo Artemione come capo e conduttore delle loro crudeltà. Nell'isola di Cipro massacrarono 240.000 persone, per cui non è più permesso a un ebreo di scendere laggiù".

Edward Gibbon, nel suo famoso studio storico "*Storia del declino e della caduta dell'Impero romano*" (1776) conferma: "*A Cirene massacrarono 220.000 greci. Massacrarono 240.000 persone sull'isola di Cipro e una vasta moltitudine in Egitto. La maggior parte di queste sfortunate vittime fu segata in due secondo l'idea che Davide l'avesse autorizzata con la sua condotta*".

Il libro ebraico *Sepher Hodoroth* racconta che Rabbenu Jehouda fu favorito dall'imperatore Antonino il Pio. Egli indicò la malizia dei nazareni (cristiani) come causa di una malattia pestilenziale e ottenne l'esecuzione di tutti i nazareni a Roma nell'anno 3915 (155 d.C.). Lo stesso libro ci dice che fu grazie all'influenza dei Giudei che Marco Aurelio fece massacrare tutti i Nazareni che poteva nell'anno 177. Tra questi c'erano San Potino e quarantasette suoi seguaci, tra cui Santa Blandina e i cristiani Macturus e Sanctus. Il libro racconta anche che i Giudei ebbero vita facile sotto il mostro Caracalla, "*la bestia feroce di Ansonia*". Il libro racconta che nel 3974 (214 d.C.) gli ebrei uccisero 200.000 cristiani a Roma e tutti i cristiani di Cipro.

Il "*Sepher Juchasin*", un libro ebraico, ci dice anche (pagina 108) che, "*su richiesta degli ebrei, Diocleziano uccise un gran numero di cristiani, tra cui i papi Caio e Marcellino, così come il fratello di Caio e sua sorella Rosa*".

Maometto fu avvelenato da una donna ebrea.

Gli ebrei assassinarono lo zar Nicola II e tutta la sua famiglia. Alessandro di Jugoslavia e Luigi Barthou furono assassinati dall'ebreo Peter Kalmen, Huey Long dall'ebreo Weiss, l'arciduca Francesco Giuseppe dall'ebreo Princip, l'arciduca Rodolfo d'Asburgo da una ebrea. Numerosi furono gli assassinii giudaicomassonici: quello dello zar Alessandro II, del re Gustavo III di

Svezia, di Luigi XVI e della sua famiglia, di Pellegrino Rossi, ministro di Pio IX, di Garcia Moreno, presidente dell'Ecuador, del re Carlos del Portogallo, del presidente Paul Doumer, del marchese de Morès, del consigliere Prince, del presidente Felix Faure, del presidente Abraham Lincoln, del primo ministro Stolypin, del conte Tisza...

Abbiamo citato il massacro di 30.000 cristiani in tre mesi da parte degli ebrei Bela Kuhn e Szamuely nel 1918.

Ma i più grandi massacri politici della storia del mondo hanno avuto luogo nella Russia bolscevica: sotto il giogo degli ebrei, che comprendevano Trostky, Sverdloff, Zinovieff, Kameneff, Litvinov, Yagoda, Joffe, Kaganovitch (cognato di Stalin), Karakhan, Levine, Rappaport, Parvus-Halphand, Radek-Sobelsohn, Garine e altri.

Un milione e novecentomila vescovi, sacerdoti, principi, nobili, ufficiali dell'esercito e della polizia, borghesi, insegnanti, ingegneri, operai e contadini furono martirizzati in 18 mesi, spesso in condizioni atroci. Trenta milioni di morti per fame ed epidemie dovute a carestie artificiali dal 1917 (Fonte: Croce Rossa Internazionale, Dr. Fritjof Nansen).

Sotto gli ebrei Kurt Eisner e i fratelli Levine, gli ostaggi di Monaco in Baviera furono massacrati.

In Spagna, durante la guerra civile, si consumò un immenso massacro ebraico-comunista: 400.000 cristiani massacrati dietro le linee di fuoco, esclusivamente per la loro fede religiosa e nazionale dagli ebrei Zamorra, Azana, Rosenberg.

In Cina, un enorme massacro giudeo-comunista che ha causato la morte di quindici milioni di cinesi in quindici anni nelle province controllate dai comunisti.

Questo è solo un esempio degli orrori. Non è affatto esaustivo.[32] Le vite dei santi e la storia dell'antichità, del Medioevo e dei tempi moderni ne sono piene. Quando gli ebrei furono puniti, non subirono

---

[32] Ho un'ampia documentazione sulle vittime di questa guerra ebraica del 39-45, e dopo la guerra in Europa, per non parlare degli schiavi negri catturati in Africa e uccisi a milioni, in un commercio organizzato esclusivamente dagli ebrei (si veda anche il professor Shahak su questo argomento).

un decimo dei mali che avevano inflitto ai popoli che li avevano accolti.

Nella storia oggettiva del mondo, gli ebrei appaiono come un popolo di feroci persecutori e non come una minoranza perseguitata, anche se le loro esazioni nei Paesi ospitanti hanno sistematicamente provocato pogrom ed espulsioni, in tutti i Paesi in cui hanno vissuto e in tutti i tempi, senza eccezioni. Gli ebrei cercano di convincerci del contrario, ma i fatti sono lì, e molto spesso confermati dalla tradizione ebraica e dagli stessi libri ebraici.

INTERESSANTE DOCUMENTO SULLA CONVERSIONE DEL RABBINO CAPO NEOFIT

Questo grande rabbino si convertì al cristianesimo e si fece monaco. Nel 1803 pubblicò in moldavo "Il *sangue cristiano nei riti israeliti della sinagoga moderna*". Il libro fu tradotto in greco nel 1833. Questo è ciò che dice a pagina 33:

"Questo terribile segreto non è noto a tutti gli ebrei, ma solo ai chakam (medici in Israele) *e ai rabbini che portano il titolo di* "curatori del mistero del sangue".

I padri lo comunicano verbalmente ai padri di famiglia, che a loro volta affidano il segreto a chi dei loro figli ritengono più affidabile, aggiungendo terribili minacce contro chiunque tradisca il segreto".

Il rabbino convertito racconta poi:

"Quando avevo tredici anni, mio padre mi prese in disparte in una stanza buia e, dopo avermi rappresentato l'odio contro i cristiani come qualcosa di gradito a Geova, mi disse che il nostro Dio ci aveva ordinato di versare il sangue cristiano e di riservarlo per uso rituale. Figlio mio", mi disse baciandomi, *"ora che sei in possesso di questo segreto, sei diventato il mio più intimo confidente, un altro me! Poi mi pose una corona sul capo e mi spiegò il mistero del sangue rivelato agli Ebrei da Geova. D'ora in poi sarei stato il depositario del più importante segreto della religione israelita. Terribili imprecazioni e minacce furono pronunciate contro di me se avessi mai rivelato questo segreto a mia madre, ai miei fratelli, alle mie sorelle o alla mia futura moglie. Devo rivelarlo solo a uno dei miei figli che sia in grado di custodirlo al meglio. In questo modo, il segreto sarebbe passato di padre in figlio attraverso le generazioni fino ai secoli a venire".*

DUE INTERESSANTI CITAZIONI DI ZINOVIEFF, UN EBREO

Il primo fu pubblicato su *"La Gazzetta"*, un giornale bolscevico, e il secondo su *"La Comune del Nord"* a Pietrogrado il 18 settembre 1918: *"Renderemo i nostri cuori crudeli, duri, spietati, in modo che la clemenza non li penetri e non tremino davanti a un oceano di sangue nemico. Libereremo le chiuse di questa marea sanguinosa. Senza pietà, senza misericordia, uccideremo i nostri nemici a migliaia. Li affogheremo nel loro stesso sangue. Prenderemo tutta la popolazione russa: 90 milioni sono sotto il potere dei sovietici; il resto lo stermineremo.*

Nota: il *"Libro nero del comunismo"* indica in 80 milioni il numero delle vittime del comunismo russo.

ORO EBRAICO, PADRONE DEL MONDO

Gli ebrei controllano tutti i mezzi di comunicazione: editoria, stampa, radio, televisione, ecc. Sono quindi strumenti di propaganda pseudo-democratica, perché questo è l'unico sistema che garantisce la loro egemonia, che nessun sistema tradizionale concederebbe loro.

Così controllano le masse e i politici che ne fanno parte (vera élite accetterebbe il diktat della scheda elettorale o parteciperebbe a concorsi così stupidi come l'agrégation o l'ENA). Hanno il controllo completo del cinema: propaganda, violenza, sesso, distorsione di tutti i valori fondamentali che sono l'essenza dell'uomo.

Controllano la moda: gli omosessuali sono incoraggiati a pervertire qualsiasi senso estetico, anche al livello più elementare del vestire. I giovani di oggi hanno la pelle blu, a patata e colorata. Le donne sono sempre più eleganti e psicologiche.

Gli ebrei controllano l'oro e la sua manipolazione, che determina il prezzo e il valore delle valute nazionali. Tra questi vi sono Rothschild, Bleichroeder, Kuhn, Loeb & Cie, Japhet, Seligmann, Lazard e altri. In questo secolo, i Sassoon controllavano l'oppio in tutto il mondo. Oggi l'alta finanza ebraica controlla la droga.

➢ Alfred Mond (*Lord Melchett*) controlla il nichel.
➢ Louis-Louis Dreyfus controlla il grano.

Gli ebrei controllano le tre internazionali proletarie da loro fondate. Gli ebrei controllano le società segrete: Massoneria, Bilderberger, CFR, Trilaterale, in cui sono asserviti tutti i politici, la maggior parte dei quali ne fa parte. Gli ebrei controllano l'ONU proprio come controllavano la Società delle Nazioni (vedi documento alla fine del libro). Gli ebrei esercitano un'enorme influenza, diretta o indiretta, sui governi delle nazioni occidentali. (direttamente: Inghilterra: Hore-Belisha, Sassoon, ecc. Francia: Léon Blum, Jean Zay, Georges Mandel-Rothschild, Pierre Mendès-France, Michel Debré, Laurent Fabius, ecc.)

➤ Stati Uniti: Morgenthau, Perkins, Baruch, Colonel House, ecc. Nel 1999, dieci dei consiglieri del Presidente degli Stati Uniti erano ebrei.

➤ Belgio: Vandervelde, Hymans, ecc.

➤ Russia: Kaganovitch e praticamente tutti coloro che hanno fatto e amministrato la rivoluzione, con i suoi gulag e le sue esecuzioni.

L'influenza indiretta è di tipo ideologico e finanziario.

L'"*Enciclopedia ebraica"*, redatta da un comitato di ebrei, ci fornisce dettagli clamorosi sulla vita economica di questo secolo e sul loro potere. Fin dall'inizio dell'era industriale, i prestiti nazionali e quelli delle grandi imprese, come le ferrovie, sono stati finanziati dagli ebrei. Dall'inizio del XIX secolo, essi hanno dominato la finanza internazionale.

Qui apprendiamo anche che gli Stern e i Goldsmid finanziarono quasi esclusivamente il Portogallo. Il barone Hirsh ha finanziato le ferrovie in Turchia. I Rothschild hanno finanziato le ferrovie in Francia. Strousberg ha finanziato le ferrovie rumene. Poliakov, Speyer & Cie finanziò le ferrovie russe. Kuhn Loeb & Cie, senza dimenticare gran parte della rete ferroviaria americana.

Forse la più grande impresa contemporanea finanziata dagli ebrei, dice l'Enciclopedia, è stata la grande diga sul Nilo, finanziata da Sir Ernest Cassel.

Già nel 1902, gli ebrei ammisero che la loro tribù controllava la preponderanza del mercato internazionale nei principali Paesi. "*L'attività degli ebrei sul mercato internazionale è direttamente collegata alla loro attività di broker di titoli esteri e al movimento mondiale dei metalli preziosi, che sono per la maggior parte nelle loro mani"*.

Sempre nell'Enciclopedia: i Rothschild controllano il mercurio, Barnato Frères e Werner, Bett & Cie controllano i diamanti (dopo questo periodo, sappiamo che Oppenheimer controllava i diamanti in Sudafrica).

Lewisohn e Guggenheim controllano il rame e in misura significativa il mercato dell'argento. Gli interessi di Graustein e Dreyfus controllano anche il mercato e della carta.

Ecco come possiamo misurare il potere di un singolo finanziere ebreo, sempre tratto dall'Enciclopedia Ebraica: è l'esempio di Jacob-H. Schiff, che finanziò Lenin e Trotsky nel 1917. Sotto la guida di Schiff, la sua azienda ricostruì finanziariamente la Union Pacific Railroad intorno al 1897. Nel 1901, lanciò una battaglia contro la Compagnie du Grand-Nord per la proprietà della Northern Pacific Railway. Ciò causò un panico in Borsa (9 maggio 1901), durante il quale la società Loeb, Kuhn & Cie tenne in pugno il mercato. La moderazione e la saggezza di Schiff in questa occasione evitarono il disastro e fecero sì che la sua azienda diventasse la più influente nel mondo finanziario delle ferrovie. L'azienda controllava più di 22000 miglia di ferrovia e 1.321.000.000 di dollari di azioni ferroviarie. Finanziò grandi emissioni della Union Pacific, della Pennsylvania Railroad, della Baltimore & Ohio, della Norfolk & Western, della Western Union Telegraph e di molte altre. Ha finanziato e parzialmente sottoscritto i tre principali prestiti di guerra del Giappone nel 1904 e 1905.

Tutto il capitale delle banche canadesi messe insieme, che rappresentano i risparmi di milioni di canadesi, era meno della metà del patrimonio di questa banca ebraica, che rappresentava il patrimonio di cinque persone.

Mentre gli agitatori ebrei chiedono la distruzione delle banche nazionali che detengono i risparmi dei canadesi, non menzionano mai la distruzione delle mostruose banche internazionali che hanno finanziato le rivoluzioni e il comunismo.

L'Encyclopédie juive ci dice anche che la casa di Sasoon, i Rothschild d'Oriente, detiene il monopolio del mercato dell'oppio in tutto il mondo, controlla vasti monopoli in Asia nel settore tessile, nelle filande, nella tintura, nella seta, nel cotone, ecc. Le filiali si trovano a Calcutta, Shanghai, Canton, Hong Kong, Yokohama, Nagasaki, Baghdad, ecc.

Secondo l'Encyclopédie juive, la famiglia ebrea Pereire, originaria della Francia, ha filiali in Spagna e potenti interessi in molti Paesi. Ecco solo alcune delle società da loro fondate, monopolizzate o partecipate: Crédit Foncier de France, Société Générale du Crédit Mobilier, Chemin de Fer du Midi, Chemin de Fer du Nord de l'Espagne, Gaz de Paris, Omnibus de Paris, Compagnie Générale Transatlantique, Éclairage de Paris, Assurances Union e Assurances Phénix d'Espagne, Chantiers navals de Saint-Nazaire, Crédit Mobilier d'Espagne, Banque de Tunis, Banque Transatlantique, Chemin de fer Paris-Argenteuil-Auteuil, Cie des Quais de Marseille, Gaz de Madrid, Banque Ottomane Impériale, compagnie ferroviarie in Svizzera, Russia, Austria, Portogallo, ecc.

La famiglia Bischoffsheim di Parigi e Bruxelles possiede: Société Générale, Banque des Pays Bas, Crédit Foncier coloniale, Société du Prince Impérial, Banque Franco-Égyptienne, Union du Crédit (Bruxelles), Comptoir des prêts sur marchandises (Anversa), Union du Crédit (Liegi), Banque Nationale, ecc.

La famiglia Strauss di New York controllava diverse banche e istituzioni finanziarie, i negozi di R.H. Macy's, ceramiche e vetrerie (fonte: Encyclopédie Juive). I fratelli Seligman di New York, agenti finanziari del Segretario di Stato per la Marina degli Stati Uniti dal 1876, erano coinvolti in tutti i prestiti governativi americani. Erano a capo del sindacato che distribuì le obbligazioni del Canale di Panama in America.

Nel 1879, i Rothschild e Jesse Seligman assorbirono da soli il prestito del governo statunitense di 150.000.000 di dollari. Gestiscono in larga misura le finanze della guerra civile americana tra Nord e Sud. Nel 1877, il giudice Hilton rifiutò di ammettere Seligman e la sua famiglia per motivi razziali al suo Grand Union Hotel di Saratoga. Si ritiene che questo incidente abbia causato la rovina del negozio di A.T. Stewart, allora gestito da Hilton, che in seguito divenne proprietà di John Wanamaker di Philadelphia. (Fonte: Encyclopédie juive)

Questo vale per ogni Paese, sia che si tratti dei favolosamente ricchi Rothschild, capaci di distruggere qualsiasi governo britannico che osi sfidarli, sia che si tratti di ricchi banchieri internazionali come:

Camondo   Fould   Montagu   Stern

Bleichroeder Warschauer   Mendelssohn   Gunzbourg

Giafet   Lazard   ecc.

In confronto a loro, i Ford, i Mellon e i Carnegie sono nani finanziari. La stampa ebraica ci parla solo dei finanzieri cristiani, ma nasconde con la massima cura i nomi e il potere inaudito di questi ricattatori internazionali. Il loro potere è sproporzionato rispetto alla popolazione e alla produzione ebraica.

La caduta di alcuni piccoli ebrei nel disastro finanziario francese di Panama, tra le altre famose truffe, mette in evidenza le dimensioni degli squali più grandi:

➢ I fratelli Insull (55 milioni)

➢ Staviski (450 milioni)

➢ Lévy (120 milioni)

Gli ebrei sono quindi i padroni indiscussi della finanza mondiale.[33] Questo permette loro di consolidare il controllo sui prezzi delle materie prime, sulle organizzazioni internazionali di ogni tipo, sulla propaganda mondiale e sui governi. È immorale che una "razza"[34] detenga così tanto potere su tutti i gruppi etnici della terra. Quei giorni sono passati. O questa piovra colossale verrà spazzata via o l'umanità scomparirà con lei. Si nutre di tutti i popoli lavoratori. I controlli locali dell'ebraismo (alcool, pellicce, carne, macelli, mobili, abbigliamento, ristoranti, oro, nichel, carta, ecc. Il potere più grande è quello che le masse non vedono, ma la cui triste efficacia esplode ogni giorno sotto i nostri occhi, come le due guerre mondiali di cui sono interamente responsabili. (Trattato di Versailles, negoziato dai fratelli Warburg che finanziarono contemporaneamente i belligeranti e la rivoluzione bolscevica ,

---

[33] Sto progettando un libro sul finanziere ebreo Soros per il 1999: *"Un esempio degli effetti della circoncisione dell'8° giorno: il finanziere ebreo Soros"*.

[34] In mancanza di una parola migliore. La parola "setta" sarebbe più appropriata. Sappiamo che gli ebrei non sono né una razza né un gruppo etnico e che la loro particolarità (qui finanziaria) deriva esclusivamente dalla circoncisione dell'ottavo giorno.

dichiarazione di guerra a Hitler nel 1933 da parte dell'ebraismo americano).

LO ZAR NEL CASTELLO DEI ROTHSCHILD

Il Canadian Jewish Chronicle del 7 settembre 1935 riportava: "*La residenza palaziale dei Rothschild è sempre stata in un tale stato di splendore salomonico che nessun Califfo avrebbe potuto sostenerla senza ridurre il suo regno in povertà. Di fatto, almeno la metà dei tesori del mondo è conservata nei caveau dei Rothschild. Rothschild esercita il suo potere su agenzie inaccessibili agli altri mortali. I re lo temono e la fortezza di Sebastopoli non sarebbe mai caduta se si fosse schierato con la Russia. Quest'uomo controlla il destino delle nazioni: è il Signore di Israele.*

"TAG"

Il giornale ebraico di New York del 9 aprile 1936 dichiarava: "*Gli ebrei d'America, per il loro numero, i loro interessi e le loro capacità, costituiscono una grande forza politica. È loro di diritto. La useranno come meglio credono. Cosa farete al riguardo?*".

"GLI EBREI DEVONO VIVERE"

Nel suo libro *The Jews Must Live*, l'ebreo Samuel Roth non esita a definire gli ebrei una "razza di avvoltoi" che perseguita tutte le altre nazioni. Il caso di Samuel Roth è edificante. Nel 1934, questo ebreo di New York, autore e libraio, fece pubblicare dalla Golden Hind Press un libro di 320 pagine illustrato da John Conrad. Aveva già pubblicato due libri in difesa degli ebrei contro gli antisemiti: "*Europe*" (Liveright, 1919) e "*Now and for Ever*" (Macbride, 1925). Studiando le ragioni per cui gli ebrei erano sempre e ovunque impopolari, esaminandole e subendo i loro colpi, Roth cambiò opinione di 180° e si schierò completamente dalla parte degli antisemiti. Non appena il suo libro apparve, gli ebrei lo attaccarono ferocemente e cercarono di farlo passare per pazzo. Non ci riuscirono. Ecco alcuni importanti estratti del suo libro:

"*Disraeli ha coniato la frase che il popolo ha gli ebrei che si merita. Si potrebbe anche dire che gli ebrei hanno i nemici che si meritano.*

La storia degli ebrei è stata tragica, tragica per gli ebrei stessi ma non meno tragica per i popoli che hanno sofferto.

Il nostro principale vizio oggi, come in passato, è il parassitismo. Siamo un popolo di avvoltoi che vive del lavoro e della buona natura del resto del mondo. Ma nonostante i nostri difetti non avremmo fatto così tanto male al mondo se non fosse per il genio del male che guida i nostri leader. Il nostro parassitismo potrebbe avere un buon uso, considerato come quello di alcuni germi parassiti essenziali per il regolare flusso del sangue nelle arterie. La vergogna di Israele non deriva dal fatto che siamo banchieri e arredatori del mondo, ma dalla tremenda ipocrisia e crudeltà impostaci dai nostri leader e da noi al resto del mondo.

La prima di tutte le leggi ebraiche è che gli ebrei devono vivere. Non fa differenza come, per quale scopo o con quali mezzi. Devono vivere e, quando non possono conquistare con la forza delle armi, tornano ai loro vecchi metodi di conquista con l'imbroglio, la menzogna e la seduzione (ruffianeria).[35]

Va quindi ribadito che l'antisemitismo è semplicemente un istinto elementare dell'umanità. È un istinto importante con cui una razza cerca di difendersi dalla distruzione totale.[36] *L'antisemitismo non è, come gli ebrei vorrebbero farci credere, un pregiudizio attivo.*

Si tratta di un puro e semplice istinto di autoconservazione con cui ogni essere umano nasce, come l'istinto che ci fa sbattere le palpebre se ci capita qualcosa nell'occhio.

L'antisemitismo è un istinto altrettanto automatico e sicuro. Da sempre, gli ebrei sono stati ammessi liberamente e gentilmente, quasi con piacere, dalle nazioni in cui desideravano essere ammessi. Mai gli ebrei hanno dovuto presentare una petizione per entrare in un Paese la prima volta. Basta studiare la storia della penetrazione ebraica in Europa e in America per esserne perfettamente convinti. Ovunque sono stati accolti, aiutati a stabilirsi e a partecipare agli affari della comunità. Ma ben presto le attività del Paese furono loro precluse a causa delle loro pratiche scorrette. Poi furono espulsi ignominiosamente dal Paese. Non c'è

---

[35] È una parola molto dura, perché in inglese "*a pimp*" è uno sgombro.

[36] Questo è esattamente il caso dell'intera umanità nell'anno 2000, dove ci troviamo ora.

eccezione nella storia. Non c'è un solo caso in cui gli ebrei non abbiano pienamente meritato i frutti amari della furia dei loro persecutori. Veniamo nelle nazioni fingendo di voler sfuggire alla persecuzione, noi che siamo i persecutori più letali negli annali del male.

Il giudaismo è come una malattia venerea morale. I risultati per i popoli che si lasciano infettare da essa sono invariabilmente infidi e malsani. Se ne dubitate, basta dare un'occhiata a qualsiasi popolo europeo in mano agli ebrei. Se volete essere ancora più convinti, date un'occhiata a ciò che sta accadendo oggi in America.

A Ustcha, nella Polonia austriaca, dove sono nato, l'ebreo Reb Sholom mandava sua moglie in chiesa tutte le domeniche e il giorno di Natale con la chiave della chiesa e, se gli interessi non venivano pagati, si rifiutava di aprire la porta di ferro ai fedeli. Fin dalla mia prima infanzia ho imparato che l'unica ragione per cui gli ebrei facevano affari era quella di ottenere il massimo dai goy. Quando il Goyim era stato spennato, gli affari andavano bene. Quanto maggiore era il danno arrecato a un goy in una transazione, tanto più profondo sembrava il piacere per l'ebreo che ascoltavo. Il disprezzo dell'ebreo per il goyim era parte integrante della psicologia ebraica.

Nella mente degli ebrei non c'era alcun dubbio sulla loro superiorità rispetto ai goyim. La questione era semplice: loro erano ebrei e i goyim erano solo goyim. La loro superiorità risiedeva nel possesso legale delle cose, ed era lì che risiedeva. Ciò che apparteneva ai Goyim era un possesso temporaneo, che le stupide leggi dei Goyim cercavano di rendere permanente. Fin dall'inizio dei tempi, Dio non ha forse voluto che tutte le cose belle della terra appartenessero agli ebrei? È dovere dell'ebreo ricordarlo in ogni momento, e in particolare nei suoi rapporti con i Goyim.

Gli ebrei non convertono gli altri alla loro religione perché sono particolarmente convinti che erediteranno tutte le ricchezze della terra e vogliono che il minor numero possibile di eredi condivida queste ricchezze.[37] *Disprezziamo il Goy e odiamo la sua religione.*

---

[37] Si noti che tutti gli ebrei, che seguano o meno la loro religione, continuano ad applicare questi comandamenti religiosi: la circoncisione l'ottavo giorno e il prelievo di quanti più interessi possibili dai goy praticando l'usura (che è vietata

Il Goy, secondo le storie canticchiate nelle orecchie dei bambini ebrei, adora stupidamente una brutta creatura chiamata Yoisel (Gesù), con decine di altri nomi troppo orrendi da ripetere. Questo Yoisel un tempo era stato un essere umano e un ebreo. Ma un giorno impazzì e, nella sua pietosa follia, annunciò di essere lui stesso il Messia (il resto si può leggere nel "Sepher Toldoth, Jeshou" o "Vita di Gesù degli Ebrei", troppo blasfemo per essere riprodotto). Questa straordinaria caricatura del fondatore della religione cristiana è stata una delle avventure più incredibili della mia vita.

Poiché tutti i beni che l'ebreo vede sono stati creati per arricchire Israele, deve trovare un buon modo per strapparli al rozzo Goy che li detiene. L'ebreo non può superare questo sentimento disonesto. È un vero e proprio istinto. È così che è stato educato il giovane Isacco e ciò che un piccolo ebreo ha imparato non lo dimentica mai. Per scoprire come viene educato un bambino ebreo, bisogna vivere in una casa ebraica.

Ciò che è fondamentale per la mentalità ebraica è questo: la conservazione della cultura e della religione ebraica è soprattutto uno schermo. Ciò che l'ebreo desidera e spera attraverso l'educazione ebraica è di coltivare nel proprio figlio la consapevolezza viva che egli è un ebreo e che come tale deve perpetuare l'antica guerra contro i goyim senza mai assimilarsi. L'ebreo deve sempre ricordare che è un ebreo e nient'altro, e che la sua unica fedeltà è al popolo ebraico. Può essere un buon americano se "paga" per esserlo. Può anche essere un buon cinese. D'altra parte, nessun obbligo contratto con un goy può essere considerato valido se va contro gli interessi della sua identità fondamentale. Il giovane ebreo impara innanzitutto a essere ebreo. Poi impara che essere ebreo lo rende diverso da tutti i popoli del mondo. Il giovane ebreo riceve la forte impressione di dover essere un professionista.[38]

---

tra ebrei). Inoltre, la loro religione non è cambiata di una virgola ed è per definizione fondamentalista. Mentre la religione cattolica è diventata grottesca a causa della sua involuzione modernista, che l'ha praticamente affogata nel marxismo.

[38] Non si può dire che questa formazione sia stata applicata molto nel XX secolo. La circoncisione dell'ottavo giorno è stata sufficiente per produrre un Soros che negli anni '90 era ancora sconosciuto e che, all'alba del 2000,

Essere obbligato a lavorare, a fare lavori manuali per guadagnarsi da vivere, sarebbe la condizione peggiore in cui potrebbe cadere. Sarebbe una situazione vergognosa e umiliante. Il disprezzo dell'ebreo per il lavoro manuale è una seconda natura, un sentimento innato. L'ebreo non considera la professione liberale allo stesso modo degli altri popoli. Non c'è la tradizionale deferenza verso la professione. La vedono (legge, medicina) come un gangster vede un nuovo racket: quanto possono ottenere per meno lavoro, il che non impedisce loro di essere altamente competenti grazie alle loro capacità analitiche e di memoria. Cosa succede ai giovani ebrei che non riescono a entrare nelle professioni liberali? Se non hanno i mezzi per comprare un'edicola, o sufficiente acume commerciale?

Diventano ladruncoli, banditi, scioperanti, giocatori di dadi, spacciatori e contrabbandieri di narcotici, agenti della tratta degli schiavi bianchi, rapitori e racket *in ogni pacifica comunità americana.*

Anche altre razze hanno i loro malfattori, ma lo diventano per la dura necessità della vita: l'ebreo ci vede una carriera. Nulla di ciò che fa l'ebreo è essenziale per il benessere dell'America.[39] Al contrario, si può dire che tutto ciò che fa è contrario ai migliori interessi della nazione. Non contribuisce al benessere generale nemmeno con la manodopera, se non quella che nelle sue officine e nelle trappole che lui stesso tende... In letteratura, contribuisce solo attraverso l'oscenità, il giornalismo che scava negli affari intimi e persino il ricatto. Questo fa parte della nostra tradizione nazionale. Siamo ancora una nazione di pigri occupati. Negli affari, l'ebreo ha un solo codice, quello di saper creare qualcosa dal nulla, per arricchirsi mercanteggiando su cose che non ha fatto.

L'America è piena di aziende con nomi cristiani che in realtà sono possedute e gestite da ebrei. L'ebreo sa meglio di chiunque altro

---

investiva e destabilizzava le economie nazionali fino alla Birmania e pianificava con i governi, aiutati dai Rothschild e dai Murdoch, la libera vendita di farmaci in ogni Paese.

[39] Vedremo nella seconda parte che Goyim come Benjamin Franklin ne erano perfettamente consapevoli: "Se date la cittadinanza agli ebrei, i vostri figli vi maledirannno".

come espropriare i poveri e le classi medie.[40] *Così vediamo l'ebreo come uomo d'affari, promotore, prestatore, venditore per eccellenza, autore e principale istigatore di un sistema di credito con cui l'usura su scala nazionale si erge come un mostro con milioni di mani su milioni di gole per strangolare l'onore e la libertà di movimento di un popolo laborioso.*

Quando il talentuoso poeta ebreo Henri Heine disse "L'ebraismo non è una religione ma una disgrazia", forse pensava solo alla sua disgrazia personale, ma oggi dobbiamo calcolare la disgrazia per il mondo intero.

Nessuna religione al mondo offre uno spettacolo così contraddittorio, malizioso e irragionevole come la recita della preghiera Kol Nidre nelle sinagoghe la sera dello Yom Kippur. Qualunque affare abbia intrapreso con il suo prossimo, sia esso materiale o morale, l'ebreo chiarisce in anticipo a Dio che sarà a una condizione esplicita: l'esecuzione di esso deve essere favorevole a Dio, altrimenti l'ebreo lo considererà nullo, senza effetto, del tutto inutile, come se non fosse mai stato menzionato, come se non fosse stato negoziato nulla al riguardo. L'argomentazione pretestuosa secondo cui questa preghiera è di natura esclusivamente religiosa è ovviamente disonesta.

Se l'autore avesse voluto intendere solo gli obblighi nei confronti di Dio, non avrebbe scritto

"Obblighi e impegni di ogni tipo". *Non c'è più senso o sincerità nelle altre spiegazioni. Recitando il Kol Nidre, l'ebreo nega la responsabilità del crimine prima ancora di averlo commesso. Si può dubitare dell'influenza terribile e malvagia che questo può avere sul suo carattere di cittadino e di essere umano?*

Viviamo in una civiltà radicalmente ebraica. L'impronta dello spirito e del temperamento ebraico ha permeato profondamente le

---

[40] In questo mondo ebraico, la classe media è praticamente scomparsa grazie alla speculazione ebraica e al fatto che i politici di tutti i partiti, essendo comprati, non hanno fatto nulla per impedirlo, anzi. Trattati come Maastricht, Amsterdam o Nizza completeranno l'opera di asservimento dei Goyim di tutto il mondo agli ebrei. Tutto questo nella totale incoscienza dei Goyim che sono stati radicalmente zombificati dagli ebrei, dal loro secolarismo, dalla loro chemificazione, dal loro marxismo, dal loro freudismo, dalla loro pornografia e dal loro lassismo sistemico.

nostre istituzioni. Se gli ebrei saranno mai espulsi dall'America,[41] sarà a causa delle pratiche malvagie di medici e avvocati ebrei.

L'ebreo è un nomade con un debole per gli immobili. Intendo i beni immobili indipendentemente dalla terra come terreno da coltivare e portare a compimento. L'ebreo conosce un solo uso del possesso della terra, o di qualsiasi altra cosa: la speculazione. I popoli civilizzati attribuiscono una sorta di sacralità al possesso della terra, una "sacralità" che l'ebreo viola ogni volta che può. Herzl [il fondatore del sionismo] è stato certamente il primo ebreo onesto da 2000 anni a questa parte. Un ebreo che non aveva voglia di soldi o di proprietà immobiliari.

La presenza degli ebrei nel teatro (e ora nel cinema, dove possiedono tutto) è un ostacolo al suo sviluppo spirituale. La storia del teatro e delle arti dimostra che hanno potuto fiorire solo quando gli ebrei non erano coinvolti. Dal momento in cui l'ebreo è entrato in teatro, una sorta di impotenza è calata sulla scena. In America, l'ebreo regna sul teatro. Per lui il teatro significa solo due cose: un modo facile per fare soldi e un mercato di belle donne. Il bordello ottiene le sue reclute dall'impresario, e in 19 casi su 20 l'impresario è un ebreo. Il surplus di queste affascinanti creature viene spedito, insieme alle nostre eccedenze di cotone, patate e rame, in Giappone, Cina, Panama, Sud America e in tutti i porti delle regioni oscure del Pacifico. Il cinema in mano agli ebrei è diventato uno spettacolo volgare e osceno (l'industria cinematografica sta diffondendo su larga scala la violenza e la pornografia alla fine del XX secolo, agendo come agente di decomposizione di tutti i valori umani fondamentali).

L'ebreo è fisicamente impuro e sporca qualsiasi luogo in cui abita,[42] anche se temporaneamente. Lo dico senza cattiveria, perché è una constatazione della mia vita tra i miei simili. Nella lotta per la civiltà, c'è sempre una lotta tra il mondo e Giuda: il mondo si sforza di elevarsi, ma Giuda lo trascina giù".

---

[41] È improbabile che lo siano, perché finanzieri, avvocati e medici hanno preso tutto il potere. L'autore di queste righe era ottimista qualche decennio fa. Oggi, le cosiddette leggi antirazziste vietano di pronunciare anche solo la parola "ebreo" (legge Fabius-Gayssot).

[42] È notevole che senza bagni (gli ebrei ricchi a volte ne hanno cinque o dieci nelle loro case), l'ebreo non è pulito. Questo è facile da vedere.

UN ABISSO INCOLMABILE

Nel suo libro *"Vous les Goyim"*, pubblicato nel 1924, Maurice Samuels, ebreo e leader sionista, scrisse:

"*Tra goyim ed ebrei c'è un abisso incolmabile. La vostra vita è una cosa, la nostra è un'altra. Questa prima differenza è radicalmente inconciliabile: c'è un abisso che separa. Ovunque si trovi l'ebreo, è un problema. È una fonte di disgrazie per se stesso e per chi lo circonda.*

Ovunque gli ebrei sono, al massimo grado, stranieri. Nelle vostre accademie sono indiscutibilmente uno spirito straniero. Non accettano le vostre regole sul bene e sul male perché non le capiscono. Per quanto riguarda lo stile di vita ebraico, i Goyim non hanno morale. Le due concezioni di vita sono essenzialmente estranee l'una all'altra: sono nemiche. Il nostro ebraismo non è un credo, è una totalità. Un ebreo è ebreo in tutto. Non possiamo concepire una dualità, religione e vita, sacro e profano. Potrei dire: "Noi e Dio siamo cresciuti insieme". Nel cuore di ogni pio ebreo, Dio è un ebreo. Solo gli ebrei possono comprendere l'universalità di Dio in questo modo. Per quanto ne so, non c'è paese con una storia che non sia stato antisemita in un momento o nell'altro.

Si potrebbe dire: "Esistiamo fianco a fianco e tolleriamoci a vicenda". Ma i due gruppi non solo sono diversi, ma sono contrapposti da un'inimicizia mortale. Nel vostro mondo, un uomo deve essere fedele al suo Paese, alla sua provincia, alla sua città. Per l'ebreo la lealtà è incomprensibile.

Noi ebrei non diamo molta importanza all'aldilà. Ringraziamo Dio per averci reso diversi da voi. L'istinto dell'ebreo è di diffidare del goy. L'istinto del goy è di diffidare dell'ebreo. Messi fianco a fianco con noi, siete vantati, vigliacchi, folle volgari. Non siamo tra voi di nostra spontanea volontà, ma a causa delle vostre azioni. Siamo intrusi tra di voi perché siamo ciò che siamo, e abbiamo più motivi per odiarvi di quanti voi ne abbiate per odiarci. Gli ebrei liberali, gli ebrei radicali, gli ebrei modernisti, gli ebrei agnostici, stanno diventando l'elemento dominante dell'ebraismo. Abbiamo prodotto innumerevoli rivoluzionari, portabandiera degli eserciti di "liberazione" del mondo.

Ripudiare la religione ebraica non serve a cambiare un ebreo. Noi ebrei, i distruttori, rimarremo sempre i distruttori. Niente di ciò che farete soddisferà i nostri bisogni, le nostre richieste. Distruggeremo sempre perché vogliamo un mondo tutto nostro.

GLI EBREI SONO I PIÙ RAZZISTI DI TUTTI I POPOLI

Il fatto che abbiano perseverato per ottanta generazioni nel mantenere la loro identità razziale e spirituale è testimonianza di una disciplina costante di sorprendente rigore e forza.

LA SOCIETÀ DELLE NAZIONI, UN'ORGANIZZAZIONE EBRAICA

Il governo canadese ha impegnato il Canada nella corsa agli armamenti affermando che il Paese era obbligato a farlo perché aveva sottoscritto l'idea di *"sicurezza collettiva"* aderendo alla Società delle Nazioni. *"Sicurezza collettiva"* significa *"guerra collettiva"* quando la Società delle Nazioni ritiene che i suoi interessi lo richiedano. Il mondo è arrivato sull'orlo di una guerra collettiva all'epoca dell'affare italo-etiopico. Se la guerra non ci fu, fu perché gli inglesi non erano ancora abbastanza armati, come dissero alcuni statisti all'epoca.

Che cos'è l'SDN? Da dove viene? Quali sono i suoi interessi? Lasciamo che siano gli ebrei a dirlo.

DOTTOR KLEE, EBREO

Questo avvocato ebreo di New York parlò pubblicamente di questo argomento il 19 gennaio 1936:

"La Società delle Nazioni non è stata in alcun modo opera del Presidente Wilson. È una creazione essenzialmente ebraica di cui gli ebrei possono essere orgogliosi. L'idea risale ai Saggi di Israele. È un puro prodotto della cultura ebraica". (vedi pagine precedenti, cosa disse un banchiere ebreo di New York sul ruolo della Società delle Nazioni).

JESSE E. SAMPTER, EBREO

In *"Guida al sionismo"*, questo ebreo dichiara: *"La Società delle Nazioni è un vecchio ideale ebraico"*.

MAX NORDAU, EBREO

Questo leader sionista, citato dall'ebreo Litman Rosenthal nel suo libro "Quando i profeti parlano", ebbe a dire questo sulla Società delle Nazioni: "*Presto forse dovrà essere convocato una sorta di Congresso mondiale*". Queste parole furono pronunciate nel 1903. Allo stesso tempo Nordau disse: "*Lasciate che vi porti su per la scala che sale sempre più in alto: Herzl, il Congresso sionista, l'offerta inglese dell'Uganda, l'imminente guerra mondiale, la Conferenza di pace dove, con l'aiuto dell'Inghilterra, verrà creata una Palestina libera ed ebraica*".

NAHUM SOKOLOV, EBREO

Questo leader sionista dichiarò a Carlsbad il 22 agosto 1922: "*La Società delle Nazioni è un'idea ebraica e Gerusalemme diventerà un giorno la capitale della pace mondiale. Ciò che noi ebrei abbiamo ottenuto dopo 25 anni di lotta lo dobbiamo al genio del nostro immortale leader, Theodor Herzl*".

LUCIEN WOLF, EBREO

Nella sua relazione al Congresso ebraico americano sul suo lavoro di plenipotenziario ebraico alla Conferenza di pace: "*Se la Società delle Nazioni dovesse crollare, l'intero edificio così faticosamente costruito dalle delegazioni ebraiche di Inghilterra e America nel 1919 si sgretolerebbe*".

LENNHORR, EBREO

Nella "*Wiener Freimaurer Zeitung*" n. 6, 1927, questo ebreo dichiarò: "*Abbiamo ragione di paragonare la Massoneria (uno strumento ebraico) alla Società delle Nazioni. La Società delle Nazioni è nata da idee massoniche*".

JUDISCHE RUNDSCHAU

Questo giornale ebraico, nel suo n. 83 pubblicato nel 1921, dichiarava: "*La sede esatta della Società delle Nazioni non è né Ginevra né L'Aia. Ascher Ginsberg sognava un tempio sul Monte Sion dove i rappresentanti di tutte le nazioni si sarebbero recati per visitare un tempio della pace; la pace eterna sarà un fatto reale solo quando tutti i popoli della terra si saranno recati in questo tempio*".

Sir Max Waechter, ebreo

Parlando all'Istituto di Londra nel 1909, disse: "*Tutti gli Stati dovranno riunirsi e redigere la Costituzione di una federazione dei Paesi europei sulla base di un'unica tariffa, un'unica moneta, un'unica lingua e un'unica frontiera*".

Commento dell'autore: Nel 1999 ci siamo già, con la rovina dell'Europa e una disoccupazione mostruosa. Avranno problemi con "*una sola lingua*". Ciò che caratterizza l'ideale ebraico è che o è pazzo o è completamente folle: tutto ciò che sta accadendo attualmente in Europa sta convergendo verso la rovina e il nulla. Un'Europa, certo, ma non un'Europa ebraica di banche e tecnocrati manipolati da una finanza che non dovrà rendere conto a nessuno e non permetterà più alcuna iniziativa nazionale. Un'Europa delle Nazioni, che conservi tutte le sue caratteristiche nazionali, e non un popolo di mandriani in blue jeans, una massa informe di alta finanza.

Lenin, ebreo

Nel 1915 scrisse su "*Socialdemocrazia*" n. 40, un giornale ebraico russo: "*Gli Stati Uniti del mondo, e non solo dell'Europa, saranno realizzati dal comunismo, che porterà alla scomparsa di tutti gli Stati, anche di quelli puramente democratici*".

Emil Ludwig, ebreo

Nel suo libro "*Genius and Character*", lo scrittore ebreo dichiara: "*Quando gli Stati Uniti d'Europa diventeranno una realtà, Woodrow Wilson sarà chiamato dal popolo il suo fondatore (perché ha portato alla Società delle Nazioni)*".[43]

Al Gran Convento Massonico Internazionale

In questo incontro, che ebbe luogo il 28, 29 e 30 giugno 1917, prima ancora che si pensasse ufficialmente alla Società delle Nazioni, gli ebrei e i massoni proposero quanto segue: "Dobbiamo costruire la

---

[43] È interessante notare che questo raffinato ebreo non è sopravvissuto al mondo che i suoi compagni ebrei stavano preparando per lui, e che si è espresso suicidandosi.

città felice di domani. È a questo lavoro veramente massonico che siamo stati invitati. Che cosa abbiamo visto? Questa guerra si è trasformata in una formidabile disputa tra democrazie organizzate e potenze militari dispotiche.

In questa tempesta, il potere secolare degli zar della Grande Russia è già affondato. Anche altri governi saranno spazzati via dal vento della libertà. È quindi indispensabile creare un'autorità sovranazionale. La Massoneria, operatrice di pace, propone di studiare questa nuova organizzazione: la Società delle Nazioni".

AL CONVENTO DEL GRANDE ORIENTE

Secondo il verbale ufficiale pubblicato nel 1932, a pagina 3: *"Non è forse all'interno delle Logge che si è accesa la scintilla che ha portato alla creazione della Società delle Nazioni, dell'Ufficio Internazionale del Lavoro e di tutti gli organismi internazionali che costituiscono il faticoso ma fecondo abbozzo degli Stati Uniti d'Europa e forse del mondo*[44]

AL CONGRESSO DEL COMITATO EBRAICO AMERICANO

Secondo il *Registro Comunale Ebraico* del 1918 (fonte: *Jewish Guardian* del 6 febbraio 1920), al Congresso del 1909, il Comitato Ebraico Americano si oppose con successo alla che richiedeva che le domande del censimento indagassero sulla razza degli abitanti degli Stati Uniti.

LA CONFERENZA DI PACE

Questa conferenza, durante la quale fu redatto il *Trattato di Versailles* (1919), fu un trionfo per i diritti degli ebrei grazie all'influente delegazione anglo-ebraica. Il *Trattato di Berlino* (1818) è stato acclamato per più di quarant'anni come la Carta per l'emancipazione degli ebrei nell'Europa orientale, ma la sua grandezza è ora messa in ombra dallo splendido lavoro della recente Conferenza a favore delle minoranze ebraiche negli Stati della

---

[44] Nel 1999, basta guardare la miseria del mondo, il collasso morale e biologico e il danno ecologico che questi bei progetti hanno causato! Ma noi andiamo avanti: la follia ebraica è suicida.

nuova Europa. La solenne riunione delle Nazioni a Parigi ha offerto un'occasione d'oro per risolvere l'antica questione ebraica in Oriente. La comunità ebraica non ha tardato a cogliere la portata dell'opportunità che le si presentava e l'ha afferrata a piene mani. Se si considera che queste mani erano quelle di Lucien Wolf, che trascorse quasi un anno intero a tirare le fila a Parigi, si capisce che il lavoro della delegazione anglo-ebraica alla Conferenza di pace fu coronato da un successo completo e clamoroso.

LA MASSONERIA, UNO STRUMENTO EBRAICO

Se a un ebreo viene negato l'accesso a qualsiasi luogo, si scatenano le grida di antisemitismo. D'altra parte, in nome dell'antirazzismo, la loggia massonica B'nai B'rith è aperta esclusivamente agli ebrei. È la loggia massonica con il maggior numero di iscritti. (da 5 a 600.000 nel 1999).

Gli ebrei presentano la Massoneria come un'istituzione caritatevole apolitica. Questa affermazione tranquillizzante è tanto più assurda in quanto molti ebrei di spicco non hanno fatto mistero del fatto che si tratta di un'organizzazione che manipolano per scopi di cui nemmeno loro fanno mistero. Per quanto riguarda le loro azioni, chiunque può vedere che sono politiche, e dimostrazione più semplice e spettacolare è stata la dichiarazione pubblica con cui la Massoneria ha chiesto a tutti i partiti di rifiutare la minima alleanza con il Front National, anche se questo partito è l'unico che presenta un programma contro la decomposizione generale e per il ripristino dei valori elementari.

Se l'Ebraismo controlla tutte le valute nazionali attraverso il controllo dell'oro, se controlla il prezzo delle materie prime e dei prodotti alimentari attraverso i suoi principali organismi commerciali internazionali, se controlla l'opinione pubblica mondiale attraverso l'editoria, la stampa e il cinema, se controlla il proletariato attraverso le internazionali socialiste, controlla anche la folla dei politici e degli uomini d'affari di tutti i Paesi attraverso la Massoneria. Controlla l'alimentazione industriale, che degenera l'organismo attraverso la massiccia chimicizzazione dei prodotti. I Papi hanno sempre definito la Massoneria *"la sinagoga di Satana"*. Non è un caso che la parola "sinagoga" sia usata in questo modo. L'obiettivo fondamentale della Massoneria è quello di scristianizzare e giudaizzare.

Impone scuole laiche, di fatto atee,[45] ovunque i suoi membri salgano al potere. Predica ai suoi seguaci il culto del "Grande Architetto dell'Universo", una divinità impersonale creata dai rabbini, e ignora il Dio cristiano della Santa Trinità. L'obiettivo dichiarato della Massoneria è "**la ricostruzione del Tempio di Salomone**", cioè il tempio mondiale giudaico sulle rovine di tutte le altre religioni. La Massoneria ha aiutato gli ebrei a sottrarre la Palestina agli arabi. Sta costringendo il governo inglese a usare la forza delle armi per assicurarsi il potere ebraico in quel luogo; si è impegnata a costringere l'Inghilterra a farne un dominio autonomo per gli ebrei. Presto contribuirà a ricostruire il Tempio di Salomone sulle macerie del Nuovo Testamento, se ci riuscirà. Ci è quasi riuscita nel 1999.

BENJAMIN DISRAELI, EBREO

Nel suo romanzo "*The Life of Sir George Bentinck*", Benjamin Disraeli, il costruttore di imperi che fu Primo Ministro della Regina Vittoria (a lui dovette il titolo di Imperatrice dell'India), conferma: "*A capo di tutte queste società segrete che formano governi provvisori ci sono gli ebrei*".

LA VERITÀ ISRAELITA

Questo giornale ebraico pubblicò un'interessante visione della Massoneria nel 1861 (volume V, pagina 74): "*Lo spirito della Massoneria è lo spirito del Giudaismo nelle sue convinzioni più fondamentali. Queste sono le sue idee, il suo linguaggio, quasi la sua organizzazione. La speranza che illumina e rafforza la Massoneria è la speranza che illumina e rafforza Israele. Il suo coronamento sarà questa meravigliosa casa di preghiera per tutti i popoli, di cui Gerusalemme sarà il centro e il simbolo trionfante*".

---

[45] È assolutamente chiaro che se un bambino, con il pretesto della libertà religiosa, non riceve alcuna formazione morale o religiosa (non c'è morale senza religione), diventerà automaticamente un delinquente, un tossicodipendente, un disoccupato, un fan della musica da discoteca e così via. Basta aprire gli occhi per ¼ di secondo per rendersene conto. Guardate le mandrie di cowboy in blue jeans che lasciano la scuola, ascoltano musica patogena, sono privi di ideali e finiscono per drogarsi o suicidarsi. Quanto agli analfabeti, il loro numero aumenta ogni anno, così come la disoccupazione, corollario del socialismo in tutte le sue forme.

BERNARD SHILLMANN, EBREO

In "*Hebraic influences on masonic symbols*", pubblicato nel 1929 e citato da "*The Masonic News*" di Londra, Bernard Shillmann afferma quanto segue: "*Sebbene non abbia assolutamente trattato le influenze ebraiche sull'intero simbolismo della Massoneria, spero di aver dimostrato a sufficienza che la Massoneria come simbolismo, poggia interamente su una formazione che è essenzialmente ebraica*".

BERNARD LAZARE, EBREO

In "*L'antisémitisme et ses causes*", a pagina 340, afferma: "*Le logge martineziste* [logge fondate dall'ebreo portoghese Martinez de Pasqually] *erano mistiche, mentre gli altri ordini della Massoneria erano piuttosto razionalisti, il che ci permette di dire che le società segrete presentavano le due facce dello spirito ebraico: razionalismo pratico e panteismo. Queste tendenze portarono allo stesso risultato: l'indebolimento del cattolicesimo*".

LUDWIG BLAU, EBREO

Questo rabbino, dottore in filosofia e professore al Collegio Talmudico di Budapest (Ungheria), ha dichiarato: "Lo *gnosticismo ebraico ha preceduto il cristianesimo. È un fatto degno di nota che i capi delle scuole gnostiche e i fondatori dei sistemi gnostici* (da cui ha avuto origine la Massoneria) *siano indicati come ebrei dai Padri della Chiesa*".

ISAAC WISE, EBREO

Questo rabbino dichiarò, in "*The Israelite of America*" del 3 agosto 1866: "*La Massoneria è un'istituzione ebraica la cui storia, i gradi, le cariche, le parole d'ordine e le spiegazioni sono ebraiche dall'inizio alla fine*".

BERNARD LAZARE, EBREO

"*È certo che alla culla della Massoneria c'erano degli ebrei. Alcuni riti dimostrano che si trattava di ebrei cabalisti*".

"LA SOCIETÀ STORICA EBRAICA"

Secondo questa società storica ebraica (fonte: *Transactions* of Vol 2, pagina 156): "*Lo stemma della Gran Loggia d'Inghilterra è composto interamente da simboli ebraici*".

"LA GUIDA LIBERA DEI MASSONI"

In quest'opera, pubblicata a New York nel 1901, apprendiamo che: "*I massoni stanno erigendo un edificio in cui il Dio di Israele vivrà per sempre*".

"ENCICLOPEDIA DELLA MASSONERIA"

In quest'opera, pubblicata a Filadelfia nel 1908, apprendiamo che: "*Ogni loggia è, e deve essere, un simbolo del tempio ebraico; ogni maestro sulla sua cattedra, un rappresentante del re ebraico; ogni massone, un rappresentante del lavoratore ebraico*".

RUDOLPH KLEIN, EBREO

Scrivendo su "*Latomia*", una pubblicazione massonica, il 7 agosto 1928, Rudolph Klein dichiarò: "*Il nostro rito è ebraico dall'inizio alla fine: il pubblico dovrebbe concludere da questo che abbiamo legami diretti con l'ebraismo*".

REV. S. MAC GOWAN

Nel "*The Free-Mason*" di Londra, pubblicato il 2 aprile 1930, questo ecclesiastico dichiarò: "*La Massoneria è fondata sull'antica legge di Israele. Israele ha dato vita alla bellezza morale che costituisce la base della Massoneria*".

"SIMBOLISMO"

Estratto da questa rivista massonica (Parigi, luglio 1928): "*Il compito più importante del massone è quello di glorificare la razza ebraica. Potete contare sulla razza ebraica per dissolvere tutte le frontiere*.

"IL LIBRO DI TESTO DELLA LIBERA MURATORIA"

In questo lessico pubblicato a Londra, troviamo la seguente definizione a pagina 7: "*L'iniziato del rito del Maestro è chiamato umile rappresentante di Re Salomone*".

"ALPINA"

La rivista, che è l'organo ufficiale della Massoneria svizzera, afferma: "*Andate alla Galerie des Glaces di Versailles, dove potrete leggere l'immortale Dichiarazione dei Diritti dell'Uomo* (Trattato di Versailles). *È opera nostra: i simboli massonici decorano l'intestazione del documento.*

"LE COSTITUZIONI ANDERSON"

Nel testo fondatore della Massoneria moderna, "*Ciò che è andato perduto. A treatise of Free-Masonry and the English mystery*" di James Anderson del 1723, a pagina 5, troviamo la seguente spiegazione: "*È facile ora, ma anche ingiusto, criticare i fondatori per aver introdotto le tradizioni giudaiche nella Massoneria. Essi avevano fatto un grande passo nel sopprimere il Nuovo Testamento a vantaggio dell'armonia tra cristiani ed ebrei*".

SAMUEL UNTERMEYER, EBREO E MASSONE

In una riunione riportata da *The Jewish Chronicle* il 14 dicembre 1934, Samuel Untermeyer fece approvare la seguente risoluzione: "*Il boicottaggio ebraico della Germania deve continuare finché il governo tedesco non avrà restituito alle Logge lo status e le proprietà di cui sono state private.*

FINDEL, EBREO E MASSONE

Citazione dal libro "*Die Juden als Freimaurer*" (L'ebreo come massone), scritto dall'ebreo e massone Findel: "*Non si tratta tanto di una lotta per gli interessi dell'umanità quanto di una lotta per gli interessi e il dominio del giudaismo. E in questa lotta, il giudaismo si rivela come il potere dominante a cui la Massoneria deve sottomettersi. Questo non deve sorprendere, perché in modo nascosto e accuratamente mascherato il giudaismo è già il potere dominante in molte delle grandi logge d'Europa.*

Per quanto riguarda la Germania, non dobbiamo dimenticare che il giudaismo è padrone dei mercati finanziari e commerciali, padrone della stampa su e padrone della fede politica e massonica, e che milioni di tedeschi sono finanziariamente suoi debitori".

"IL TRIBUNO EBRAICO"

Rivista pubblicata a New York. Dal numero del 28 ottobre 1927, Vol. 97, No. 18: "*La Massoneria è basata sul Giudaismo. Eliminate gli insegnamenti ebraici dal rituale massonico e cosa rimane?*".

"L'ENCICLOPEDIA EBRAICA"

Edizione 1903, Vol. 5, pag. 503: "*Il linguaggio tecnico, il simbolismo e i riti della Massoneria sono pieni di idee e termini ebraici... Nel Rito Scozzese, le date dei documenti ufficiali sono designate secondo il calendario e i mesi dell'era ebraica e viene usato l'antico alfabeto ebraico. L'influenza del Sinedrio ebraico è più forte che mai nella Massoneria di oggi*". (Ristampato in O. B Good, M. A. "*La* mano *nascosta di Giuda*", 1936).

"LA RIVISTA B'NAI B'RITH"

Citando il rabbino e massone Magnin (Vol. 43, pag. 8): "*I B'nai B'rith non sono altro che un ripiego. Ovunque la muratoria possa ammettere con sicurezza di essere ebraica per natura e scopo, le Logge ordinarie saranno sufficienti.*

Nota: i B'nai B'rith, va ricordato, sono Logge vietate ai Goyim e quindi solo gli ebrei possono essere ammessi. Nel 1874, Albert Pike (per il Rito Scozzese) firmò un'alleanza con Armand Lévy (per i B'nai B'rith): in base a questo trattato segreto, i B'nai B'rith si impegnavano a contribuire con il 10% delle loro entrate alla Massoneria universale.

PERCHÉ GLI EBREI NON POSSONO MAI ESSERE CITTADINI DI NESSUN PAESE?

UNA PROVA ILLIMITATA DI QUESTO

DR CHAÏM WEIZMAN, EBREO

Nel suo pamphlet "*Great Britain, Palestine and Jews*", il grande leader sionista dichiarò: "*Siamo ebrei e nient'altro: una nazione tra le nazioni*".

LUDWIG LEWINSOHN, EBREO

Nel suo libro *Israel*, pubblicato nel 1926, questo ebreo dichiarò: "*L'ebreo rimane un ebreo. L'assimilazione è impossibile perché l'ebreo non può cambiare il suo carattere nazionale. Qualunque cosa faccia, è un ebreo e rimane un ebreo*". La maggioranza ha scoperto questo fatto perché era destinata a scoprirlo prima o poi. Sia gli ebrei che i non ebrei hanno capito che non c'è via d'uscita. Entrambi credevano in una via d'uscita: non c'è, non c'è.

"ISRAELE MESSAGGERO"

Nell'edizione del 7 febbraio 1930 di questo giornale ebraico di Shanghai: "*L'ebraismo e il nazionalismo ebraico vanno di pari passo. Gli ebrei sono sempre stati una nazione, anche quando sono stati cacciati e dispersi dalla loro patria ancestrale. La razza ebraica è una razza pura.*[46]

---

[46] Ricordiamo ancora una volta che si tratta di un mito nel senso più peggiorativo del termine: il particolarismo ebraico deriva esclusivamente dalla circoncisione dell'ottavo giorno e da nient'altro. Inoltre, a parte i loro tratti spesso caricaturali e il loro spirito speculativo e amorale, il loro aspetto somatico varia a seconda delle nazioni in cui si trovano da tempo. Non esiste quindi un gruppo etnico ebraico. Quanto alle razze, sappiamo che non esistono.

La tradizione ebraica è una tradizione ininterrotta. Gli ebrei si sono sempre considerati membri della nazionalità ebraica. È qui che risiedono l'invincibilità e la solidarietà del popolo ebraico nella diaspora".

JESSE E. SEMPTER, EBREO

"L'ebraismo, il nome della religione nazionale degli ebrei, deriva dalla loro denominazione nazionale. Un ebreo non religioso rimane un ebreo".

"ENCICLOPEDIA EBRAICA"

Il dottor Cyrus Adler, ebreo, afferma che gli ebrei, a prescindere dalla loro appartenenza religiosa, fanno tutti parte della razza ebraica.

"TRIBUNA DI NEW YORK"

Il rabbino Wise dichiarò il 2 marzo 1920: *"Quando l'ebreo giura fedeltà a un'altra fede, sta mentendo.*

MAX NORDAU, EBREO

Nel suo libro *"Il popolo ebraico"*, Max Nordau ha dichiarato: *"Gli ebrei sono un popolo, un unico popolo. Herzl aveva capito il fallimento dell'assimilazione".*

"CRONACA EBRAICA"

Il rabbino M. Schindler dichiarò nell'edizione del 28 aprile 1911: *"Per cinquant'anni ho creduto fermamente in l'assimilazione degli*

Le grandi razze bianca, gialla, rossa e nera sono il risultato di un adattamento ormonale a un ambiente fisso. Lo stesso vale per i gruppi etnici, entità che gli ebrei non possono affermare di essere.

ebrei. Ma il melting pot americano non produrrà mai la fusione di un solo ebreo".[47]

"ARCHIVI ISRAELITI"

Estratto da questa pubblicazione parigina del 24 marzo 1864: "... *questo miracolo unico nella vita del mondo di un intero popolo disperso da 1800 anni in tutte le parti dell'universo, senza mescolarsi o confondersi in alcun modo con le popolazioni in mezzo alle quali* vive...".

LÉVY-BING, EBREO

"L'intera religione ebraica è fondata sull'idea nazionale".

BERNARD LAZARE, EBREO

Parlando all'Alleanza degli israeliti russi il 7 marzo 1897: "Qual è il legame che ci unisce, noi che proveniamo dalle regioni più diverse? È la nostra condizione di ebrei: formiamo quindi una nazione".

"PRO-ISRAELE"

Per questa Associazione sionista di Parigi: *"Israele è una nazionalità, come la Francia. Il vero ebreo non si assimila.*

MAX NORDAU, EBREO

"Non siamo tedeschi, né inglesi, né francesi. Siamo ebrei! La vostra mentalità cristiana non è la nostra".

NAHUM SOLOLOW, EBREO

Questo leader sionista ha dichiarato in "*Il sionismo nella Bibbia*", pagine 7 e 8: "*Il pensiero fondamentale di Mosè è il futuro della*

---

[47] Questo è certo se non aboliscono radicalmente la circoncisione. Altrimenti, saranno assimilati nel giro di una o due generazioni, perché il recupero del potenziale interstiziale che manca loro è quasi immediato.

D'altra parte, tra mille anni tutti i negri saranno bianchi (negli Stati Uniti).

nazione ebraica e il possesso eterno della terra promessa. Nessun sofisma può sopprimere questo fatto... È strano e tristemente comico vedere ebrei che sono partigiani del monoteismo e che affermano di essere tedeschi, ungheresi, ecc. essere dell'opinione di Mosè, se non una bestemmia, una presa in giro. Non fa differenza se gli ebrei si definiscono una religione o una nazione: la religione ebraica non può essere separata dal nazionalismo ebraico.

S. ROKHOMOVSKY, EBREO

Dichiarò in "*Le Peuple Juif*" del 21 aprile 1919: "*Abbiamo il diritto di essere ciò che siamo: ebrei. Oggi più che mai vogliamo dirlo forte e chiaro. Siamo una nazione.*

"IL MONDO ISRAELITA"

Nel numero del 15 maggio 1918, questa rivista parigina citava il Bulletins du Comité Central de la Ligue des Droits de l'Homme et du Citoyen, Comité des Questions Juives. Secondo questo Comitato: "L'*ebraismo è un legame nazionale e non religioso. Pertanto rivendica il diritto dei popoli all'autodeterminazione.*[48] *Il sentimento nazionale di un ebreo russo o rumeno non è né russo né rumeno, ma ebraico*".

"ARCHIVI ISRAELITI"

Questa rivista parigina pubblicò nel 1864 il seguente testo: "*Israele è una nazionalità. Il figlio di genitori israeliti è un ebreo. Per nascita, tutti i doveri ebraici gli spettano. Non è con la circoncisione che riceviamo la qualità di ebreo. Non siamo ebrei perché siamo circoncisi, ma facciamo circoncidere i nostri figli perché siamo ebrei. Acquisiamo il carattere ebraico con la nostra nascita e non possiamo perderlo o scartarlo. Un ebreo che rinuncia alla religione*

---

[48] Notiamo di passaggio che nessuna nazione avrà mai il diritto di autodeterminazione per scegliere un regime monarchico, ad esempio. Le nazioni hanno il diritto all'autodeterminazione solo se sono incapaci di assumersi la responsabilità di se stesse. In questo caso hanno diritto al loro "nazionalismo". Gli altri, invece, sono costretti dittatorialmente alla democrazia, cioè alla dittatura ebraica.

israelita, anche se viene battezzato, non cessa di essere ebreo. Tutti i doveri ebraici gli spettano.

"CRONACA EBRAICA"

Numero dell'8 dicembre 1911, pagina 38: "Il *patriottismo ebraico è solo un mantello con cui si copre per compiacere gli inglesi. Gli ebrei che si vantano di essere allo stesso tempo patrioti inglesi e buoni ebrei stanno semplicemente vivendo delle bugie*".

WODISLAWSKI, EBREO

Articolo pubblicato sul "*Jewish World*" il 1° gennaio 1909: "*Togliamoci la maschera, facciamo il leone di Giuda per una volta. Strappiamo il nostro falso patriottismo. Un ebreo può riconoscere una sola patria: la Palestina*".

"CRONACA DELLA DOMENICA"

Questo giornale di Manchester ha pubblicato il seguente testo il 26 settembre 1915, a pagina 4: "*Che siamo naturalizzati o meno in questo Paese, non siamo affatto britannici. Siamo cittadini, ebrei, per razza e fede, e non britannici*".

"MONDO EBRAICO"

Estratto dalla sua edizione del 15 gennaio 1919, pagina 6: "*Il nazionalismo ebraico è una questione ebraica che deve essere governata da principi ebraici e non deve essere subordinata alla convenienza o alle richieste di alcun governo, per quanto importante. Come popolo, gli ebrei non hanno combattuto guerre tra di loro. Ebrei inglesi contro ebrei tedeschi o ebrei francesi contro ebrei austriaci; dividere l'ebraismo in fedeltà alle differenze internazionali ci sembra abbandonare l'intero principio del nazionalismo ebraico*".

THEODORE HERZL, EBREO

Il grande leader sionista dichiarò nel suo libro *Lo Stato ebraico*: "*La questione ebraica non è più sociale che religiosa. È una questione nazionale che può essere risolta solo facendone una questione di politica mondiale".*

LÉON. LÉVY, EBREO

Nel suo *"Memoriale"* pubblicato dal B'nai B'rith nel 1900, il presidente del B'nai B'rith ha commentato: *"La questione ebraica non può essere risolta con la tolleranza. Ci sono persone di buon senso che si vantano di mostrare uno spirito di tolleranza verso gli ebrei. È certo che la razza e la religione degli ebrei sono così fuse che non si sa dove inizi l'una e finisca l'altra.*

Non c'è errore più grande che sostenere che la parola ebreo abbia un significato religioso e non di razza. Non è vero che gli ebrei sono ebrei solo per la loro religione. Un eschimese o un indiano d'America potrebbero adottare la religione ebraica: questo non li renderebbe ebrei. La dispersione degli ebrei non ha distrutto in loro l'idea nazionale di razza. Chi può dire che gli ebrei non costituiscono più una razza?[49]

Il sangue è la base e il substrato dell'idea di razza e nessun popolo sulla faccia della terra può vantare una maggiore purezza e unità di sangue degli ebrei. La religione non costituisce una razza. Un ebreo che abiura la sua religione rimane un ebreo. Gli ebrei non sono assimilati: hanno infuso il loro sangue in altre razze, ma hanno preso pochissimo sangue straniero nella loro razza".

"MONDO EBRAICO"

Estratto dall'edizione del 22 settembre 1915: *"Nessuno oserebbe affermare che il figlio di un giapponese o di un indiano è un inglese con il pretesto che è nato in Inghilterra, e lo stesso ragionamento vale per gli ebrei.*

"MONDO EBRAICO

Estratto dall'edizione del 14 dicembre 1922: *"Un ebreo rimane ebreo anche quando cambia religione. Un cristiano che adotta la*

---

[49] Non hanno mai formato una razza: come non smetteremo mai di ripetere, devono la loro particolarità esclusivamente alla circoncisione dell'8° giorno, il 1° giorno della prima pubertà, che dura 21 giorni.

religione ebraica non diventa così un ebreo. Perché essere ebreo non è una questione di religione, ma di razza, e un ebreo che è un libero pensatore o un ateo rimane ebreo quanto qualsiasi rabbino.

RABBINO MORRIS JOSEPH

Estratto dal suo libro *"Israele come nazione"*: *"Per negare la nazionalità ebraica si dovrebbe negare l'esistenza degli ebrei"*.

ARTHUR D. LAWIS, EBREO

Testo pubblicato dalla *"West London Zionist Association"*: *"Considerare gli ebrei una setta religiosa come i cattolici o i protestanti è un'inesattezza. Se un ebreo viene battezzato, difficilmente qualcuno crederà che non sia più un ebreo. Il suo sangue, il suo carattere, il suo temperamento, le sue caratteristiche intellettuali non sono in alcun modo alterati"*.

LÉON SIMON, EBREO

"L'idea che l'ebraismo sia una setta religiosa paragonabile ai cattolici o ai protestanti è una sciocchezza".

MOSES HESS, EBREO

Estratto dal suo libro *"Roma e Gerusalemme"*: *"La religione ebraica è soprattutto patriottismo ebraico. Ogni ebreo, che lo voglia o no, è unito all'intera nazione ebraica.*

"CRONACA EBRAICA"

Estratto dall'edizione dell'11 maggio 1923: *"Il primo e più imperativo dovere di una nazione, come di un individuo, è il dovere di autoconservazione. La nazione ebraica deve innanzitutto prendersi cura di se stessa.*

"CORRIERE EBRAICO"

Estratto dall'edizione del 17 gennaio 1924: *"Gli ebrei possono adottare la lingua e l'abbigliamento dei Paesi in cui vivono, ma non diventeranno mai parte integrante della popolazione indigena.*

G. B STERN, EBREO

Estratto dal suo libro "*Debatable Ground*": "*Gli ebrei sono una nazione. Se ci fosse solo una differenza teologica, avrebbe causato distinzioni così marcate nei lineamenti e nel temperamento? Andare in sinagoga invece che in chiesa cambia forse la curva del naso? Certo, siamo una nazione, una nazione dispersa, ma grazie alla nostra razza, la nazione più unita del mondo*".

S. GERALD SOMAN, EBREO

Discorso di un parlamentare, citato in "*The World Jewry*", ai diciassette deputati ebrei della Camera dei Comuni: "*Non potete essere ebrei inglesi. Apparteniamo a una razza distinta. La nostra mentalità è ebraica ed è assolutamente diversa da quella degli inglesi*". *Basta con i sotterfugi! Dichiariamo apertamente che siamo ebrei internazionali.*

Come tutti possono vedere, senza nemmeno bisogno di tutte queste dichiarazioni, gli ebrei non si assimilano nei Paesi che li accolgono. Rifiutano di associarsi agli interessi nazionali, ai capitali nazionali, se non per sfruttarli a loro favore. Conoscono davvero solo l'interesse ebraico.

La loro religione è una questione nazionale e razziale. Non possono essere veramente francesi, inglesi, canadesi, ecc. e rimangono sempre esclusivamente e fanaticamente ebrei. Costituiscono uno Stato nello Stato, e la tragedia è che il loro Stato è internazionale e tende a unificare dal basso tutte le nazioni soggette alla loro egemonia.

Perché l'ebreo non può essere un uomo comune? Perché sono così intensamente particolari?[50]

I cristiani hanno un codice dettagliato di pratiche religiose e morali, il Catechismo. Gli ebrei hanno un codice corrispondente chiamato Talmud. È composto da diversi volumi divisi in due parti principali: la Mishna e la Gemara. Entrambi sono stati codificati in un libro più

---

[50] Lo abbiamo ripetuto più volte: la causa è la circoncisione dell'ottavo giorno. Ma ora vedremo come gli effetti della circoncisione siano rafforzati dalla psicologia. Sebbene questo rinforzo non sia causale, non è trascurabile, come vedremo.

semplice: lo Schulchan Arouk, dal famoso rabbino Josef Caro. Enciclopedie, giornali e leader ebraici affermano categoricamente che il Talmud è la legge per tutti gli ebrei di oggi e di domani, come lo era ieri.

All'inizio del secolo, l'abbé Auguste Rohling, medico e studioso di ebraismo, tradusse molti passi del Talmud. Offrì diecimila franchi a chiunque potesse dimostrargli che una sola parola della sua traduzione era inesatta. La traduzione fu rivista da un altro dotto, l'abbé Lamarque. Fu riprodotta in molti libri e giornali in Europa e in molte lingue. Nessuno ha mai contestato la sua traduzione. Ecco alcuni passaggi di questo "catechismo" riprodotti in un libro dell'abbé Charles, dottore in teologia, già professore di filosofia, parroco di Saint Augustin in Francia, intitolato "*Juste solution de la Question juive*".

> La Bibbia è acqua, ma la Mishna è vino e la Gemarra è vino aromatico (*Masech Sopharim*, 13 b).

> Chiunque disprezzi le parole dei rabbini è degno di morte.

> Le parole dei rabbini sono più dolci di quelle dei profeti. (*Midras Misle*, fol 1)

> Le parole dei rabbini sono parole del Dio vivente (*Bochai ad Pent* fol 201, cab. 4).

> Il timore del rabbino è il timore di Dio (*Yadchaz hileh, Talmud, Torah*, Perq. 5-1).

> I rabbini hanno la sovranità su Dio (Tr. 6 *Madkatan* 16).

> Tutto ciò che i rabbini dicono sulla terra è una legge per Dio (Tr. *Rosh-Hasha*)

> Chi studia la legge dei rabbini è libero da ogni cosa al mondo (*Sahra* 1, 132 a).

> Chi studia il Talmud non cadrà mai nel bisogno, ma ne trarrà l'arte dell'inganno (Tr. 19 *Sota* 216).

> Se l'ebreo passa dalle sentenze e dalle dottrine del Talmud alla Bibbia, non sarà più felice. (Tr. chag. Fol.10b)

➢ Se gli ebrei seguono il Talmud, mangeranno mentre i Goy lavorano. Altrimenti lavoreranno loro stessi (Tr. *Beras chor* 351-b).

➢ Chi legge la Bibbia senza la Mischna e senza il Gemara (*Talmud*) è come uno che non ha Dio (*Sepher, Safare Zedeq*, Fol.9).

➢ Questo è ciò che Israele pensa di se stesso: prima Dio piange ogni giorno per la colpa che ha commesso mandando il suo popolo in esilio (Tr. *Berachot*, ol.3a.).

➢ Le anime degli ebrei sono parti di Dio, della sostanza di Dio, proprio come un figlio è della sostanza di suo padre (Tr. *Sela* 262a).

➢ Un'anima ebraica è quindi più cara e più gradita a Dio di tutte le anime degli altri popoli della terra (*Sela I.C.* e *Sefa* Fol 4).

➢ Le anime degli altri popoli discendono dal diavolo e assomigliano a quelle degli animali. Il goy è il seme del bestiame. (Trattato *Jebammoth. Sefa e Sela id. Sepher Hannechamma.* Fol 221. Col. 4. *Jalqût*. Fol 154b)

➢ Tutti i Goyim andranno all'inferno (*T. Sepher Zerov Hamor.* Fol 27b e Bachai 34. *Masmia Jesua.* Fol 19.Col.4).

➢ I Giudei avranno un impero temporale su tutto il mondo. (*Perus Hea-misma. Ad Tr. Sab. Ic*)

➢ Tutti i cristiani saranno sterminati (*Sepher Zerov Ha-Mor*. Fol. 125 b)

➢ Tutti i tesori dei popoli passeranno in mani ebraiche (*Sanhedrin*, fol. 110 b).

➢ Perché tutti i popoli li serviranno e tutti i regni saranno loro sottomessi. (*Sanhedrin*, Fol. 88b e *Kethuboth*, Fol. 111b)

➢ Dio misurò la terra e consegnò i Goyim agli Ebrei (*Baba Quamma*, Fol. 37b).

➢ I Goyim sono stati creati per servire l'Ebreo giorno e notte. Dio li ha creati in forma di uomo in onore dell'Ebreo, perché non può essere appropriato che un principe (e ogni compatriota di

Giuda l'Impiccato è un principe) sia servito da un animale in forma di quadrupede. (*Sepher Nedrash Talpoth*, edizione di Varsavia, 1875, pagina 225)

➤ I beni dei Goyim sono cose senza padrone: appartengono al primo ebreo che passa (*Pfefferkorn*, Dissert. Philos. pag. 11).

➤ Un goy che ruba a un ebreo anche meno di un liardo deve essere messo a morte (*Jebammoth*, fol. 47b).

➤ Ma è permesso a un ebreo derubare un goy. (*Babattez*, Fol. 54b)

➤ Infatti, la proprietà di un Goy equivale a una cosa abbandonata. Il vero proprietario è l'ebreo che la prende per primo (*Baba Bathra*, Fol. 54b).

➤ Se un ebreo ha una causa contro un goy (dice il *Talmud* al magistrato ebreo), tu vincerai la causa di tuo fratello e dirai allo straniero: "Così vuole la nostra legge".

➤ Se la colonia ebraica è riuscita a imporre alcune di queste leggi,[51] vincerai comunque la causa di tuo fratello e dirai allo straniero: così vuole la nostra legge. Ma se Israele non è potente nel Paese o se il giudice non è ebreo, dovrete tormentare lo straniero con intrighi finché l'ebreo non avrà vinto la sua causa. (*Tr. Baba Gamma*, Fol. 113a)

➤ Chiunque restituisca a un Goy l'oggetto che ha perso non troverà il favore di Dio, perché rafforza il potere dei Goyim. (*Sanhedrin*, Fol. 76b)

➤ Dio ci ha ordinato di praticare l'usura nei confronti dei Goyim, perché dobbiamo danneggiarli anche quando ci sono utili. Se un goy ha bisogno di denaro, un ebreo saprà come ingannarlo come un maestro. Aggiungerà interessi usurari finché la somma non sarà così alta che il goy non potrà più pagarla senza vendere la sua proprietà, oppure l'ebreo avvierà una causa

---

[51] Tra questi, il divorzio, le scuole senza religione (secolarismo) e il furto dei beni delle congregazioni.

Ma la cosa peggiore è il sistema creditizio globale, che è la causa di tutti i nostri mali, di tutto il nostro inquinamento fisico, morale, intellettuale ed ecologico...

e otterrà dai giudici il diritto di prendere possesso della proprietà del goy. (*Sepher, Mizv.* Fol. 73-4)[52]

➢ Bisogna uccidere il più onesto dei Goy.[53]

➢ Chiunque versi il sangue dei Goyim sta offrendo un sacrificio a Dio

➢ (*Nidderas Bamidebar rabba*, p.21)

➢ Tre ebrei insieme sono sufficienti per liberare i loro compatrioti da qualsiasi giuramento

➢ (*Rosch-Haschana*)

➢ Il famoso ebreo Frank afferma che nella Kabbalah è impossibile spiegare i numerosi testi della Mischna e del Talmud in generale. La Kabbalah insegna quanto segue: L'ebreo è quindi il Dio vivente. Dio incarnato; è l'uomo celeste. Gli altri uomini sono terreni, di razza inferiore. Esistono solo per servire l'ebreo. Sono figli di animali (*Ad Pent*, fol. 97-3).

LA PREGHIERA DEL KOL NIDRE

Ecco il testo di questa preghiera molto speciale, che libera gli ebrei dai loro obblighi, citato nell'*Enciclopedia Ebraica*, Vol. 7, e nei libri di preghiera in uso. Il testo seguente è recitato tre volte dagli ebrei la sera della festa del grande perdono, Yom Kippur.

"Di tutti i voti, gli obblighi, i giuramenti o gli anatemi, gli impegni di ogni genere, che abbiamo promesso, giurato, giurato o ai quali ci siamo impegnati, da questo giorno del perdono fino allo stesso giorno dell'anno prossimo, ci pentiamo in anticipo di tutti loro. Essi saranno considerati assolti, perdonati, senza forza, nulli e senza effetto. Non ci vincoleranno più e non avranno più alcuna forza. I

---

[52] Questa usura generalizzata si chiama credito. È la causa di tutti i nostri mali. È, ad esempio, il motivo per cui, in 50 anni, gli agricoltori francesi, che un tempo rappresentavano il 50% della popolazione, si sono ridotti al 5%.

Un Paese ricco è un Paese agricolo, non industriale. Un Paese agricolo nutre la sua popolazione, un Paese industriale la inquina. Il credito è anche la causa della demografia galoppante e dell'inquinamento.

[53] Vale la pena notare che le persone con idee solide e tradizionali sono ora ufficialmente bollate come "bastardi".

voti non saranno più riconosciuti come voti, gli obblighi non saranno più vincolanti e i giuramenti non saranno più considerati come giuramenti".

Questa preghiera è giustificata dal fatto che si tratta di impegni presi con Dio. Allora perché la preghiera non viene emendata? D'altra parte, se possiamo comportarci così nei confronti di Dio, cosa possiamo fare nei confronti dei Goyim, *"quel vile seme di bestiame"*?

CONSEGUENZE DI QUESTA PSICOPATOLOGIA

Ciò che colpisce di tutti i testi precedenti a questa pagina è la loro grave natura psicopatologica. Paranoia, megalomania, egoismo bestiale e razzista. Se tutto questo deriva dalla circoncisione, come abbiamo detto e come viene trattato in altri miei libri, è abbastanza chiaro che questa mentalità patologica agisce anche per rafforzare questo atroce particolarismo. Gli effetti della circoncisione sono accentuati dalla psicopatia che essa conferisce: un enorme circolo vizioso.

Ecco alcuni dei sintomi evidenziati dalle seguenti affermazioni, purtroppo non esaustive:

KLATSKIN, EBREO

Estratto dal libro di questo leader sionista, *Der Jude* (L'ebreo), pubblicato nel 1916: *"Solo il codice ebraico regola la nostra vita. Ogni volta che altre leggi ci vengono imposte, le consideriamo una dura oppressione e le evitiamo. Formiamo al nostro interno una corporazione giuridica ed economica chiusa. Uno spesso muro costruito da noi ci separa dai popoli tra i quali viviamo, e dietro questo muro c'è lo Stato ebraico"*.

JACOB BRAFFMANN, EBREO

Nei suoi due libri, *"Les Fraternités juives"* (Vilna, 1868) e *"Livre du Kahal"* (Vilna, 1969), questo ex rabbino ci ricorda che gli ebrei devono obbedire alle istruzioni del Kahal e del Beth-Din, anche se sono contrarie alle leggi del Paese.

MARCUS ÉLI RAVAGE, EBREO

Estratto da "*The Century Magazine*", gennaio 1928: "*Siamo degli intrusi, dei piantagrane. Siamo sovversivi. Abbiamo seminato discordia e confusione nella vostra vita personale e pubblica.*

JAMES DARMESTETER, EBREO

Questo storico dell'Oriente, autore del libro "*I profeti di Israele*", pubblicato nel 1892, ha scritto quanto segue: "*L'ebreo è il medico del miscredente; tutti i ribelli dello spirito vengono da lui nell'ombra o a cielo aperto. È al lavoro nell'immensa officina della blasfemia del grande imperatore Federico e dei principi di Svevia e di Aragona. È stato lui a forgiare tutto l'arsenale micidiale di ragionamento e di ironia che ha lasciato in eredità agli scettici del Rinascimento e ai libertini del grande secolo, e il sarcasmo di Voltaire non è che l'ultima eco di una parola sussurrata dieci secoli prima all'ombra del ghetto e ancora prima, al tempo di Celso e di Origene, nella culla stessa della religione di Cristo*".

KURT MUNZER, EBREO

Estratto dal suo libro "*Le vie di Sion*", pubblicato nel 1910: "*Che ci odino, che ci scaccino, che i nostri nemici trionfino sulla nostra debilità corporea. Sarà impossibile liberarsi di noi. Abbiamo corroso il cuore dei popoli, abbiamo infettato e disonorato le razze, spezzato il loro vigore, putrefatto tutto, decomposto tutto con la nostra civiltà ammuffita. Non c'è modo di sradicare il nostro spirito.*

OTTO WEININGER, EBREO

Estratto dal suo libro "*Sexe et caractère*": "*Ciò che distingue l'ebreo nella Rivoluzione francese è che è un elemento di decomposizione*".[54]

BERNARD LAZARE, EBREO

Estratto dal suo libro "*L'antisémitisme et ses causes*": "*L'ebreo non solo decristianizza, ma giudaizza. Distrugge la fede cattolica e*

---

[54] Otto Weininger, dottore in filosofia, si vergognava a tal punto di essere ebreo, dopo aver studiato la questione ebraica in tutta la sua ampiezza, che si suicidò molto giovane.

protestante. Provoca l'indifferenza. Impone la sua idea del mondo, della morale e della vita a coloro di cui rovina la fede. Sta lavorando al suo progetto secolare: l'annientamento della religione di Cristo".[55]

RENÉ GROOS, EBREO

Citazione da "*Le Nouveau Mercure*", maggio 1937: "*È un fatto che esiste una cospirazione ebraica contro tutte le nazioni*".

IL SIGNOR J OLGIN, EBREO

Estratto da un articolo pubblicato da un giornale ebraico in lingua tedesca di New York, "*Freiheit*", il 10 gennaio 1937: "*Secondo la religione ebraica, il Papa è un nemico del popolo ebraico semplicemente perché è il capo della Chiesa cattolica. La religione ebraica, va ricordato, si oppone al cristianesimo in generale e alla Chiesa cattolica in particolare*".

MEDINA IVRIT, EBRAICO

Estratto da "*Lo Stato ebraico*", Praga, n. 33, 27 settembre 1935: "*Nei nostri cuori c'è un solo sentimento: la vendetta. Ordiniamo ai nostri cuori di bandire tutte le altre emozioni e di lasciarci guidare solo da questo unico sentimento: la vendetta. Il nostro popolo, a cui il mondo deve i più alti concetti, oggi ha un solo desiderio: devastare, distruggere e boicottare.*

KOPPEN, EBREO

Estratto dalla rivista marxista ebraica "*La Révolution surréaliste*", pubblicata il 15 dicembre 1920:

"(...) *ogni volta che incontrate per strada un servo della p...* (termine vile per indicare la Beata Vergine), *con un tono che non lascia dubbi sulla qualità del vostro disgusto. Ma insultare i sacerdoti non ha altro scopo, a parte la soddisfazione morale che vi dà in quel*

---

[55] All'alba dell'anno 2000, ci sono riusciti. Basta guardare il "pentimento" di Monseigneur de Béranger, un vescovo comunista! (cfr. il mio "*Pentimento del pentimento*")

momento, se non quello di mantenervi in quello stato d'animo che vi permetterà, il giorno in cui sarete liberi, di massacrare giocosamente ogni giorno due o tre tonnellate di questi pericolosi malfattori".

BARUCH LÉVI, EBREO

Lettera a Karl Marx, riprodotta in "*La Revue de Paris*" del 1° giugno 1928, pagina 574:

"Nella nuova organizzazione dell'umanità, i figli di Israele si diffonderanno su tutta la superficie del globo e diventeranno ovunque, senza opposizione, l'elemento principale, soprattutto se riusciranno a imporre alle masse lavoratrici il fermo controllo di alcuni di loro. I governi delle nazioni che formano la repubblica universale passeranno senza sforzo nelle mani degli ebrei sotto la copertura della vittoria del proletariato. La proprietà privata sarà allora abolita dai governanti della razza ebraica, che controlleranno ovunque i fondi pubblici. Si realizzerà così la promessa del Talmud secondo cui, quando arriverà il tempo del Messia, gli ebrei possederanno la proprietà di tutti i popoli della Terra".

DOTT. EHRENPREIS, RABBINO CAPO

Commento del rabbino capo di Svezia pubblicato in "*Judisk Tidskrift*", n. 6, agosto-settembre 1929: "*Theodor Herzl ha previsto con 20 anni di anticipo, prima che noi lo sperimentassimo, le rivoluzioni provocate dalla Grande Guerra e ci ha preparato a ciò che sarebbe accaduto.*

Gli ebrei sono effettivamente ben informati. I premonitori "*Protocolli degli Anziani di Sion*", che secondo alcuni sono un falso e secondo altri sono stati scritti dalla polizia dello zar o da Herzl, hanno comunque una realtà essenziale che mette in ridicolo i dettagli sulla paternità: hanno predetto con 20 anni di anticipo gli eventi che si sono verificati e che da allora sono stati accentuati da un oceano di orrori che superano di gran lunga questo "falso" o "verità").

IL CROLLO DELLA RUSSIA

VERITÀ SULL'ISRAELE BRITANNICO

Commento scritto nel 1906 dagli ebrei Dinnis Hanau e Aldersmith (la data di questo documento è spaventosamente notevole). "*Il ritorno completo, definitivo e trionfale degli ebrei avverrà dopo il crollo della Russia. Possiamo aspettarci notevoli cambiamenti dall'imminente grande guerra che incombe sulle nazioni europee. Secondo la nostra interpretazione delle profezie, l'Impero turco sarà smembrato e una grande potenza come l'Inghilterra non può permettere che un'altra potenza occupi la Palestina*".

LA GIUDEOPATIA TOTALITARIA È TOLLERABILE?

Gli stessi ebrei ammettono quello che tutti sanno, cioè che controllano la finanza mondiale, i grandi affari e la politica internazionale, i grandi strumenti di propaganda, le arti e le lettere, e che vogliono dominare tutti i Paesi del mondo. Attraverso il commercio e l'abbigliamento, controllano il mercato del lavoro femminile. Quest'ultimo dettaglio è importante per quanto riguarda il sangue della razza che alcuni ebrei si sono vantati di aver contaminato.[56]

Come fanno gli ebrei a essere mentalmente qualificati per esercitare una tale egemonia?[57]

---

[56] È tutto finito. I Goy sono marci, le donne sono ormai trasformate in cloni di umanoidi enjuivati. I figli senza madre (divorziati o che lavorano fuori casa) si danno alla delinquenza, alla musica patogena, alla droga, al suicidio e alla disoccupazione. I giovani non sono altro che mandriani in blue-jean, disorientati, senza ideali, residui biotipologici, amalgami fisico-chimici governati dal conto economico delle pseudodemocrazie totalitarie ebraiche.

[57] La probità intellettuale mi impone di farmi da parte prima di quanto detto qui, ma la causa la conosciamo: la scomparsa delle élite provvidenziali, dei regimi tradizionali e dell'enorme potere speculativo ebraico dovuto alla circoncisione rituale dell'ottavo giorno, che dà loro automaticamente tutto il potere. Questa è l'unica realtà.

Diamo un'occhiata alla loro risposta:

"ENCICLOPEDIA EBRAICA

Alla voce "*Malattie nervose*", volume 9, si afferma che gli ebrei sono più inclini alle malattie nervose rispetto alle altre razze e ai popoli tra cui vivono. L'isteria e la nevrastenia sono le malattie più comuni.

Alcuni medici che hanno curato gli ebrei hanno affermato che la maggior parte di loro presentava una sindrome di nevrastenia o isteria. Tobler sostiene che tutte le donne ebree in Palestina sono isteriche.

Raymond dice che a Varsavia, in Polonia, l'isteria è comune sia negli uomini che nelle donne. La popolazione di questa città da sola è la fonte inesauribile di isterici maschi per tutte le cliniche d'Europa.

Per quanto riguarda l'Austria e la Germania, la stessa condizione di nevrosi tra gli ebrei fu denunciata da Kraft Ebing, secondo il quale le malattie nervose, e in particolare la nevrastenia, colpivano gli ebrei con eccezionale gravità.

Biswanger, Erb, Joly, Mmobius, Lowenfeld, Oppenheim, Ferré, Charcot, Bouveret e quasi tutti gli altri specialisti di malattie nervose affermano la stessa cosa nei loro studi sulla nevrastenia e sull'isteria, e sottolineano il fatto che l'isteria, così rara nei maschi di altre razze, è molto comune negli ebrei.

L'Encyclopédie juive aggiunge che lo studio della teologia talmudica in giovane età ha qualcosa a che fare con l'eziologia di questa patologia.

BERNARD LAZARE, EBREO

Come citato da Maingnial in "*La Question Juive*", 1903: "*Man mano che il mondo diventava più gentile con loro, gli ebrei - almeno la massa di loro - si ritiravano in se stessi, restringevano la loro prigione, stringevano legami più stretti. La loro decadenza era inaudita, il loro crollo intellettuale era pari solo al loro abbattimento morale*".

DOTT. HUGO GANZ, EBREO

Questo medico ebreo rumeno scrisse in *"Reiseskizzen aus Roumanaeniens"*, Berlino 1903, pagina 138: *"È allo studio troppo esclusivo della teologia che questi sfortunati devono il loro petto stretto e le loro membra deboli e snelle. È la ricerca di affari infiniti che dà loro la caratteristica astuzia e fornisce all'antisemitismo la sua ragion d'essere. È anche possibile che soffrano di un "eccesso di testa"*.

Nota dell'autore: evidentemente questo medico non conosceva gli effetti della circoncisione, che da sola è responsabile di questi squilibri ormonali "cerebro-somatici".

THÉODORE REINACH, EBREO

Autore dell'articolo "Juif" (Ebreo) nella *Grande Encyclopédie*, pagina 273, volume 21: *"La lunga specializzazione degli ebrei nel commercio del denaro spiega la loro superiorità ereditaria in questo ramo e in tutte le occupazioni ad esso collegate, nonché la frequenza dei difetti che esso genera: durezza, gusto smodato per il guadagno, finezza che degenera in doppiezza, tendenza a credere che tutto sia in vendita e che sia legittimo comprare tutto.*

L'improvvisa emancipazione intellettuale e religiosa produsse altri effetti squilibranti: rompendo i legami che lo legavano all'ebraismo tradizionale, l'ebreo non trovò più nella sua coscienza svuotata alcun freno o guida morale che lo fermasse. Come un cavallo in fuga, si abbandonò alla piena effervescenza dell'immaginazione e della logica, a tutti gli eccessi del pensiero e dell'azione. Dalla fine del secolo scorso, la società berlinese ha offerto notevoli esempi di questo radicalismo, o piuttosto nichilismo morale.

DR. RUDOLF WASSERMAN, EBREO

Estratto dal suo trattato *"Étude sur la criminalité juive"*: *"Per gli ebrei è l'intelligenza, per i goyim è la mano, lo strumento del crimine. Il cristiano ottiene il suo successo criminale attraverso l'attività fisica diretta: rapina, furto, aggressione alla proprietà o alle persone. L'ebreo, invece, commette il suo crimine indirettamente, inducendo psichicamente un'altra persona, per mezzo di inganni e trucchi, a concedergli un vantaggio illegale"*.

CERFBEER DA MEDELSHEIM, EBREO

Estratto dal suo libro "*L'Église et la Synagogue*", pubblicato nel 1847, pagina 230: "*Gli israeliti di Francia stiano attenti; sono indubbiamente avviati verso una reazione disastrosa, i cui effetti vorremmo prevenire con i nostri consigli e avvertimenti. Non si rendono conto di quanto la morale sia rilassata e abbandonata tra loro. Non si rendono conto di quanto le idee sordide e la brama di facili guadagni li portino fuori strada, abbagliandoli. Un semplice confronto di calcoli statistici renderà facile comprendere la verità e la portata del nostro pensiero.*"[58]

L'USURA HA REGALATO AGLI EBREI METÀ DELL'ALSAZIA

Nel suo libro "*Les Juifs*" Paris, pubblicato nel 1857, a pagina 39, questo autore ci dice: "*È la grande piaga del nostro tempo. L'usura è commessa nelle nostre campagne con tanta impudenza quanta impunità. Le piccole aziende agricole sono divorate da questo cancro che corrode tutto. Ci vorrebbe un volume per enumerare i mezzi vergognosi e perfidi usati dagli ebrei per attirare a sé tutti gli appezzamenti di terreno che eccitano la loro avidità, e non sappiamo se nello spirito delle nostre leggi moderne ci saranno disposizioni abbastanza forti da fermare il progresso di questo male, quando saremo costretti a rimettere la questione al legislatore. Non sono più gli ebrei a coprirsi con il sacco del dolore, sono i contadini delle nostre campagne a piangere le iniquità di Israele*".[59]

OSCAR FRANK, EBREO

Estratto dal suo libro "*Les Juifs*", Lipsia, 1905 pag. 84: "*L'usura ebraica è sempre stata stigmatizzata dai poeti. Nel XVI secolo, l'usuraio ebreo era un personaggio ben noto. Nei giochi di Carnevale, l'ebreo, usuraio e truffatore, era il ruolo più amato dal pubblico. In questo caso, gli scrittori non ebbero difficoltà a*

---

[58] Questo è il lavoro che sto cercando di fare gridando loro di smettere di circoncidere l'ottavo giorno, il che spiega il loro particolarismo fondamentale nel corso dei secoli e in ogni paese.

[59] Non riesco a contare il numero di agricoltori che nella mia breve vita sono stati rovinati dal Crédit Agricole, per esempio. La banca nel suo complesso è il boia degli agricoltori, il loro sterminatore. In 50 anni, come abbiamo detto, sono passati dal rappresentare il 50% della popolazione francese al 5%!

prestargli tratti presi dalla vita (pag. 98): un uomo che, in generale, inganna l'ambiente cristiano in cui si trova ed è ispirato dal desiderio di arricchirsi. Per questo motivo, quasi ovunque prevale l'opinione che l'ebreo sia lo sfruttatore del popolo cristiano".

GRAETZ, EBREO

Il grande storico del popolo ebraico, citato dal filosemita Bonsirven nel suo libro *Sur les ruines du temple (Sulle rovine del Tempio)*, pagina 324, si esprime così: "*I difetti del metodo di insegnamento talmudico, la sottigliezza, i cavilli, la finezza, penetrarono nella vita pratica e degenerarono in doppiezza, subalternità e slealtà. Era difficile per gli ebrei ingannarsi l'un l'altro perché avevano ricevuto più o meno la stessa educazione e potevano quindi usare le stesse armi. Ma spesso usavano mezzi astuti e sleali contro i Goyim*".

DR. RUDOLF WASSERMAN, EBREO

Estratto da "*Zeitschrift für Sozialwissenschaft*", 12° anno, 1909, pagina 663: "*Abbiamo materiale e cifre copiose che dimostrano che gli ebrei in particolare sono inclini alle malattie cerebrali* (statistiche), *e gli specialisti lo riconoscono unanimemente (citazioni di casi). Nell'ebreo, il sistema nervoso è il 'locus minoris resistentiae'* (luogo di minor resistenza)".

DR. M. J. GUTTMANN, EBREO

Estratto da "*Zeitschrift für Demographie*", 3° anno, H 4 - 6, pagina 112: "*La demenza senile è un disturbo mentale che, tra gli ebrei, ha una frequenza straordinaria*".

KREPPEL, EBREO

Estratto dal suo libro "*Les Juifs et le Judaïsme d'aujourd'hui*", Edition Amalthéa, 1925, pagina 387: "*Per quanto riguarda la follia, è stato stabilito che nei manicomi pubblici e privati la percentuale di ebrei supera di tre volte quella dei cristiani*".

Lo sviluppo patologico della personalità ebraica come risultato della circoncisione rituale è assolutamente chiaro.

Nietzsche non ha forse detto: "*Sono stati i malati a inventare la cattiveria*".

La malattia speculativa-parassitaria ebraica cesserà immediatamente con l'abolizione della circoncisione dell'8° giorno.

LA BANDIERA FRANCESE VISTA DALL'EBREO JEAN ZAY

Jean Zay, membro della *Loggia "L'Indépendance"* di Orléans e ministro del gabinetto Sarrault e Léon Blum, il 6 marzo 1924 scrisse su un giornale parigino il seguente articolo, nel quale, ahimè, dimenticò due piccoli dettagli:[60]

La bandiera

Quindicimila di loro sono morti per questa merda. Millecinquecento nel mio paese, quindici milioni in tutti i paesi. Quindicimila uomini morti, mio Dio!

Millecinquecento mila uomini morti, ognuno dei quali aveva una madre, un'amante, dei figli, una casa, una vita, una speranza, un cuore.

Cos'è questo straccio per cui sono morti?

Millecinquecento mila morti, mio Dio, millecinquecento mila morti per questo schifo, millecinquecento mila sventrati, fatti a pezzi, annientati nel fango di un campo di battaglia , millecinquecento mila che non sentiremo mai più, che i loro amori non vedranno mai più.

Terribile pezzo di stoffa, inchiodato al tuo pennone, ti odio ferocemente.

Sì, vi odio nella mia anima, vi odio per tutta la miseria che rappresentate, per il sangue fresco, il sangue umano dall'odore pungente che sgorga da sotto le vostre pieghe, vi odio in nome degli scheletri.

Erano quindicimila.

---

[60] Le grida di Jean Zay varrebbero la pena di ricordare che questa guerra è di origine ebraica, finanziata dagli ebrei, come la Rivoluzione bolscevica, e di menzionare le decine di milioni di cadaveri del comunismo russo, dove non si parla quasi di una bandiera.

Ti odio per tutte le persone che ti salutano, ti odio per tutti gli stronzi e le puttane che trascinano i loro cappelli nel fango davanti alla tua ombra.

Odio in voi tutta la vecchia oppressione secolare, il dio bestiale, la sfida agli uomini che non sappiamo essere.

Odio i vostri colori sporchi, il rosso del loro sangue,[61] il blu che avete rubato al cielo, il bianco livido del vostro rimorso.

Lasciatemi, ignobile simbolo, piangere da solo, piangere forte per i quindicimila giovani che sono morti, e non dimenticate, nonostante i vostri generali, il vostro ferro e le vostre vittorie, che siete per me la vile razza dei torche-cul.

(**La torcia rossa del marxismo ha ucciso 200 milioni di persone**) Chi ha beneficiato del bolscevismo?

La rivoluzione bolscevica fu interamente ebraica: ideologi (Marx, Lassalle), finanzieri (Warburg, Loeb, ecc.), politici (Lenin, Trotsky, Kerensky, ecc.), boia delle prigioni e dei campi di concentramento (Kaganovitch, Frenkel, Yagoda, ecc.).

L'annuario ufficiale dell'ebraismo (il governo di Israele), pubblicato negli Stati Uniti, riporta con orgoglio il seguente elenco di ebrei al potere in Russia nell'anno 5678 dell'era ebraica:

---

[61] La bandiera francese è bianca con un giglio al centro. Il rosso della bandiera, che la coprirà interamente quando i bolscevichi saliranno al potere, è ebraico. Come la Rivoluzione dell'89, come le origini finanziarie della Grande Guerra (14-18).

Quando la bandiera era bianca, solo gli aristocratici venivano uccisi in guerre più giustificate di quelle strettamente economiche a vantaggio dell'alta finanza. La cosa spiacevole è che il popolo, non capendo questo, può essere suscettibile al pathos di un simile testo, che lo porta verso il nulla...

VERITÀ E SINTESI - LA FINE DELLE FINZIONI

Aaronson, manager a Witebsk;

Apfelbaum, noto come Zinovief, leader a Pietrogrado;

Bernstam, magistrato a Pietrogrado;

Bloch, Ministero della Giustizia;

Bothner, capo della polizia di Mosca;

Braunstein, detto Trotsky, dittatore dell'esercito;

Cohen, giudice a Lodz;

Dickstein, procuratore a Pietrogrado;

Eiger, Commissario per gli Affari polacchi;

Friedman, sindaco di Odessa;

Geilman, Commissario della Banca;

Greenherg, capo della polizia di Mosca;

Grodski, giudice a Pietrogrado;

Gunzburg, commissario per i rifornimenti;

Gurevitch, vice commissario per l'Interno;

Halperin, Segretario Generale del Governo;

Alter, dirigente a Kamenetz;

Bekerman, magistrato a Radom;

Bernstein, Commissario per il carbone;

Boff, noto come Kamgoff, leader a Pietrogrado;

Bramson (Abrahamson), manager a Pietrogrado;

Brodskij, giudice a Pietrogrado;

Davidowitch, giudice a Pietrogrado;

Dalbrowsky, commissario di Pietrogrado per gli affari ebraici;

Fisher, giudice municipale di Pietrogrado;

Friedman, Commissario per la Giustizia a Pietrogrado;

Ginzburg, capo di Kolomensky;

Greenberg, curatore del distretto di Pietrogrado;

Grusenberg, investigatore degli affari navali sotto il vecchio regime, commissario della nuova marina;

Guitnik, commissario commerciale a Odessa;

Gutterman, commissario per i rifornimenti a Saratov;

Halpern, vicesindaco di Kolomensky;

Hefez, vice commissario per la giustizia;

Hurgin, vice commissario per gli affari ebraici;

Kachnin, commissario del lavoro a Kherson;

Kalmanovitch, procuratore di Minsk;

Kantorovitch, deputato a Pietrogrado;

Kerensky, MP;

Lichtenfeld, giudice a Varsavia;

Luria, commissario per il settore bancario;

Mandzin, procuratore;

Minor, Presidente del Consiglio Comunale di Mosca;

Per, giudice a Varsavia;

Perlmutter, membro del Consiglio di Stato polacco;

Podghayetz, sindaco di Moghilev;

Rabinowitz, commissario del lavoro a Tavrida;

Ratner, amministratore della città di Nachichevanskz;

Rundstein, giudice della Corte di Cassazione;

Sacks, vice commissario per l'istruzione;

Hillsberg, giudice a Lublino;

Isaacson, Commissario della Marina;

Kahan, giudice in Petrokov;

Kaminetski, giudice a Pietrogrado;

Kempner giudica a Lodz;

Lazarowitch sindaco di Odessa;

Lublinsky, giudice a Pietrogrado;

Maldelbert, sindaco di Zitomir;

Meyerowitch, Commissario per le Forze Armate;

Nathanson, membro del Consiglio di Stato polacco;

Prelman, giudice a Saratov;

Pfeffer, membro del Consiglio di Stato polacco;

Poznarsky, giudice della Corte di Cassazione;

Rafes, vice commissario per gli affari locali in Ucraina;

Rosenfeld, noto come Kameneff, membro del Parlamento;

Phineas Rutenberg, comandante in seconda della milizia di Pietrogrado;

Schreiber, procuratore di Irkutsk;

Schreider, sindaco di Pietrogrado;	**Silvergarb**, Commissario per gli Affari ebraici in Ucraina;
Stechen, senatore;	**Steinberg**, Commissario per la Giustizia;
Sterling, giudice a Varsavia;	**Trachtenberg**, giudice a Pietrogrado;
Unsehlicht, Commissario a Pietrogrado;	**Vinaver**, MP;
Weinstein, direttore di Minsk;	**Warshavsky**, commissario commerciale a Pietrogrado;
Yonstein, sindaco di Oriel;	**Wegmeister**, membro del Consiglio di Stato polacco;

Zitzerman, procuratore di Irkutsk.

SIMBOLISMO DEL PUGNO CHIUSO E DEL BRACCIO ALZATO, MANO APERTA

Quando gli ebrei celebrano la loro festa della vendetta, Purim, che ricorda il massacro di 70.000 goyim, si uniscono tutti nel saluto a pugno chiuso, che diventerà il saluto bolscevico. Questo segno è religioso e razzista. È l'antitesi del segno religioso della croce e del saluto di amicizia tra le razze latina e sassone. Il braccio teso e alzato, la mano aperta, significa: "*Vengo come amico, con franchezza, senza nascondere armi*".

Alle Internazionali socialiste-comuniste fondate dagli ebrei e dalle quali sperano, molto logicamente ahimè, a causa dell'inadeguatezza mentale della maggioranza degli esseri umani, di ottenere l'egemonia mondiale, hanno imposto questo saluto a pugno chiuso che è una manifestazione naturale della loro mentalità psicopatica. È la salvezza della vendetta, la salvezza del nemico della civiltà e della razza bianca che ha accettato questa salvezza: quella della vendetta e del dominio ebraico.

Ricordo che da bambino prendevano in giro gli "stupidi Goyim".

Devono ridere nel vedere tanti goyim scristianizzati che servono la loro causa e marciano verso il loro suicidio, con le braccia alzate e i pugni stretti...

Pericolo!

Schlom Ash ci informava che la minima scossa al regime sovietico avrebbe significato la morte degli ebrei. In "*Jewish World*" del 19 giugno 1922 da Londra, ci dice: "*Non solo nei circoli rivoluzionari, ma persino nell'Armata Rossa, l'antigiudaismo è così forte che solo la ferrea disciplina imposta dai bolscevichi e la paura della pena capitale impediscono ai soldati e alle donne di iniziare pogrom ovunque. In Russia, contadini, soldati, donne, abitanti delle città, tutti odiano gli ebrei. Tutti gli ebrei in Russia sono unanimi nel pensare che la caduta dei Soviet e il passaggio del potere in altre mani sarebbe la più grande calamità possibile per gli ebrei. La fiamma dell'antisemitismo brucia più che mai in Russia oggi.*[62]

Neville Chamberlain rivelò che gli Stati Uniti e l'ebraismo mondiale avevano costretto l'Inghilterra alla guerra.

James Vincent Forrestal, banchiere di Wall Street, ex ambasciatore degli Stati Uniti in Inghilterra tra il 1937 e il 1940, sottosegretario alla Marina sotto Roosevelt, poi segretario alla Difesa sotto Truman, fa riferimento nel seguente estratto a una conversazione avuta con Joseph Kennedy (il padre del futuro Presidente degli Stati Uniti). Forrestal sapeva troppo e si suicidò dopo la guerra cadendo dalla finestra dell'ospedale militare in cui era ricoverato.

"*Giocando a golf con Joseph Kennedy, ambasciatore di Roosevelt in Gran Bretagna negli anni precedenti la Seconda guerra mondiale, gli chiesi delle conversazioni che aveva avuto con Roosevelt e Neville Chamberlain dal 1938. Mi disse che il punto di vista di Chamberlain era che la Gran Bretagna non era pronta a combattere e non poteva entrare in guerra con Hitler. Kennedy riteneva che Hitler avrebbe combattuto la Russia senza entrare in conflitto con la Gran Bretagna se non fosse stato per Bullit, l'ambasciatore americano in Francia, che faceva pressione su Roosevelt affinché affrontasse i tedeschi sulla questione polacca.*"

---

[62] Nel novembre 1998, un generale comunista ha invocato pubblicamente i pogrom. La Duma si è inizialmente rifiutata di approvare una legge che si opponesse a tali manifestazioni (la legge è stata poi approvata). (La legge è stata successivamente approvata). Ricordiamo che in questo regime sovietico ebraico, Stalin aveva pianificato un pogrom nazionale che la sua morte ha impedito (programma storico su Canale V, 1998).

Né i francesi né gli inglesi avrebbero fatto della Polonia un motivo di guerra se non fosse stato per i continui intrighi di Washington. Bullitt ripeté a Roosevelt che i tedeschi non avrebbero osato combattere. Kennedy disse che avrebbero combattuto e conquistato l'Europa.

Neville Chamberlain dichiarò che l'America e l'ebraismo mondiale avevano costretto la Gran Bretagna a entrare in guerra".

Fonte: "*James Forrestal Diaries*", a cura di Malter Millis, con la collaborazione degli Stati Uniti. S. Duffield, New York. The Viking Press, MCMLI, ottobre 1951. Pubblicato lo stesso giorno in Canada da Mac Millan Cie of Canada Limited.

COMUNISMO ED EBRAISMO IN CANADA

Fred Rose, il cui vero nome era Rosenberg, fu accusato spionaggio per i sovietici e condannato dopo la guerra a sei anni di prigione. Rilasciato, continuò il suo lavoro in Cecoslovacchia.

➢ Il leader comunista in Canada nel 1966 era l'ebreo W. Kashtan.

➢ Il leader comunista in Quebec è l'ebreo Samuel Walsh.

UN INTERESSE VITALE

Nel suo libro *Integrales Judentum*, Berlino 1922, l'ebreo Alfred Nossig scrisse: "*Il movimento socialista moderno è in gran parte opera degli ebrei, che vi hanno dato la loro impronta. Furono anche gli ebrei a svolgere un ruolo fondamentale nella leadership delle prime repubbliche socialiste. Tuttavia, la maggior parte dei leader socialisti ebrei erano lontani dall'ebraismo.*

Nonostante ciò, il ruolo svolto non dipendeva solo da loro. In loro operava inconsciamente l'antico principio eugenetico del mosaicismo, il sangue degli antichi apostoli viveva nei loro cervelli e nel loro temperamento sociale. Il socialismo mondiale di oggi è la prima tappa del compimento del mosaicismo, l'inizio della realizzazione del mondo futuro predetto dai nostri profeti.

Solo quando ci sarà una Società delle Nazioni, solo quando gli eserciti alleati saranno efficacemente impiegati nella protezione di tutti i deboli, potremo sperare che gli ebrei possano sviluppare il loro Stato nazionale in Palestina senza ostacoli e, allo stesso modo, solo una Società delle Nazioni impregnata di spirito socialista ci permetterà di godere delle nostre necessità internazionali e nazionali.

Ecco perché tutti i gruppi ebraici, sia sionisti che aderenti alla diaspora, hanno un interesse vitale nella vittoria del socialismo. Devono esigerlo non solo per la sua identità con il mosaismo, ma anche come principio tattico".

KARL MARX, FONDATORE DEL COMUNISMO

Bernard Lazare, sempre nel suo notevole libro "*L'antisémitisme et ses causes*", ci dice di Marx: "*Era un discendente di una linea di rabbini e di dottori che aveva ereditato tutta la forza logica dei suoi antenati. Era un talmudista lucido e chiaro, non condizionato dalle banalità della pratica. Era un talmudista che aveva studiato sociologia e aveva applicato le sue capacità esegetiche alla critica dell'economia politica.*

Era animato da quel vecchio materialismo ebraico che sognava perennemente un paradiso negato sulla terra e rifiutava sempre la lontana e problematica speranza di un Eden dopo la morte. Ma non era solo un logico, era anche un ribelle, un agitatore, un aspro polemista, e prese il suo dono per il sarcasmo e l'invettiva dove l'aveva preso Henri Heine: da fonti ebraiche.

BOICOTTAGGIO SISTEMATICO DI TUTTE LE OPERE CHE NON SONO FILO-EBRAICHE, FIN DAL 1895.

L'ebreo Saulus, nel giornale di Magonza "*Wucherpille*" del gennaio 1895, inaugurò una pratica che continua ancora oggi in modo totalitario: l'impossibilità di dire qualcosa di sfavorevole agli ebrei senza essere puniti con multe e carcere (Legge Fabius-Gayssot: un ebreo e un comunista): "*Se appare un libro che ci è ostile, non lo compriamo e l'edizione sarà presto rottamata. Il pubblicista non è niente: basta organizzare una congiura del silenzio contro di lui*".

(Oggi nessun pubblicista pubblicherebbe un libro, anche brillante, sfavorevole agli ebrei: la censura ebraica è radicale e assoluta. Si maschera da antirazzismo, mentre stanno costruendo la "libanizzazione" di ogni paese, ovunque).

Il destino della Russia fu deciso nel 1913

Nell'ottobre 1913, nel numero 274, il giornale ebraico "*Hammer*" pubblicò i seguenti commenti sul processo per omicidio rituale a Kiev: "*Il governo russo ha deciso di intraprendere una battaglia decisiva contro il popolo ebraico a Kiev. Dall'esito di questa lotta titanica dipende il destino non del popolo ebraico, perché il popolo ebraico è invincibile, ma dello Stato russo*". "*Essere o non essere*", *questa è la domanda per la Russia. La vittoria del governo russo è l'inizio della sua fine. Non c'è via d'uscita, mettetevelo in testa. Dimostreremo a Kiev, davanti al mondo intero, che gli ebrei non ci permetteranno di prenderli in giro. Se finora gli ebrei, per considerazioni tattiche, hanno nascosto il fatto che stanno guidando la rivoluzione in Russia, ora, dopo l'atteggiamento del governo russo al processo di Kiev, la nostra tattica deve essere abbandonata. Qualunque sia l'esito di questo caso, non c'è salvezza per il governo russo. Questa è la decisione ebraica e si realizzerà*".

(Si noti che il finanziamento ebraico-americano della rivoluzione bolscevica è iniziato prima della fine del XIX secolo).

Informazioni sulla Bibbia

Il 7 novembre 1909 il rabbino Léonard Lévy tenne un interessante sermone su questo libro sacro pieno di massacri, crimini, spargimenti di sangue, inganni e bugie: "*In passato si credeva che ogni parola della Bibbia fosse la verità assoluta. Oggi non è più così. Il lavoro degli studiosi ha stabilito che la Bibbia è un prodotto dell'intelligenza umana, dall'inizio alla fine, che contiene alcuni errori, alcune opinioni imprecise, dovute alla fallibilità dei suoi autori, che erano uomini. Questo è un risultato di grande valore*".

Il Giappone

Nel suo libro "Asiaten", l'ebreo austriaco Landberger scrive: "*Abbiamo gettato la nostra rete su tutto il Giappone. Abbiamo un'influenza decisiva su tutti gli strumenti d'amore di quel Paese. Tutti suoneranno le melodie che gli daremo. Pensate a un Paese come a un corpo gigantesco. Chi regola le funzioni addominali di questo corpo lo tiene in suo potere. Capite cosa voglio? La lotta per il dominio universale tra America e Giappone deve essere condotta in modo tale da assorbire il Giappone. L'America non solo si fida dell'amore, ma prende il Paese per il suo istinto più sviluppato. In un Paese in cui l'atto carnale è una funzione naturale del corpo, simile a tutte le altre, dobbiamo solo essere abili a provocare l'impulso necessario e la sessualità scatenata si spegnerà in un'ebbrezza di cui determineremo la durata. Rinnovando costantemente i processi di eccitazione seduttiva, possiamo rendere permanente questa ebbrezza e fare di questo Paese il più posseduto del* mondo".

Questo è certamente un esempio della cultura ebraica così come l'ho osservata nella mia vita XX secolo. Tuttavia, va notato che quando questo autore ebreo dice "*Noi americani*", si tratta di un'usurpazione, perché in America ci sono da un lato il popolo americano e 'altro il governo ebraico. Queste idee sono ebraiche e non americane. Allo stesso modo, la farsa psicanalitica di Freud appartiene solo alla patologia freudiana e non all'Austria.[63]

Ciò che il corrotto spirito ebraico minaccia di fare in Giappone, paese ancora relativamente sano, lo ha fatto nei paesi occidentali con immenso successo tra tutti coloro che hanno perso la fede. Abbiamo visto nelle pagine precedenti come "*gli ebrei sono stupefatti dalla stupidità dei goyim*". Quando gli ebrei sviliscono e demoralizzano un popolo attraverso la tratta delle schiave bianche, la pornografia, il cinema, la moda sovversiva, il teatro e l'arte putrida, lo fanno per calcolo, eseguendo un piano deliberato. Possono sconfiggere il popolo solo se questo, indebolito, ha perso tutti i suoi valori. Come diceva Nietzsche: "*Gli ebrei non possono nulla contro un popolo in buona salute fisica e morale*".

---

[63] Si veda *Freud a menti*, del dottor J. Gautier, che ha demistificato il freudismo per demistificare coloro che prendono sul serio tale impostura (Editions de la Vie Claire).

COSA HANNO FATTO PER L'UMANITÀ

LATZIS, EBREO

Questo istigatore del Terrore Rosso in Russia si basava sull'odio di classe: "*Stermineremo non solo gli individui, ma anche la borghesia come classe. È inutile che chiediamo prove delle azioni criminali degli accusati. Il loro destino è deciso dalla classe a cui appartengono e dall'educazione che hanno ricevuto.*

DR. FROMER, EBREO

Estratto dal suo libro "*Das Wesen des Judentum*", Berlino, 1905, pagina 35: "*La situazione anarchica dimostra che la religione ebraica applicata di conseguenza è essenzialmente incompatibile con il mantenimento di uno Stato ordinato, che non può vivere in pace duratura con i rappresentanti di un'altra concezione di vita. E questa conclusione si applica con la stessa forza alla religione, rimanendo su basi strettamente ortodosse, e alla religione nella misura in cui cerca di adattarsi il più possibile allo spirito dei nostri giorni*".

Stesso autore: "*Leggendo le accuse dei retori contro i quali Giuseppe si difende, ci si stupisce che una vita comune di tre secoli e la più intensa partecipazione alla civiltà dei concittadini in Egitto, non abbiano potuto stabilire una base di compromesso e di amichevole comprensione, che nel loro modo di pensare, di essere e di sentire, gli ebrei siano rimasti così completamente estranei e antipatici ai loro concittadini*".[64]

Stesso autore: "*Da quel momento [della trasmissione degli scritti di Aristotele] gli ebrei non hanno fatto nulla per l'umanità, né hanno cercato di fare nulla. Dov'è il senso della missione ebraica se gli*

---

[64] In Egitto, furono chiamati "*gli Immondi*" e caricaturizzati con teste d'asino. Furono espulsi, insieme a tutti i loro beni e a quelli rubati agli egiziani. Mosè, condannato per omicidio e bandito (non poteva essere giustiziato perché aveva il rango di principe), fu richiamato dall'esilio per condurre questo popolo altrove e liberare l'Egitto, che non poteva più sopportare la loro presenza.

ebrei moderni rovinano ogni nuovo movimento partecipandovi con le loro parole e la loro attività?

ALCUNE DICHIARAZIONI SIGNIFICATIVE DI EBREI

"In borsa arriva un momento in cui, per vincere, bisogna saper parlare ebraico" (Rothschild).

Domanda: Perché, essendo così ricco, continua a lavorare per diventare ancora più ricco? *"Oh, non sai cosa vuol dire sentire un mucchio di cristiani sotto i piedi"* (San Vittore, alla fine di una cena).

L'ebreo Mires nel 1860: *"Se tra cinquant'anni voi cattolici non ci avrete impiccato, non avrete più una corda con cui impiccarvi*[65]

"Le Peuple Juif", 20 Tamouz, 1936: *"L'infiltrazione di immigrati ebrei, attratti dall'apparente sicurezza, e il movimento sociale ascendente degli ebrei autoctoni, agiscono potentemente insieme e spingono verso un cataclisma"*.

In Lo Stato ebraico, Theodor Herzl scriveva: *"Quanto più a lungo l'antisemitismo aspetta, tanto più furiosamente deve esplodere"*. (Questo è esattamente ciò che ho gridato per anni alla comunità ebraica sorda, con l'imperativo categorico di abolire la circoncisione).

I fantasisti cattolici che da decenni manomettono riti e tradizioni fino alla derisione dovrebbero riflettere su questa affermazione di un rabbino: *"Se fossi cattolico, sarei un fondamentalista, perché essendo ebreo, sono certamente un fondamentalista"*. Dovremmo anche riflettere su questa dichiarazione del dottor Mayer Abner del B'nai B'rith, deputato della Bucovina alla Camera rumena, riprodotta nella *"Ostjüdische Zeitung"* (organo degli ebrei della Bucovina) il 14 luglio 1929 (n. 1235): *"Per tutti gli ebrei, senza*

---

[65] Questo è perfettamente detto ma del tutto incompleto: in realtà, il rifiuto delle leggi della vita e della natura da parte dell'usura e del comunismo porterà a cancri multiformi (demografia galoppante delle etnie colorate, estinzione morale, estetica, criminalità multipla, follia crescente in progressione geometrica, omosessualità e pedofilia, scomparsa delle specie e delle acque, ecc.) In realtà, senza l'abolizione immediata e radicale della circoncisione dell'8° giorno, gli ebrei regneranno su un impero di rovine o, peggio ancora, sul nulla, come aveva previsto Adolphe Hitler. Oggi, nel 2000, tutti possono capirlo, perché il dominio ebraico non è più occulto.

eccezione, la Torah, il Talmud e la sua ricapitolazione sistematica, lo Schulchan Aruch, sono la fonte indiscutibile e riconosciuta della vita religiosa ebraica. Non ci possono essere differenze dogmatiche tra noi ebrei. La nostra forza risiede nel rigido mantenimento della tradizione di tremila anni fa.

CORRUZIONE FONDAMENTALE

Oggi, un nuovo programma sociale è praticamente completo. È stato elaborato dalla *"Lega Mondiale per la Riforma Sessuale"*, il cui presidente è il medico ebreo Imianitoff del Belgio.

Vediamo i dieci punti di questo programma che, nel 2000, sono praticamente normativi:

➢ Uguaglianza politica, economica e sessuale per uomini e donne.

➢ Liberazione del matrimonio, e in particolare del divorzio, dalle regole tiranniche della Chiesa e dello Stato. (Si noti che dalla legge sul divorzio di Naquet alla pillola patogena e all'aborto libero di Simone Veil, tutto è ebraico).

➢ Controllo del concepimento, in modo che la procreazione sia acconsentita deliberatamente e con un preciso senso di responsabilità.

➢ Miglioramento della razza attraverso l'applicazione dell'eugenetica e dei metodi di cura dei bambini. (L'eugenetica è diventata criminale e dimenticata: la nascita di mostri è più redditizia per l'egemonia ebraica).

➢ Protezione delle ragazze madri e dei figli illegittimi.

➢ Comportamento umano e razionale nei confronti degli anormali sessuali, come gli omosessuali, sia uomini che donne, i feticisti, gli esibizionisti, ecc.

➢ Prevenzione della prostituzione e delle malattie veneree.

➢ Inclusione dei disturbi dovuti alla pulsione sessuale nella classe dei fenomeni patologici e non più considerati come crimini, vizi o peccati.

➢ Solo gli atti sessuali che violano la libertà o i diritti di un'altra persona possono essere considerati criminali. I rapporti sessuali reciprocamente consensuali tra adulti responsabili devono essere rispettati come atti privati che coinvolgono solo le loro persone.

➢ Educazione sessuale con la massima libertà e rispetto per se stessi e per gli altri.

Una citazione di Léon Blum, un ebreo che fu primo ministro del governo del Fronte Popolare nel 1936, nel suo saggio sulla morale intitolato "*Sul matrimonio*": "*Torneranno dalla casa del loro amante con la stessa naturalezza con cui tornano ora dall'aula o dal tè a casa di amici*" (...) "*La verginità, felicemente e precocemente rifiutata, non eserciterebbe più quella singolare costrizione fatta di pudore, di dignità e di una sorta di paura*". (...) "*La verginità rifiutata allegramente e precocemente non eserciterebbe più quella singolare costrizione fatta di pudore, dignità e una sorta di timore*". (...) "*Non ho mai capito cosa ci sia di veramente ripugnante nell'incesto; mi limito a constatare che è naturale e comune amare con amore il proprio fratello o la propria sorella*".

Citazione di Kroupskaya, vedova di Lenin, nel giornale sovietico "*Outchi Gazetta*" del 10 ottobre 1929: "*È assolutamente necessario che lo Stato riprenda il suo sistematico lavoro antireligioso tra i bambini. Non dobbiamo solo rendere i nostri ragazzi e non religiosi, ma attivamente e appassionatamente antireligiosi. L'influenza dei genitori religiosi in casa deve essere combattuta con forza. Anche se la socializzazione delle donne non è ancora ufficialmente sancita nella Russia sovietica, deve diventare una realtà e penetrare nella coscienza delle masse. Di conseguenza, chiunque cerchi di difendere una donna da un'aggressione indecente mostra una natura borghese e si dichiara a favore della proprietà privata. Opporsi allo stupro significa opporsi alla Rivoluzione d'Ottobre.*

Nota dell'autore: L'intera vicenda è così psicopatica che è difficile credere che sia reale.

Citazione da Karl Marx in "*Deutsch-Franzosiche Jahrbucher*", 1844: "*È vano cercare nel labirinto dell'anima ebraica una chiave della sua religione. Al contrario, il mistero della sua religione deve essere cercato nel mistero della sua natura. Qual è la base dell'ebraismo? Una passione pratica e il lucro per il profitto. A cosa possiamo ridurre il suo culto religioso? All'estorsione. Chi è il loro vero Dio: il denaro*".

Citazione di Walter Ratheneau, ebreo, nel suo libro *Der Kaiser* (Parigi, 1930): "*In 100 anni, la Rivoluzione francese ha fatto il giro del mondo e non ha avuto limiti; nessuno Stato, nessuna istituzione, nessuna società, nessuna dinastia è stata risparmiata da essa. L'oratorio della Rivoluzione russa è l'Umanità. Il suo desiderio segreto, la dittatura provvisoria del proletariato e l'anarchismo idealizzato.*

Il suo piano pratico per il futuro, la soppressione della stratificazione europea nella forma politica delle repubbliche socializzate. Tra un secolo, il piano dell'Oriente sarà pienamente realizzato come lo è oggi quello dell'Occidente. Dopo secoli in cui il nostro pianeta ha costruito, raccolto, conservato, preservato e accumulato tesori materiali e intellettuali per il godimento di pochi, ecco che arriva il secolo della demolizione, della distruzione, della dispersione e del ritorno alla barbarie. Rovine dietro di noi e rovine davanti a noi. Siamo una razza di transizione? Destinati all'indegno letamaio del raccolto", scrivevo all'inizio della guerra. *Tuttavia, non solo dobbiamo percorrere la strada che abbiamo intrapreso, ma vogliamo percorrerla.*

Un ebreo, Paul Mayer, ha scritto il "*Gioioso canto di strada dell'ebreo errante*". Non si può dire che sia insincero:

Non ho né casa né paese,
non vado da nessuna parte.
Basta con la vana nostalgia
Non mi interessa il blues!
La mia anima si è indurita.
Da tutte le vostre soglie, come un ladro,
mi scacciano - so che mi invidiano
e mi cercano avidamente.
Bevo dalle tue sorgenti di vita
e conosco il tuo valore.
Sotto l'umile straccio dove dorme la mia anima,
nascondo l'oro dell'universo.
La vergine che vorresti come moglie,
volge un occhio di fiamma
verso il figlio maledetto del deserto!
Fumate il vostro tabacco senza piacere,
Masticate i vostri pesanti problemi,

Ma eccomi qui, re dei vizi,
e offro alle vostre bocche inesperte
il frutto di nuovi peccati.
Quindi sto giocando con la palla,
Questo gioco sottile, questo gioco fatale,
Che ti diverte e ti cattura
E il segreto ti sfugge,
Il gioco del sangue orientale!

IL JEWISH CHRONICLE COMMENTA L'OPERA DI UN TEOLOGO IRLANDESE

Il 23 ottobre 1936, questo giornale ebraico londinese pubblicò il seguente articolo: *"The Mystical Body of Christ in Modern Times" (Il corpo mistico di Cristo nei tempi moderni)* sul lavoro di padre Denis Fahey, professore di filosofia e storia della Chiesa presso la Senior House of Studies dell'Università di Blackrock, a Dublino.

"Questo sacerdote, autore di diverse opere teologiche, è seriamente allarmato dall'espansione delle tendenze secolariste nel mondo moderno. Da qui la pubblicazione del suo nuovo libro, il cui scopo principale è quello di affrontare teologicamente e storicamente l'aspetto della rivolta moderna contro il piano divino per l'organizzazione della società umana.

Fin qui tutto bene. Ma, purtroppo, padre Fahey è convinto che tutti i problemi del mondo di oggi siano dovuti a una straordinaria alleanza tra rivoluzionari ebrei e finanzieri ebrei per il rovesciamento dell'ordine di cose esistente e l'instaurazione del dominio mondiale ebraico sulle sue rovine.[66]

A sostegno di questa curiosa tesi, padre Fahey porta tutte le solite sciocchezze antisemite. Fornisce prove documentali che la Rivoluzione russa fu finanziata da Jacob Schiff al costo di 12.000.000 di dollari. Ripropone una lista di nomi famosi per dire che dei 25 architetti del bolscevismo, solo Lenin non era ebreo".

---

[66] Oggi sappiamo che non è vero: la madre di Lenin era ebrea, quindi Lenin era ebreo secondo la legge ebraica.

I GIUDEO-COMUNISTI DEL FRONTE POPOLARE SPAGNOLO E IL 1837

I giudeo-comunisti del Fronte Popolare spagnolo diedero il nome di Joseph Papineau al gruppo di 400 volontari canadesi che combattevano in Spagna per estendere il dominio di Stalin, Litvinoff, Kaganovitch, Karakhan, Ioffe, Rosenberg, ecc.

Gli ebrei sono molto affezionati a Papineau, che fuggì all'estero quando i suoi sfortunati compagni erano sul patibolo. Lo amano molto perché è stato Papineau che, nella nostra storia, si è battuto più duramente per l'emancipazione degli ebrei, in altre parole perché fossero equiparati ai veri canadesi nel 1832.

L'"*Enciclopedia Ebraica*", alla voce "David", ci dice che furono i due figli dell'ebreo David di rue Notre-Dame a comandare la cavalleria contro i nostri eroi di Saint-Eustache e Saint-Denis nel 1837.

Un libro pubblicato dagli ebrei del Canada nel 1926, "*Jews in Canada*", ci dice che fu l'ebreo Benjamin Hart che, dopo aver spiato i nostri eroi del 1837, firmò i mandati di arresto per coloro che furono imprigionati.

Lo stesso libro ci dice che all'epoca gli ebrei, e in particolare la famiglia Franck, controllavano le stazioni commerciali tra Montreal e New York lungo la Richelieu. Molti ritengono che siano stati questi ebrei a permettere a Papineau, guidandolo di posto in posto, di fuggire negli Stati Uniti sotto le mentite spoglie di una donna, mentre gli umili e gli indegni venivano processati. Questa sarebbe stata la ricompensa degli ebrei a Papineau per la loro emancipazione nel 1832.

I giudeo-comunisti amano raccontare ai canadesi della rivolta del 1837, ma non dicono che le vittime di quel movimento furono arrestate a causa del tradimento di un ebreo e che gli ebrei di Montreal comandarono il fuoco contro i nostri patrioti. Il lavoro più sporco del 1837 fu fatto da un ebreo, Benjamin Hart. Senza dubbio perché nessun canadese bianco, inglese, francese, scozzese o irlandese avrebbe voluto farlo in quelle crudeli circostanze.

TESTIMONIANZE UNANIMI DA PARTE DI EBREI E GOYIM

Tutto ciò che gli ebrei ammettono in questo libro è stato da tempo ammesso da menti superiori nella cristianità e altrove. La cristianità ha fatto il necessario per impedire il trionfo della giudeopatia ebraica mondiale? Questo è dubbio, e le parole di Giuliano l'Apostata assumono tutto il loro valore nell'anno 2000:

"Se il cristianesimo trionfa, tra duemila anni il mondo intero sarà dominato dagli ebrei".

Si trattava di una profezia o di semplice logica? In ogni caso, santi, concili generali e locali della Chiesa, papi, imperatori, re, principi di ogni paese, famosi statisti, riformatori protestanti come Lutero, chierici musulmani, vescovi, pastori di ogni confessione religiosa, scrittori di ogni scuola, come vedremo nella seconda parte di questo libro, illustri storici, studiosi, diplomatici, leader socialisti, liberali e conservatori, statistiche e archivi ufficiali di molti Paesi, TUTTI hanno detto la stessa cosa sulla perversione finanziaria e ideologica ebraica;

Ma poiché tutti questi pensatori non fanno parte della razza eletta, gli ebrei li accusano di:

➢ Fanatismo,

➢ Persecuzione,

➢ Oscurantismo,

➢ La ristrettezza di vedute,

➢ Intolleranza,

➢ Odio,

➢ Gelosia

Ecco perché, nella prima parte di questo libro, era essenziale includere le parole di importanti figure ebraiche:

➢ Karl Marx

➢ Benjamin Disraeli,

➢ Adolphe Crémieux,

➢ Bernard Lazare,

➢ Alfred Nossig,

- Max Nordau,
- Emil Ludwig,
- Otto Weininger,
- Kurt Munzer
- Léon Blum
- Oscar Lévy,
- Nahum Sokolov
- Walther Ratheneau,
- Theodor Herzl,
- e io stesso R. D. Polacco de Ménasce

È quindi grottesco parlare di antisemitismo se si vogliono denunciare le grandi miserie moderne, le loro rivoluzioni, le loro guerre, i loro crimini, le crisi di demoralizzazione, le conseguenze inquinanti e distruttive del loro capitalismo, il crollo di tutto ad opera del marxismo rothschildo.

Per concludere questa prima parte, ecco una dichiarazione molto esplicita e chiara dell'ebreo Bernard Lazare nel suo libro "*L'antisémitisme et ses causes*", già citato più volte:

"Mi sembrava che un'opinione così universale come l'antisemitismo, essendo fiorita in tutti i luoghi e in tutti i tempi, prima dell'era cristiana e dopo, ad Alessandria, a Roma, ad Antiochia, in Arabia e in Persia, nell'Europa medievale e in quella moderna, in una parola, in ogni parte del mondo dove ci sono stati e ci sono ancora ebrei, mi è sembrato che tale opinione non potesse essere il risultato di un capriccio o di un capriccio perpetuo, e che ci dovessero essere ragioni profonde e serie per la sua nascita e permanenza.

Quali virtù o vizi valsero agli ebrei questa inimicizia universale? Perché furono alternativamente e ugualmente maltrattati e odiati dagli Alessandrini e dai Romani, dai Persiani e dagli Arabi, dai Turchi e dalle nazioni cristiane?

Perché ovunque, e fino ad oggi, l'ebreo è stato un essere associabile".

Nel 2000, i parametri dell'antisemitismo non sono mai stati così concentrati in nessun momento della storia; l'isteria ebraica, le sue leggi, come la legge Fabius-Gayssot, sono veri e propri cannoni puntati contro se stessi. La messa al bando e la condanna dei revisionisti è la più grande pubblicità che abbiano mai ricevuto gratuitamente.

Gli stessi ebrei dovrebbero fare un bilancio dell'Olocausto e correggere l'inettitudine aritmetica e tecnica della versione ufficiale. E infine, per curare tutto: abolire radicalmente questa circoncisione rituale, fonte di incontrollabili speculazioni finanziarie e rivoluzionarie anarchiche.

TRAGICA CONCLUSIONE

È certo che i fatti sono lì e che non abbiamo più domande da porci, ma un problema da risolvere: quello della "*questione ebraica*". L'unica soluzione all'inadeguatezza mentale della maggioranza degli esseri umani è l'abolizione radicale della circoncisione dell'ottavo giorno.

Il liberalismo ebraico, come il marxismo ebraico, distruggerà il pianeta proprio come previsto da Hitler.

Stiamo assistendo a una liquefazione generale sotto la morsa ebraica, assistita da tutti i politici di tutti i partiti che sono i loro scagnozzi stipendiati.

Due guerre mondiali, milioni di morti, la finanza imperante, il marxismo tentacolare, le scorie atomiche non curabili e non neutralizzabili, la vaccinazione sistematica che distrugge il sistema immunitario e degenera la razza con l'aiuto della chemioterapia e del cibo, la musica orribilmente patogena, (covata da un ebreo nei raduni di giovani sfortunati per la musica "techno"), la droga, la delinquenza, l'omosessualità e la pedofilia dilaganti, la disoccupazione giovanile, l'aborto, le pillole patogene che inducono blocchi ovarici, disturbi della crescita, frigidità, ecc. nelle ragazze adolescenti, e squilibri negli adulti. e negli adulti, squilibri ormonali, tumori, obesità, malattie cardiovascolari, ecc. scomparsa delle foreste, delle specie animali e vegetali, bambini privati di ogni punto di riferimento spirituale e morale a causa della mancanza di educazione religiosa.

Siamo in un pozzo senza fondo, praticamente in coma...

COSA DICONO GLI EBREI IN QUESTA PRIMA PARTE DEL LIBRO?

Hanno confermato che vogliono dominare il mondo, cosa che stanno facendo, che controllano la vita economica e finanziaria del mondo, che hanno il potere di provocare crisi e disoccupazione, al fine di rovinare gli individui e gli Stati, per preparare la Rivoluzione, che sono rivoluzionari nati, e forniscono la direzione e l'esecuzione di tutte le grandi rivoluzioni, che sono i creatori, i registi, i propagatori e i finanziatori del marxismo (socialismo, comunismo, bolscevismo), che vogliono assolutamente far scomparire le nazionalità e le religioni per realizzare la Repubblica Universale, cioè la loro dittatura mondiale assoluta, attraverso il loro controllo sui media, la stampa, la televisione, la radio, l'editoria, il cinema e le agenzie di stampa.

Lavorano per uccidere il sentimento nazionale, sociale e religioso per abbattere una civiltà creata da geni bianchi; controllano le società segrete che sono i veri governi, che volgono a loro vantaggio tutti gli sconvolgimenti politici e sociali; non sono mai cittadini, ma restano ebrei inassimilabili che non possono pensare come i cittadini dei Paesi che li accolgono; sono all'origine di tutti i problemi, i disordini, i conflitti e le rivolte del mondo moderno, e giudaizzano gli altri.

Che vogliono praticamente distruggere tutti i popoli in una poltiglia infra-etnica a vantaggio dei propri interessi, che corrompono, fanno marcire, degradano e avviliscono i popoli e le nazioni. Sono loro stessi a dirlo: Nessuna critica goyish è così profonda e lucida come quella fatta dagli stessi ebrei.

Dopo aver studiato le dichiarazioni di alcuni ebrei famosi, soprattutto in epoca moderna, esamineremo le dichiarazioni di famosi goyim.

R. Dommergue Polacco de Ménasce, autore di questo libro: "L'*ebraismo internazionale finanziario e marxista è la lebbra dell'umanità*". *L'affascinante follia di Israele! Sono 5.000 anni che bolle in pentola e oggi batte il record di tutti i crolli. O sarà un banchiere o un idealista contro il banchiere: Rothschild contro Marx, Marx contro Rothschild, la brillante dialettica di nemici fratelli che produce i movimenti della Storia. Attraverso il denaro, padroni dei governi; attraverso la rivoluzione, padroni delle masse. Confesso di essere radicalmente stupito dalla doppia e grandiosa follia di Israele, che sta portando l'umanità, il pianeta e se stesso all'annientamento. La pseudo-destra politica preferirebbe suicidarsi piuttosto che disobbedire al padre fustigatore del B'nai B'rith, unendosi al Front National, l'ultima terapia per una Francia in stato comatoso. Mai i parametri dell'antisemitismo sono stati così concentrati come alla fine del XX secolo. Ma la zombificazione dei Goyim e delle loro pseudo-élites in politica e nel sistema giudiziario è la garanzia del "fratellastro" ebraico.*

La seguente analisi del nazionalsocialismo completa molto bene quella di un altro eminente ebreo all'inizio di questo libro, sulla questione degli ebrei in Germania e l'avvento di Hitler.

Finkielkraut ci ha detto su FR3: "*Il nazismo ha peccato perché era troppo buono*". Una frase notevole, anche se imprecisa, perché il nazismo si limitò a ripristinare i valori tradizionali ortodossi. "*Hitler è stato lo spirito più costruttivo del suo tempo*", ha detto il barone Pierre de Coubertin. Sappiamo cosa disse Neville Chamberlain sulla responsabilità degli ebrei per la dichiarazione di guerra del 1939, che ripeté in una lettera alla sorella.

Abba Ahimeir, capo del Betar, ha dichiarato: "*Hitler ha salvato la Germania, senza di lui sarebbe morta in meno di quattro anni. Non erano né né Kerensky, né Weimar a poter combattere il bolscevismo, ma il fascismo*".

Quando nel 1979 scoppiò l'affare Faurisson, mi chiesi perché un chiarimento sulla cifra di sei milioni di ebrei come presunte vittime del nazismo avesse suscitato tanto scalpore nella "*Marx-merdia*" e nella "*levitazione atea*"... Questa semplice reazione, unica nella storia per quanto riguarda il numero di vittime di questa o quella guerra, già trasudava impostura. Poi si è cominciato a pensare: sei milioni, in sette campi in un anno dell'Olocausto 1943-44, la durata ufficiale, (crematori avanzati installati alla fine del 43!), un Paese come la Svizzera! Dove avremmo messo questi sei milioni in sette campi di concentramento, compreso Dachau, che eccezionalmente ospitava 60.000 prigionieri? In sette campi, ciò significherebbe un massimo di 420.000 prigionieri, e la cifra è addirittura impossibile! Non si trovano tracce di acido cianidrico nelle ceneri. E l'American Jewish Year Book indica in 3.300.000 il numero di ebrei nell'Europa occupata nel 1941!

Questo dato è peraltro impreciso, poiché molti ebrei sono poi partiti per Israele, la Russia sovietica, l'Inghilterra e gli Stati Uniti, come tutti i membri della famiglia Polacco de Ménasce e me. Ho poi seguito il processo Faurisson in Francia e il processo Zündel in Canada. Mi sono venute in mente le assurdità aritmetico-tecniche. La maggior parte delle città tedesche con più di 100.000 abitanti era stata distrutta al 95%: come avrebbero potuto essere riforniti gli internati dei campi e non diventare gli scheletri che vediamo, ad esempio, in "*Notte e nebbia*"? Alla vigilia del 2000, Faurisson stimava in 150.000 le vittime di Auschwitz, per tutte le etnie, e J.-C. Pressac, uno sterminazionista patrocinato dai Klarsfeld, ne stima 700.000!

L'assurdità aritmetico-tecnica ha cominciato a urlare e continua a urlare. Perché questa revisione è stata proibita? Non era forse Gorbaciov il più importante revisionista quando smascherò la menzogna di Norimberga che attribuiva ai tedeschi l'assassinio dell'intera élite polacca a Katyn, anche se questo crimine inaudito era sovietico? Perché qualcuno, a parte Gorbaciov, dovrebbe avere il diritto di mettere in discussione il giudizio di un tribunale di vincitori che giudica i vinti e quindi non ha alcuna credibilità morale? D'altra parte, è certo che tra la Germania e la Russia sono stati uccisi molti compagni, in particolare in Bielorussia. Ma questi erano tragici fatti di guerra. Gli ebrei non avevano forse dichiarato guerra a Hitler nel 1933? Il regime bolscevico non era forse la quintessenza degli ebrei? Gli ebrei non erano forse sostenitori incondizionati dei soldati e dei partigiani sovietici?

Se i miei colleghi hanno mentito sullo pseudo-Olocausto, perché non avrebbero dovuto mentire su Hitler e su tutto ciò che lo riguardava? Così abbiamo dovuto scavare nell'argomento, dalla sua partecipazione alla guerra del 14-18 fino al suo suicidio nel bunker alla fine della guerra del 1939-45.

Abbiamo scavato più a fondo: ogni giorno venivamo assillati sulla responsabilità di Hitler nella guerra e sul cosiddetto "*Olocausto*". La mia ricerca passò dallo stupore allo sconcerto. Tutto era sbagliato. Persino "*la situazione dei prigionieri non era più terribile, tutt'altro, di quella Gulag",* come rivelò lo stesso Bloch-Dassault. Alcuni campi avevano sale da musica e piscine (ispezioni della Croce Rossa)! Gli scheletri emaciati che vediamo nei filmati di propaganda sono quelli dei prigionieri che morivano di fame a causa dei rifornimenti resi impossibili dai bombardamenti alleati, che radevano al suolo intere città, compresi donne e bambini (a volte, come a Dresda e Amburgo, 200.000 morti in un solo bombardamento), anche se Hitler, ben prima della guerra, aveva presentato alle nazioni un memorandum d'intesa per cui, in caso di guerra, le popolazioni civili sarebbero state risparmiate. Questo accordo fu rifiutato dall'Occidente, che era soggetto alla finanza di (denunciata dallo stesso Karl Marx: *"sopprimete il traffico, sopprimete l'ebreo"*!!!) e al marxismo ebraico... È comprensibile che Rudolf Hess non sia mai stato accolto in Inghilterra, nonostante la sua fuga eroica, e che *"questo criminale della pace",* come lo chiama Alain Decaux, sia stato assassinato all'età di 90 anni per evitare di far esplodere verità scomode! Perché non si informano tutti come me? Perché non lo fanno? I Goyim sono così stupidi che il dominio e la zombizzazione da parte dei miei congeneri (con Gayssot e Maastricht) sono inevitabili per loro? Persino l'Abbé Pierre non può difendere l'integrità e la libertà costituzionale di espressione del suo amico Garaudy!

Hitler, nato in Austria, che considerò sempre parte della nazione germanica, era un giovane sensibile con una vocazione e un talento per la pittura. La sua mente era vasta, la sua coscienza acuta e il suo amore per la patria infinito. Mobilitato durante la guerra del 14-18, fu un soldato coraggioso, amato dai suoi compagni, ma cadde vittima dei gas da combattimento e rimase temporaneamente cieco. Gli anni che seguirono la guerra lo videro miserabile, sia materialmente che moralmente, osservatore implacabile delle disgrazie del suo Paese e molto informato sull'eziologia delle gravi malattie che lo stavano divorando. L'iniquità dei Trattati di Versailles e di Trianon (*"Trattati di rapina",* come disse Lloyd George, "che *aprirono la strada a una seconda guerra mondiale"),* negoziati dai fratelli Warburg che finanziarono contemporaneamente gli Alleati, la Germania e la Rivoluzione bolscevica (piccolo dettaglio), lo torturarono. Ha vissuto l'orrore della Repubblica di Weimar e dei suoi sei milioni di disoccupati. Era perfettamente consapevole del ruolo importante e spaventoso svolto dai miei colleghi dell'alta finanza e del marxismo. Il popolo moriva di fame. Il blocco aveva strangolato la Germania. La classe media non aveva nulla. 300.000 ufficiali erano disoccupati. I mercantilisti ebrei stavano rovinando negozianti e lavoratori. Ora, alla fine del XX secolo, a cinquant'anni di distanza, gli ebrei reclamano enormi somme di denaro, capolavori e collezioni di oggetti d'arte. La domanda sorge spontanea: chi erano gli speculatori e gli usurai della Repubblica di Weimar? Una banda di ebrei galiziani, Kutisker, Barmatt e Skalarek, si era precipitata nella Germania morente. Dopo essere stati espulsi, continuarono le loro pratiche in Olanda (come nel caso di Joanovici, collaboratore e poi benefattore delle reti della Resistenza). Un francobollo portava la cifra di 12 miliardi di marchi! Per Hitler, la frantumazione del suo Paese era un dolore insopportabile.

Si impegnò con tutte le sue forze per arrivare al potere e far uscire il suo Paese dall'inferno del Trattato di Versailles e della Repubblica di Weimar. Quando fu imprigionato a Landsberg, dove scrisse il Mein Kampf, un giudice gli chiese: "Cosa vuole, signor Hitler, un posto da ministro?" e lui rispose: "Sarei molto spregevole, signor giudice, se volessi solo un posto da ministro". Il direttore del carcere lo descrisse come "un uomo affabile, discreto, sempre pronto ad aiutare, generoso e di natura eccezionale".

Decise quindi di salire al potere democraticamente, perché il popolo aveva percepito in lui sincerità, lungimiranza ed energia. In sei anni, fece tornare al lavoro sei milioni di disoccupati. Eliminò le S.A. e Röhm, che avrebbero impedito un'azione sinergica per risanare il Paese, che le rivalità avrebbero consegnato alla rovina perpetua. Creò il "Fronte del Lavoro", che ignorava la lotta di classe, un concetto aberrante inventato dagli ideologi ebrei. Il Fronte contava 25 milioni di membri ed era la più grande organizzazione socialista del mondo. Costituì una vera e propria comunità popolare di produttori. Il professor Goldhagen ci dice (ARTE, 30 settembre 1996): "*Non sono d'accordo sul fatto che non ci fosse libertà nella società nazista. Più impariamo a conoscere il Terzo Reich, più vediamo che c'era una certa libertà.*

Ognuno aveva il posto che gli spettava nella vita della nazione e una tale organizzazione era incompatibile con la guerra. Creò il concetto di dignità del lavoro. Le fabbriche avevano biblioteche, piscine e vacanze pagate. Gli operai avevano una casetta dove le mogli potevano dedicarsi alla cura dei figli, che non sarebbero diventati come i nostri, clienti di musica che uccide, drogati, delinquenti, suicidi, disoccupati. Ha restituito ai giovani il culto dell'onore, della patria e degli ideali. Il piccolo Maggiolino Volkswagen divenne un'auto popolare. Creò un codice speciale per la protezione degli animali: chi li avesse danneggiati sarebbe stato punito severamente. Promosse il vegetarianismo, vietò la vivisezione, regolamentò la caccia e organizzò una notevole ed efficace campagna ecologica e zoologica. La medicina naturale fu ufficializzata nel 1939, mentre in Francia solo la medicina chimica, patogena e teratogena, ha valore di legge. Luc Ferry (*Le Nouvel Ordre écologique*) riconosce un progetto nazista "di portata ineguagliabile, un monumento all'ecologia moderna, all'educazione del popolo all'amore e alla comprensione della natura e delle sue creature" (...) "il regime nazista ci fa assistere a un vero e proprio elogio della differenza, a una riabilitazione della diversità"...

Datori di lavoro e lavoratori lavoravano insieme alla pari per costruire la nazione. *"Onore sociale"* significava adempimento coscienzioso del dovere e veniva ricompensato con dignità e stima. Il numero di lavoratori che avevano diritto a ferie retribuite era doppio rispetto agli altri Paesi. La guerra era necessariamente esclusa dal sistema, poiché la Germania scambiava equamente merci e prodotti con i Paesi vicini. La guerra fu dichiarata a Hitler dai miei concittadini americani nel 1933. Le mire egemoniche di Hitler sono una barzelletta.

Tutto ciò che voleva era riunire i Paesi di lingua tedesca e di etnia tedesca. L'Austria voleva unirsi al Reich molto prima che Hitler salisse al potere e la Cecoslovacchia aveva tre milioni di tedeschi nei Sudeti. Hitler prese il Paese sotto il suo protettorato perché i cechi esercitavano una dittatura che era risentita dagli slovacchi e dai ruteni. Hitler non esercitava l'egemonia mondiale come gli Stati Uniti, né aveva un impero come la Gran Bretagna, sul quale non tramontava mai il sole. Nel 1918, le rapaci potenze capitaliste avevano privato la Germania del Togo, del Camerun e dell'Africa sud-occidentale, che rappresentavano solo il 5% delle colonie britanniche e francesi...

Perfettamente disinteressato, Hitler non possedeva altro che il suo cane e la sua casa. Non si è mai parlato di una fortuna personale acquisita da Hitler come Cancelliere del Reich. Quanto al suo incrollabile desiderio di preservare l'etnia germanica, oggi possiamo comprenderlo di fronte all'isteria globalista della miscegenazione istituzionalizzata, mentre i miei congeneri sono i più razzisti del mondo.

Le sedici proposte su Danzica presentate al capo del governo polacco, il colonnello Beck, erano le più ragionevoli del mondo. Beck le aveva accettate, ma l'Inghilterra, sotto l'influenza del finanziere Baruch, lo convinse a rifiutare. Hitler, con l'aiuto di Mussolini e del ministro francese Yvon Delbos, fece ogni sforzo umano per evitare la guerra (l'Inghilterra ammise al processo di Norimberga che in quel momento storico sarebbe potuta salvare la pace!) mentre in Posnania (Polonia) i tedeschi venivano perseguitati e talvolta massacrati. Hitler fu costretto a entrare in guerra e la Francia gli dichiarò guerra in modo incostituzionale, seguendo le orme servili dell'Inghilterra, poiché le due Camere non erano state convocate.

Il mondo di oggi è pieno di tutti gli inquinanti morali, fisici ed ecologici del giudaico-cartesianesimo, con la mafia come investitore d'elezione. Settanta dipartimenti sono investiti nella pedofilia. Il 70% dei bambini negli Stati Uniti non ha un padre.[67] Il comunismo, creato interamente da miei simili (ideologi, finanzieri, politici, amministratori, carnefici di prigioni e campi di concentramento), ha alle spalle duecento milioni di cadaveri ed è ancora vivo e vegeto. È vero che, nell'aritmetica odierna, sei milioni di ebrei - anche reali - sono superiori a duecento milioni di goyim. Lo Zohar lo conferma: "*I Goyim, quel vile seme di bestiame*"! Possiamo capire le parole di Goebbels quando si suicidò con la moglie e i figli, contemporaneamente al suo Führer: "*Non lasceremo che i nostri figli vivano nell'inferno che gli ebrei prepareranno per loro*". Di certo non immaginava l'orrore assoluto dell'inferno in cui li avrebbe lasciati. L'olocausto c'è stato davvero: sessanta milioni di vittime in una guerra dichiarata contro Hitler nel 1933, che voleva scrollarsi di dosso il giogo del dollaro e l'alta finanza dei miei simili. Poi l'olocausto delle centocinquanta guerre capitaliste-marxiste che hanno fatto seguito a quella che è stata derisoriamente chiamata "*Liberazione*".

In definitiva, un olocausto di duecento milioni di cadaveri in un regime essenzialmente ebraico. È questa la verità? No, questo è antisemitismo! Affermare la verità, per quanto vivida, è sempre "*sporco antisemitismo*"; è stupida abiezione e può essere accolta solo con disprezzo.

---

[67] *La marcia del secolo* il 28 maggio 1997.

Fermiamo la circoncisione dell'8° giorno che, con le sue ripercussioni ormonali e psicologiche, è la causa della nostra mentalità e dell'antisemitismo che ne è derivato per 5000 anni, durante i quali abbiamo pronunciato troppe "*parole di morte per noi stessi e per gli altri*" (George Steiner).

"*Il Terzo Reich era l'unica forza in grado di superare l'orrore assoluto dei comunisti*" (Solzhenitsyn).

Il documento che segue, una lettera di Hitler a Daladier, presidente del Consiglio dal 1938 al 1940, mostra la mentalità pacifista di Hitler e il suo desiderio di fare tutto il possibile per evitare la guerra: non ricevette alcuna risposta, il che è qualcosa su cui riflettere, così come il fatto che Rudolf Hess non fu mai ricevuto in Inghilterra, anche se era venuto per parlare di pace, e che alla fine fu assassinato all'età di 90 anni nella sua prigione!

"Mi permetta, Monsieur Daladier, di chiederle come si comporterebbe, lei francese, se, al termine di una lotta coraggiosa, una delle sue province fosse separata da un corridoio occupato da una potenza straniera. Se una grande città, per esempio Marsiglia, fosse impossibilitata a proclamarsi francese, e se i francesi residenti in quel territorio fossero attualmente inseguiti, picchiati, maltrattati e persino bestialmente uccisi? Lei è francese, Monsieur Daladier, so come si comporterebbe.

Sono un tedesco, non dubitate del mio senso dell'onore e della mia consapevolezza del dovere di agire esattamente in questo modo. Se voi aveste questa disgrazia che è nostra, capireste, Monsieur Daladier, che la Germania volesse intervenire senza alcun motivo affinché il corridoio rimanesse attraverso la Francia? In modo che il ritorno di Marsiglia alla Francia fosse vietato? In nessun caso mi viene in mente, Monsieur Daladier, che la Germania entri in battaglia contro di voi per questo motivo.

Il Cancelliere conclude la sua lettera sottolineando quanto inutile sarebbe stata questa sanguinosa guerra intrapresa dagli Alleati per la Polonia, perché è un fatto certo che qualunque fosse l'esito di una guerra nata da questo problema, lo Stato polacco sarebbe stato perso in ogni caso.

Povera Polonia, ridotta a ciò che conosciamo. La sua intera élite massacrata dai bolscevichi nella foresta di Katyn e le sue navi affondate deliberatamente nell'Antartico! Gli ebrei non chiedono un risarcimento per loro stessi?! Questo Paese è in bancarotta, non è in grado di far fronte ai propri debiti e si trova in una situazione senza via d'uscita. È vero che nel 2000 la Polonia non è l'unico Paese a trovarsi in questa triste condizione!

Mentre gli ebrei parlano di razzismo, parliamo con il mio collega e collega ebreo Israel Shahak del loro "megaracismo".

Nel suo *"Testamento politico"* (che Robert Faurisson ritiene un falso, ma che corrisponde perfettamente alla psicologia di Hitler), Hitler dice: "*È normale che ognuno senta l'orgoglio della propria razza e questo non implica alcun disprezzo per gli altri. Non ho mai pensato che un cinese o un giapponese siano inferiori a noi. Appartengono a civiltà antiche e accetto persino che il loro passato sia superiore al nostro. Hanno motivo di essere orgogliosi, così come noi siamo orgogliosi della civiltà a cui apparteniamo. Penso addirittura che più i cinesi e i giapponesi rimarranno orgogliosi della loro razza, più sarà facile per me andare d'accordo con loro"*.
Queste parole sono piene di elementare buon senso. Quando il professor Israel Shakak ci presenta la vera natura degli scritti ebraici tradizionali, di cui può penetrare l'essenza perché conosce l'ebraico, non troviamo da nessuna parte una sola frase che si avvicini lontanamente a questa visione umana e ragionevole.

Quindi perché dovremmo essere sorpresi che gli israeliani abbiano massacrato 254 uomini, donne e bambini a Deir Yassin? Sono quarant'anni che questi atti non fanno eccezione, ma nessuno ha mai osato accusare ufficialmente Israele di "nazismo". Non solo la vicenda di Oradour-sur-Glane fu eccezionale, come lo furono le rappresaglie che seguirono l'assassinio di Heydrich, o quella di un centinaio di soldati uccisi in un attentato in Italia, ma da più di vent'anni so che si svolse in modo completamente diverso dalla versione imposta dalla propaganda ufficiale (il capitano tedesco Kämpfe ebbe gli occhi cavati e la lingua strappata dalla Resistenza, tra Limoges e Oradour...). La chiesa di Oradour non fu bruciata, ma si verificò un'inspiegabile esplosione nel campanile... (esplosivo immagazzinato dalla Resistenza).

In Israele, i contadini poveri sono stati cacciati dalle loro terre e non hanno avuto altra scelta che fuggire o morire. Si trattava di un colonialismo palese e crudele. Coloro che hanno denunciato l'orrore sono stati uccisi, come il conte Bernadotte e Lord Moyne. I metodi utilizzati per espropriare i palestinesi sono un colonialismo spietato, un razzismo palese e ineluttabile.

La terra da cui i palestinesi sono espropriati non può essere venduta a un non ebreo, affittata a un non ebreo o lavorata da un non ebreo. La politica agraria di Israele si traduce in un saccheggio metodico e sistematico dei contadini arabi. Questo è razzismo totale. Nella Germania nazista non esistevano leggi di spoliazione sistematica e implacabile. Ad esempio, la legge sull'acquisizione delle terre del 12 marzo 1953 e tutte le misure adottate legalizzano il furto costringendo gli arabi a lasciare le loro terre per costruire colonie ebraiche. L'esodo di massa delle popolazioni arabe sotto il terrore, come a Deir Yassin e Karf Kassem, ha liberato vasti territori che sono stati svuotati dei loro legittimi proprietari e dei lavoratori arabi e consegnati agli occupanti ebrei.

Nel 1975, il professor Israel Shahak ha fornito un elenco di 385 villaggi arabi distrutti e rasi al suolo sui 475 esistenti nel 1948. Per convincere la gente che la Palestina era un deserto prima di Israele, centinaia di villaggi sono stati rasi al suolo, insieme alle loro case, recinzioni, cimiteri e tombe. Tra il giugno 1967 e il novembre 1969, più di 20.000 case arabe sono state fatte saltare in aria in Israele e in Cisgiordania. L'articolo 49 della Convenzione di Ginevra del 12 agosto 1949 stabilisce che "*la Potenza occupante non trasferirà parti della propria popolazione civile nel territorio che occupa*". Lo stesso Hitler - - non ha mai violato questa legge internazionale. Dall'inizio dell'intifada sono stati uccisi 1116 palestinesi, tra cui 233 bambini. Le Nazioni Unite stimano che 80.000 palestinesi siano stati feriti dai proiettili. 15.000 palestinesi sono detenuti nelle prigioni israeliane. 20.000 vengono torturati ogni anno, e questa tortura è legale dal 1996. Tutto questo è parte integrante della spoliazione, della discriminazione, dell'apartheid e del razzismo.

Lo sfortunato Hitler, che voleva preservare il suo gruppo etnico dalla miscegnazione istituzionalizzata che conosciamo oggi, non ha inventato il razzismo. Chi ha avuto l'idea di schiavizzare le "*razze inferiori*"? Un rappresentante del popolo eletto che sarà punito se prenderà in moglie una donna pagana, che sceglierà i suoi schiavi tra i Goyim senza mescolarsi con loro. "*Per mille anni*" diceva Hitler, "*per l'eternità*" dicono gli ebrei.

Una sola legge, una sola razza, un solo destino fino alla fine dei tempi. "*Giosuè rase al suolo Ai, lasciando solo un cumulo di ceneri, e impiegò gli sconfitti per tagliare la legna e attingere acqua per la comunità.* Uomini, donne, bambini e schiavi tutti sotto il giogo di Israele. Ma spesso non c'era più nessuno da schiavizzare: *"E distrussero a fil di spada tutto ciò che c'era nella città: uomini, donne, bambini, giovani e vecchi, buoi, pecore, muli"*. L'odore del sangue è presente in ogni pagina della Bibbia. La dottrina dice che un popolo deve essere scelto perché il suo destino si compia. Nessun altro popolo può avere la stessa gloria. Una vera nazione è un mistero, un corpo unico voluto da Dio. Per conquistare la sua terra promessa, per massacrare o schiavizzare coloro che la ostacolano, per proclamarsi eterna: *"Suonino le trombe in Sion, i cherubini dell'Onnipotente facciano scendere fuoco e pestilenza sui nostri nemici"*. *Essi rasero al suolo la città e tutto ciò che conteneva.*

In Samaria, perché i Samaritani non leggevano le Scritture come loro e perché avevano costruito i loro santuari; a Terebinto: invece di 6 cubiti, ne avevano usati 5 o 7 o Dio sa cosa. Ogni uomo, donna, bambino e bestiame fu messo a ferro e fuoco. Massacri di città per un'idea o una questione di parole. Giosuè, l'unto del Signore, sterminò decine di migliaia di uomini e poi danzò davanti all'Arca. Dove ha imparato Hitler a scegliere una razza, a conservarla pura e immacolata, a offrirle una terra promessa? Guai agli Amorrei, ai Gebusei e ai Keniti, che non meritano il nome di uomo! Il razzismo di Hitler è una miniatura del razzismo ebraico.

MILLE ANNI! ACCANTO ALL'ETERNA SION!

Quanto erano affascinanti quegli dei pagani, nascosti sotto il fogliame, le rocce e le sorgenti consacrate: avrebbero protetto la natura dal mostruoso inquinamento del materialismo ateo. Il Dio ebraico è il Dio della vendetta fino alla trentesima generazione. È un Dio di contratti, di accordi irrisori, di crediti, di tangenti, di mance irrisorie. *"E il Signore diede a Giobbe il doppio di quanto aveva prima, mille muli"*. Chi conosce l'enorme ruolo svolto dagli ebrei nella tratta degli schiavi fino al 1870? (articolo del professor Shahak pubblicato nel 1967, prima della Guerra dei Sei Giorni).

Tutto ciò che sappiamo dei testi religiosi ebraici tradizionali è ciò che è stato tradotto nelle lingue occidentali. Non conosciamo la realtà dei testi perché ciò richiede la conoscenza dell'ebraico. Il professor Shahak, che conosce perfettamente l'ebraico, ci introduce a questi testi, il cui razzismo va oltre ogni immaginazione (*Histoire*

Juive - Religion Juive, le poids de trois millénaires, Librairie du Savoir, 5, rue Malebranches, 75005 Paris). Ogni ebreo che passa davanti a un cimitero deve pronunciare una benedizione se si tratta di un cimitero ebraico. Se invece si tratta di un cimitero goyim, deve maledire la madre dei morti. Ostilità gratuita verso qualsiasi essere umano.

Guardiamo al razzismo anti-nero di Maimonide, il famoso filosofo ebreo: "*Alcuni dei turchi* (cioè i mongoli) *e dei nomadi del Nord, i neri e i nomadi del Sud, e quelli che gli assomigliano nei nostri climi; la loro natura è simile a quella di animali muti e a mio parere non raggiungono il rango di esseri umani. Tra le cose esistenti sono inferiori all'uomo ma superiori alle scimmie, perché possiedono in misura maggiore delle scimmie l'immagine e la somiglianza dell'uomo*". Per quanto riguarda gli Stati Uniti, se gli ebrei sostengono Martin Luther King e la causa dei neri americani, è per ottenere un sostegno tattico in nome degli interessi ebraici. L'obiettivo era quello di ottenere il sostegno della comunità nera alla comunità ebraica e alle politiche di Israele. La miscegenazione istituzionalizzata ovunque (tranne che in Israele, dove non entrerà nessun nero o nordafricano) ha due scopi: governare un mondo di zombie indifferenziati e far sì che intere comunità, anche omosessuali, votino per i burattini di tutti i partiti di cui tirano le fila. In Israele, il chassidismo, un avatar del misticismo ebraico, è un movimento vivo con centinaia di migliaia di seguaci che hanno un'enorme influenza politica. Ma cosa dice l'Hatanya, la bibbia del movimento? I non ebrei sono creature di Satana in cui non c'è assolutamente nulla di buono. La differenza qualitativa tra ebrei e non ebrei esiste fin dallo stadio embrionale. La vita di un non ebreo è qualcosa di inessenziale perché il mondo è stato creato solo per il beneficio degli ebrei. Il rabbino di Lubavitch e altri leader chassidici rilasciano costantemente le dichiarazioni più violente e le esortazioni più sanguinarie contro tutti gli arabi. L'influenza del filosofo Martin Buber è molto importante nell'ascesa dello sciovinismo israeliano e dell'odio verso i non ebrei. Molte persone sono morte per le ferite riportate perché i medici militari israeliani, sotto l'influenza del chassidismo, si sono rifiutati di curarle. Yehezkiel Kaufman, sociologo di , ha sostenuto il genocidio secondo le linee del Libro di Giosuè.

Hugo Shmnel Bergman ha sostenuto l'espulsione di tutti i palestinesi in Iraq. L'apologia della disumanità è predicata non solo dai rabbini, ma anche da persone che passano per i più grandi pensatori dell'ebraismo. Gli atti più orribili commessi in Cisgiordania sono ispirati dal fanatismo religioso ebraico. Il razzismo e il fanatismo ebraico sono evidenti: un amico di Marx, Moses Hess, ben noto e rispettato come uno dei primi socialisti tedeschi, manifestava un razzismo ebraico estremo e le sue idee sulla "pura razza ebraica" non sono all'altezza della "pura razza ariana".

"*È vietato salvare la vita di un gentile perché non è un tuo compagno*". Non solo circa 400 villaggi sono stati rasi al suolo, come abbiamo detto, ma centinaia di cimiteri musulmani sono stati distrutti da Israele (Libro di Shahak, pagina 84).

Quanto al Talmud, non usa mezzi termini: "*È un dovere religioso estrarre il maggior interesse possibile quando si presta a un goyim*". Questa mentalità speculativa-parassitaria è stata la causa principale dell'antisemitismo in ogni tempo e luogo. Né la Chiesa né il nazismo hanno l'esclusiva dell'antisemitismo. Esso è esistito ovunque, come in Persia cinque secoli prima di Cristo.

La Chiesa ha spesso protetto gli ebrei nel corso della storia. Va detto che la nobiltà e la Corona usavano gli ebrei per tenere i contadini oppressi. Questo è perfettamente spregevole da parte dei Goyim, ma gli ebrei hanno approfittato della situazione per fare pressione sui contadini a proprio vantaggio. Nella Polonia orientale, ad esempio, durante il dominio dei magnati, gli ebrei furono gli immediati sfruttatori dei contadini e praticamente gli unici abitanti delle città. In "*The rise of Christian Europe*" (*L'ascesa dell'Europa cristiana*), Trevor Roper (pagina 173 - 74) stabilisce che gli ebrei furono i principali commercianti di schiavi tra l'Europa medievale e il mondo musulmano. Ecco cosa scrive il dottor Prinz: "*Uno Stato fondato sul principio della purezza della nazione e della razza può essere onorato e rispettato solo dall'ebreo che dichiara di appartenere al proprio popolo*". Come possiamo vedere, la miscegenazione istituzionalizzata è un bene per i Goyim, "quel vile seme di bestiame" (Zohar). Ecco cosa dice Maimonide a proposito dell'omicidio: "*L'ebreo che uccide deliberatamente un gentile è colpevole solo di un peccato contro la legge del cielo; non è punibile da un tribunale*".

"*La causa indiretta della morte di un gentile non è affatto un peccato*". "*Il migliore dei Goyim, uccidilo*" (Commento allo

Shulhan Arukh). Ecco un estratto del trattato *"La purezza delle armi alla luce della Halakhah"*: *"Quando, nel corso di una guerra o durante un inseguimento o un raid armato, le nostre forze si imbattono in civili che non possiamo essere certi non ci faranno del male, questi civili, secondo la Halakhah, possono e addirittura devono essere uccisi.... In nessun caso ci si può fidare di un arabo, anche se sembra civile... In guerra, quando le nostre truppe si impegnano in un assalto finale, è permesso e ordinato dalla Halakhah di uccidere anche i civili buoni, cioè quelli che si presentano come tali"*. Il Talmud dice che è vietato profanare il sabato per salvare la vita di un goyim gravemente malato, né far nascere un non ebreo di sabato.

Questo è ciò che bisogna leggere per crederci nell'Enciclopedia Talmudica: *"Chi ha rapporti carnali con la moglie di un Goyim non è passibile di pena di morte, perché è scritto: "Come il precetto "un uomo si legherà sua moglie", che è rivolto ai Goyim, non si applica a un ebreo, così non c'è matrimonio sacro per un pagano; la moglie sposata di un Goyim è proibita agli altri Goyim, ma un ebreo non è in alcun modo colpito da questa proibizione"*...

Da questa citazione non dobbiamo concludere che ciò autorizzi i rapporti intimi tra un ebreo e un non ebreo, anzi. Ma la pena principale è inflitta alla donna. È lei che deve essere giustiziata, *anche se è stata violentata*. Se un ebreo si unisce sessualmente con una non ebrea, che sia una bambina di tre anni (sic) o un'adulta, che sia sposata o nubile, e anche se lui stesso è un minorenne di soli nove anni e un giorno, poiché ha commesso un coito volontario con lei, *"deve essere uccisa come una bestia, perché a causa sua un ebreo si è messo in una brutta situazione"*. Va aggiunto che le donne di tutte le nazioni sono considerate prostitute. *L'inganno indiretto"* è consentito. Il furto a danno di un goyim è consentito se questi è sotto il dominio ebraico. Questi precetti non vengono seguiti *"se danneggiano gli ebrei"*. Possiamo capire l'espropriazione violenta dei palestinesi da parte degli ebrei, che hanno una superiorità schiacciante su di loro. Se gli ebrei sono abbastanza potenti, il loro dovere religioso è quello di espellere i palestinesi. Chiaramente, secondo le esortazioni genocide della Bibbia e del Talmud, tutti i palestinesi devono essere sterminati. La letteratura talmudica ripete con veemenza: *"non lascerete nulla di vivo"*. I palestinesi di Gaza sono come gli Amaleciti. I versetti della Bibbia che esortano al genocidio dei Medianiti sono stati ripresi da un rabbino israeliano per giustificare il massacro di Qubbiya. Le leggi halakhiche inculcano il disprezzo e l'odio per i Goy. L'ebreo devoto ringrazia Dio "*di non essere nato goy*". "*Che tutti i cristiani possano perire in una volta sola*". È diventata abitudine sputare tre volte alla vista di una chiesa o di un crocifisso. "*Gli ebrei sono il meglio dell'umanità. Sono stati creati per riconoscere e adorare il loro creatore e sono degni di avere schiavi che li servano*". (Vedi riferimenti nel libro di Shahak). *Dobbiamo mostrare misericordia agli ebrei, ma astenerci dal farlo con il resto dell'umanità*". (cfr. Shahak). Shakak, che vive in Israele, ci dice: "*Chiunque viva in Israele sa quanto siano diffusi e profondamente radicati gli atteggiamenti di odio e crudeltà verso tutti i Goyim tra la maggioranza degli ebrei del Paese. Il precetto disumano secondo cui la servitù è il ruolo naturale dei Goyim è stato citato pubblicamente in Israele, anche in televisione, dagli agricoltori ebrei che sfruttano la manodopera araba, soprattutto i bambini*". (pag. 198).

I diritti umani non sono mai stati altro che i diritti degli ebrei, come si può vedere in modo spettacolare in tutto l'Occidente. Gli Stati Uniti e il Canada sostengono incondizionatamente la politica israeliana. Non c'è una sola reazione quando questa è in flagrante contraddizione con i diritti umani fondamentali.

È impossibile entrare in un club ebraico o in un'obbedienza massonica come il Bnai' B'rith: ma se a un ebreo viene negato l'accesso, si grida all'antisemitismo. In altre parole, coloro che affermano costantemente di sostenere i diritti umani sono quelli che li violano costantemente. E i goyim dinoccolati annuiscono... Faurisson e Garaudy non hanno diritto all'elementare diritto umano della libertà di parola. A loro si risponde con leggi staliniste-orwelliane e con condanne per reati di pensiero.

400 villaggi rasi al suolo, Sabra, Chatilla, Deir Yassin, i continui massacri di musulmani privati delle loro case e della loro terra, 50 musulmani in preghiera uccisi a colpi di rivoltella, gli incessanti massacri e, ora in Occidente, il panico di aprire la bocca per dire una qualsiasi verità: questi sono i diritti umani imposti dagli ebrei. Nel suo libro "*Germany must perish*" *(La Germania deve morire)*, pubblicato poco prima dell'ingresso degli Stati Uniti nella Seconda guerra mondiale, T. Kaufman, un ebreo americano, auspicava lo sterminio totale dei tedeschi.

"Piccolo dettaglio", come direbbe Le Pen. L'ebraismo è un totalitarismo razzista schiacciante.

Prima di proseguire, ricordiamo alcuni pensieri della tradizione religiosa ebraica di cui abbiamo appena parlato:

Deuteronomio 4,10-11: *"Quando il Signore tuo Dio ti condurrà nel paese che ti darà, vi troverai città grandi e belle che non hai costruito, case piene di ogni genere di ricchezze che non hai accumulato, pozzi che non hai scavato, vigne e oliveti che non hai piantato...".*

Se questa psicologia non è quella dei coraggiosi israeliani sfuggiti al determinismo della circoncisione, che li rende vittime ideali dell'antisemitismo, allora abbiamo qui, in poche parole, la psicologia speculativa-parassitaria che è la madre dell'antisemitismo.

Il Talmud: "*Un ebreo che stupra o corrompe una donna non ebrea e addirittura la uccide deve essere assolto in tribunale, perché ha solo fatto del male a una cavalla*". (*Nidderas bammidebar rabba*).

Wilhelm Marr era un ebreo che partecipò alla rivoluzione del 1848 in Germania. Una volta terminata, si rese conto che aveva portato benefici solo a Israele. Era anche un ebreo onesto e nel 1860 pubblicò un libro intitolato *"Lo specchio del giudaismo"*. Questo libro suscitò senza dubbio l'indignazione degli ebrei tedeschi (gli ebrei non sopportano mai la verità su se stessi, da cui le leggi totalitarie e razziste che vietano qualsiasi esame dei fatti).

Ecco alcuni passaggi sconcertanti di questo libro dalla rilevanza mozzafiato: "*Dichiaro ad alta voce, senza la minima intenzione di ironia, il trionfo dell'ebraismo nella storia del mondo. Sto pubblicando il bollettino della battaglia perduta, della vittoria del nemico, senza concedere quartiere al nemico sconfitto. In questo Paese di pensatori e filosofi, l'emancipazione degli ebrei è avvenuta nel 1848. È stato l'inizio della guerra trentennale che gli ebrei stanno ora conducendo apertamente contro di noi. Nel 1848 noi tedeschi abbiamo dichiarato la nostra rinuncia ufficiale all'ebraismo. Dal momento della loro emancipazione, l'ebraismo è diventato per noi tedeschi un oggetto che è vietato toccare. Non è il caso di criticare la politica interna del principe di Bismarck dal 1866. Mi accontenterò di notare un fatto: da allora, Sua Altezza*

Serenissima è stato considerato dall'ebraismo come l'imperatore Costantino dai cristiani".

Delineando la vittoria del giudaismo sui popoli europei, Wilhelm Marr conclude: "*L'avvento del cesarismo ebraico - baso questa affermazione su una profonda convinzione - è ormai solo una questione di tempo. Il dominio del mondo appartiene al giudaismo. Il crepuscolo degli dei è già arrivato per noi. Se posso rivolgere una preghiera al mio lettore, è questa: Che conservi questo libro e lo trasmetta ai suoi figli, chiedendo loro di lasciarlo in eredità anche ai loro discendenti. Non intendo considerarmi un profeta, ma sono profondamente convinto dell'opinione qui espressa: entro quattro generazioni non ci sarà più alcuna carica nello Stato, tranne la più alta, che non sarà in possesso degli ebrei... La capitolazione della Russia è solo questione di tempo. In questo enorme impero, il giudaismo troverà una leva che gli permetterà di strappare definitivamente l'intero mondo dell'Europa occidentale dai suoi cardini*".

Marcel Bernfeld (*Le Sionisme*, 1920): "*Poco importa se gli ebrei sono una razza pura o meno. Ciò che è essenziale è che tutti gli ebrei hanno la profonda e intima convinzione di essere di stirpe antichissima e di poter far risalire la loro genealogia agli antichi ebrei. Più di ogni altro popolo, essi hanno l'idea di essere una razza pura, da cui deriva un sentimento di superiorità*".

Knut Hamsun, premio Nobel per la letteratura nel 1920: "*Un grande uomo, questo Roosevelt, rigido e testardo, che va per la sua strada, ebreo che è, al soldo degli ebrei, uno spirito guida nella guerra dell'America per l'oro e il potere ebraico*" (Oslo, 1942). (Oslo, 1942)

Simone Weil (*Gravità e grazia*): "*Parlare di un Dio che educa questa gente è uno scherzo atroce*". "*La menzogna del progresso è Israele.* "*Gli ebrei, questo manipolo di sradicati, hanno causato lo sradicamento dell'intero pianeta.*"

Questo riassume il tutto.

Fine della prima parte

PARTE SECONDA
COSA DICONO I GOYIM DEGLI EBREI

Sarebbe impossibile compilare un libro enorme di ciò che hanno detto i Goyim. Ma possiamo citare i seguenti autori:

- Henri de Montherlant
- Léon Bloy
- Romain Rolland
- François Mauriac
- Roger Martin du Gard
- Alfred de Musset
- René de Chateaubriand
- Signora de Sévigné
- Racine
- Molière
- Shakespeare
- Dickens
- Walter Scott
- Daniel Defoe
- E così via.

WINSTON CHURCHILL

Estratto da un articolo pubblicato nel 1920 con il titolo "*Juif internationaux*", il cui testo integrale si trova nel mio libro "*Auschwitz, le silence de Heidegger, et la clef de la tragédie juive*"[68]:

---

[68] Pubblicato da Omnia Veritas Ltd -

"*In violenta opposizione a tutta questa sfera di attività ebraica sono i progetti dell'Internazionale ebraica. I membri di questa sinistra confederazione provengono, per la maggior parte, dalle sfortunate popolazioni dei Paesi in cui gli ebrei sono perseguitati a causa della loro razza. La maggioranza, se non tutti, ha abbandonato la fede dei propri antenati e ha rimosso dalla propria mente ogni speranza spirituale di un altro mondo.*

Questo movimento tra gli ebrei non è nuovo. Dai tempi di Spartakus, da Weishaupt a Karl Marx, e poi Trotsky (Russia), Bela Kuhn (Ungheria), Rosa Luxembourg (Germania) ed Emma Goldman (U.S.A.), questa cospirazione mondiale per il rovesciamento della nostra civiltà e la ricostituzione della società sulla base di uno sviluppo arrestato, di un'invidiosa malafede e di un'impossibile uguaglianza, è in costante crescita.

Ha svolto, come ha dimostrato una scrittrice moderna, la signora Webster, un ruolo definitivamente evidente nella tragedia della Rivoluzione francese. È stata la molla di ogni movimento sovversivo del XIX secolo. Ora questa cricca di straordinarie personalità provenienti dalla malavita delle grandi città d'Europa e d'America ha preso in pugno i capelli del popolo russo ed è diventata praticamente la padrona incontrastata di questo enorme impero.

Non è necessario insistere sul ruolo svolto da questi ebrei internazionali, per la maggior parte atei, nell'attuale realizzazione della rivoluzione bolscevica russa. È senza dubbio della massima importanza. Il loro ruolo è superiore a tutti gli altri.

Con l'eccezione di Lenin, la maggior parte delle figure di spicco era ebrea. Inoltre, sia la forza trainante che l'ispirazione provenivano da leader ebrei. L'influenza di russi come Bukharin o Lunacharsky non poteva essere paragonata al potere di Trotsky o Zinovieff, il dittatore della Cittadella Rossa (Pietrogrado) o Krassin o Radec, tutti ebrei.

Nell'istituzione sovietica, la preponderanza di ebrei è ancora più sorprendente. E la parte dominante, se non la principale, del sistema di terrorismo applicato dalla Commissione Straordinaria per la Lotta Contro-Rivoluzionaria fu presa in mano da ebrei e, in alcuni casi notevoli, da donne ebree.

Lo stesso nefasto dominio fu esercitato dagli ebrei durante il breve periodo di terrore in cui Bela Kuhn governò l'Ungheria.

Lo stesso fenomeno si verificò in Germania (in particolare in Baviera) per tutto il tempo in cui si permise a questa follia di scendere sui tedeschi temporaneamente prostrati. Sebbene in tutti questi Paesi ci fossero molti non ebrei altrettanto cattivi dei peggiori rivoluzionari ebrei, il ruolo svolto da questi ultimi, se si considera l'insignificanza del loro numero rispetto alla popolazione, è sconcertante".

MAOMETTO

"Non capisco perché non abbiamo dato la caccia a queste bestie malvagie che respirano la morte già da tempo. Non uccideremmo subito le bestie che divorano gli uomini, anche se sono in forma umana? Cosa sono gli ebrei se non divoratori di uomini?

ERASMUS

"Quale furto, quale oppressione subiscono le povere vittime degli ebrei? Dio abbia pietà di loro.

Se è un buon cristianesimo odiare gli ebrei, allora siamo tutti buoni cristiani". (1487)

LUTERO

"Come amano gli ebrei il libro di Ester, che si adatta così bene al loro appetito sanguinario di vendetta e alle loro speranze omicide! Il sole non ha mai brillato su un popolo più assetato di sangue, più vendicativo di questo, che pensa di essere il popolo eletto, così da avere la licenza di uccidere e strangolare i gentili. Non ci sono creature sotto il sole più avide di quelle che sono, sono state o saranno. Basta guardarli mentre praticano la loro maledetta usura. Si illudono di poter sperare che il loro messia, quando verrà, raccoglierà tutto l'oro e l'argento del mondo e lo dividerà con loro".

RONSARD

"Figlio di Vespasiano, grande Tito, distruggendo la città avresti distrutto la sua razza". (1560)

VOLTAIRE

"*Gli ebrei non sono altro che un popolo ignorante e barbaro che da tempo combina la più ripugnante avarizia e la più abominevole superstizione con un odio inestinguibile per tutti i popoli che li tollerano e grazie ai quali si arricchiscono. Sono il popolo più abominevole della terra*". (*Dizionario filosofico*, 1745)

EMMANUEL KANT

"*I palestinesi* [ebrei] *che vivono in mezzo a noi hanno la giustificatissima reputazione di essere dei truffatori... Ma una nazione che è composta solo da commercianti, cioè da membri non produttivi della società, non può essere altro che questo*". (*Antropologia*, 1786)

BENJAMIN FRANKLIN

"*In ogni Paese in cui gli ebrei si sono stabiliti in gran numero, hanno abbassato gli standard morali, svilito l'integrità e ridicolizzato le istituzioni. Vi avverto, signori, se concedete la cittadinanza agli ebrei, i vostri figli vi malediranno nella tomba. In ogni Paese in cui gli ebrei si sono stabiliti in gran numero, hanno abbassato gli standard morali, screditato l'integrità commerciale e sono andati per la loro strada senza mai assimilarsi agli altri cittadini. Hanno ridicolizzato la religione cristiana e hanno cercato di minarla. Hanno costruito uno Stato nello Stato e, quando si sono opposti, hanno cercato di strangolare il Paese dal punto di vista finanziario.*

Se non li escludete dagli Stati Uniti con questa Costituzione, in meno di 200 anni vi sciamerebbero in numero così elevato da dominare e divorare la nostra patria e cambiare la forma di governo. Se non proibite agli ebrei di entrare in questo Paese, in meno di 200 anni i vostri discendenti lavoreranno la terra per soddisfare i bisogni degli intrusi che rimarranno a sfregarsi le mani dietro i loro banchi. Vi ripeto, signori, che se non escluderete per sempre gli ebrei dalla nostra comunità, i nostri figli ci malediranno". (Discorso al Congresso del 1787, preliminare alla stesura della Costituzione).

Tutto questo è stato realizzato perfettamente, proprio come aveva previsto Franklin.

MALESHERBES

"Nel cuore della maggior parte dei francesi c'è un odio molto forte nei confronti della nazione ebraica, un odio fondato sull'abitudine degli ebrei, in tutti i Paesi, di dedicarsi a mestieri che i cristiani considerano la loro rovina.

FICHTE

"Per proteggerci da loro, vedo un solo modo: conquistare per loro la loro terra promessa e mandarli tutti lì". (Sulla Rivoluzione francese del 1793)

NAPOLEONE

"Dobbiamo considerare gli ebrei non solo come una razza distinta, ma come un popolo straniero. Sarebbe un'umiliazione troppo grande per la nazione francese essere governata dalla razza più bassa del mondo. Non posso considerare francesi quegli ebrei che succhiano il sangue dei veri francesi. Se non facessi nulla, il risultato sarebbe la spoliazione di una moltitudine di famiglie da parte di usurai rapaci e spietati. Sono bruchi e locuste che devastano la Francia". (Discorso al Consiglio di Stato, 6 aprile 1806)

CHARLES FOURIER

"Una volta che questi fossero ben distribuiti in Francia, il Paese non sarebbe altro che un'immensa sinagoga, perché se gli ebrei possedessero solo un quarto delle proprietà, avrebbero la massima influenza grazie alla loro lega segreta e indissolubile".

SCHOPENHAUER

Il filosofo tedesco li definisce "*i grandi maestri della menzogna*".

ALFRED DE VIGNY

"La borghesia è la padrona della Francia; la possiede in lunghezza, in larghezza e in profondità: l'uomo torna ad essere una scimmia. L'ebreo ha pagato per la Rivoluzione di luglio perché maneggia il borghese più facilmente del nobile." (1837)

Honoré de Balzac

"Gli ebrei hanno messo all'angolo l'oro. Sono più potenti che mai". (*Illusioni perdute*, 1843)

Alphonse Toussenel

"Ma come trovate questi poveri bambini di Israele che continuano a comportarsi da vittime? Questo atteggiamento lacrimevole non gli si addice? Quindi, a dispetto di tutti i falsi filantropi e ciarlatani del liberalismo, ripeto che la Francia deve crudelmente espiare i torti della sua carità verso gli ebrei. Una carità sconsiderata, una carità deplorevole, i cui pericoli tutti i grandi pensatori di tutti i secoli l'avevano avvertita in anticipo; infatti su questo punto Tacito è d'accordo con Bossuet, con gli Enciclopedisti e con Fourier. Tacito, il più illustre storico dell'antichità, si esprime contro l'indomabile orgoglio e l'inganno del popolo ebraico". (*Les Juifs, rois de l'époque*, 1845)

Proudhon

Per il padre del socialismo libertario, *"l'ebreo è il nemico della razza umana. Sono esseri malvagi, invidiosi e biliosi che ci odiano. Dobbiamo rispedire questa razza in Asia".* (*Taccuino*, 24 dicembre 1847)

Michelet

"Pazienti, indistruttibili, hanno vinto nel tempo. Ora sono liberi. Sono padroni.

Di mantice in mantice, eccoli sul trono del mondo". (1853)

Ernest Renan

"L'ebreo non conosce doveri se non verso se stesso. Perseguire la sua vendetta, rivendicare ciò che ritiene essere un suo diritto, è ai suoi occhi una sorta di obbligo. D'altra parte, chiedergli di mantenere la parola data, di rendere giustizia in modo disinteressato, significa chiedergli l'impossibile". (1864)

Bakunin

"*Ebbene, tutto questo mondo ebraico, che forma un'unica setta sfruttatrice, è attualmente a disposizione di Marx da un lato e dei Rothschild dall'altro*". (*Lettera agli Internazionali di Bologna*, 1871)

DOSTOEVSKIJ

"*Quello che sta arrivando è il materialismo, la sete cieca e rapace di benessere materiale, la sete di accumulare denaro con ogni mezzo. Allora, a capo di tutti, ci sarà l'ebreo, perché, sebbene predichi il socialismo, rimane comunque, in quanto ebreo, con i suoi fratelli di razza, al di fuori del socialismo, e quando tutte le ricchezze dell'Europa saranno state saccheggiate, non rimarrà altro che la banca ebraica.*" (*Diario di uno scrittore*, passim, 1880)

VICTOR HUGO

A proposito di Waterloo, che fece la fortuna di Rothschild: "*Vecchio mio, tanto di cappello, questo passante ha fatto fortuna proprio nel momento in cui voi versavate il vostro sangue. Ha giocato al ribasso e al rialzo mentre la nostra caduta diventava sempre più profonda e certa. I nostri morti avevano bisogno di un avvoltoio, e lui lo era.*
(La sconfitta a Waterloo fu all'origine della fortuna di Rothschild).

WAGNER

"*La cosa più urgente è emanciparsi dall'oppressione ebraica. Considero la razza ebraica il nemico nato dell'umanità e di tutto ciò che è nobile. È certo che i tedeschi in particolare periranno a causa di essa. Forse sono l'ultimo tedesco che è riuscito ad affermarsi contro il giudaismo, che ha già tutto sotto il suo controllo.* (*Lettera a Ludovico II di Baviera*, 1881)

ÉDOUARD DRUMONT

"*Quando l'ebreo sale, la Francia cade; quando l'ebreo cade, la Francia sale. L'Alta Banca, la Massoneria, la Rivoluzione Cosmopolita, tutte e tre in mano agli ebrei, lavorano per lo stesso fine con mezzi diversi. Si trova sempre un ebreo che predica il socialismo o il comunismo, chiedendo che le proprietà dei vecchi abitanti siano condivise, mentre i loro correligionari arrivano scalzi, si arricchiscono e non mostrano alcuna inclinazione a condividere nulla. Non ho intenzione di rivangare tutta la sporcizia del giornalismo ebraico, di ricordare tutti gli insulti, tutte le ignominie che hanno riversato sui cristiani... I capolavori cristiani vengono lasciati nell'ombra, ma al contrario si batte il tamburo per tutto ciò che porta il marchio ebraico.*

La sfortuna dell'ebreo è che supera sempre una linea quasi impercettibile che non deve essere superata con il goy. Al Goy si può fare di tutto, ma non lo si deve infastidire. Si lascerà derubare di tutto ciò che possiede, ma improvvisamente andrà su tutte le furie per una semplice rosa che qualcuno vuole strappargli. Poi, improvvisamente risvegliato, capisce tutto, prende la spada che giaceva in un angolo, colpisce come un sordo e infligge all'ebreo che lo ha sfruttato e depredato una di quelle punizioni di cui l'altro porta il segno per tre secoli... Scompare, si dilegua nella nebbia, si seppellisce in un buco dove rumina una nuova combinazione per ricominciare...". (*La France juive*, 1886)

EDMOND DE GONCOURT

"A me, che da 20 anni grido ad alta voce che se la famiglia Rothschild non si veste di giallo, molto presto saremo addomesticati, ilotizzati, ridotti in servitù... quando abbiamo pubblicato Manette Salomon, nella stampa ebraica è stato dato l'ordine di tacere per sempre sui nostri libri..." (*Diario*, aprile 1886).

GUY DE MAUPASSANT

"A Bou-Saada, li vedi rannicchiati in tane luride, gonfi di grasso, squallidi e che guardano l'arabo, come un ragno che guarda una mosca. Lo chiama, cerca di prestargli cento centesimi contro una banconota che lui firmerà. L'uomo avverte il pericolo, esita, non vuole, ma la voglia di bere e altri desideri continuano a tirarlo. Cento penny significano tanti piaceri per lui! Alla fine cede, prende la moneta d'argento e firma la carta unta. Alla fine di sei mesi deve dieci franchi, alla fine di un anno venti franchi, alla fine di tre anni cento franchi. Allora l'ebreo vende la sua terra, il suo cavallo, il suo cammello, il suo asino, tutto ciò che possiede. Anche i capi caïd, aghas o bachaghas, cadono nelle grinfie di questi avvoltoi che sono il flagello, la piaga sanguinante della nostra colonia, il grande

ostacolo alla civilizzazione e al benessere dell'arabo". (*Au soleil*, 1887)

JULES VERNE

"Esercitano la professione di usuraio con una durezza preoccupante per il futuro del contadino rumeno. A poco a poco, la terra passerà dalla razza autoctona alla razza straniera. Se la Terra Promessa non è più in Giudea, forse un giorno apparirà sulle mappe della Transilvania. (*Il castello dei Carpazi*, 1892)

ADOLPHE HITLER

"La Francia è e rimane il nemico che più dobbiamo temere. Questo popolo, che sta scendendo sempre più in basso al livello dei negri, con il sostegno che dà agli ebrei nel raggiungimento del loro obiettivo di dominio universale, sta mettendo in pericolo l'esistenza stessa della razza bianca in Europa". (*Mein Kampf*, 1924)

GEORGES SIMENON

"Tutto si incastra, tutto diventa chiaro. Gli ebrei, nella loro furia di distruzione e anche nella loro sete di guadagno, hanno dato vita al bolscevismo. Così la piovra ebraica estende i suoi tentacoli in tutte le classi sociali". (*Le Péril juif*, Gazette de Liège, 1921)

JEAN GIRAUDOUX

Gli ebrei sono una minaccia costante allo spirito di precisione, buona fede e perfezione che caratterizzava l'artigianato francese". (1940)

LUCIEN REBATET

"Ho lasciato le mie carte e i miei libri. Ripresi il cammino attraverso Parigi. Trovai ovunque i segni più sfacciati della sovranità ebraica. Gli ebrei assaporavano tutti i piaceri: carne, vendetta, orgoglio, potere. Andavano a letto con le nostre ragazze più belle. Hanno appeso nelle loro case i quadri più belli dei nostri più grandi pittori. Si sono intrattenuti nei nostri castelli più belli. Venivano coccolati, lodati e accarezzati. Il più piccolo signore della loro tribù aveva

alla sua corte dieci plumofori che cantavano le sue lodi. Avevano in mano le nostre banche, i titoli della nostra borghesia, la terra e il bestiame dei nostri contadini. Attraverso la loro stampa e i loro film, agitavano a piacimento i cervelli del nostro popolo. I loro giornali erano sempre i più letti e non c'era un solo cinema che non fosse di loro proprietà. Avevano i loro ministri ai vertici dello Stato. Dall'alto al basso del regime, in ogni impresa, in ogni crocevia della vita francese, nella sfera economica, politica e spirituale, avevano un emissario della loro razza, distaccato, pronto a trattenere la decima, a imporre i veti e gli ordini di Israele. La Chiesa stessa offriva loro la sua alleanza e prestava loro le sue armi. Erano liberi di coprire i loro nemici con fango e sporcizia, di addossare loro i sospetti più micidiali. Gli ebrei non avevano acquisito altro che furto e corruzione. Più estendevano il loro potere, più il marcio si diffondeva con loro". (Les Décombres, 1942)

PAUL MORAND

"Chiedo solo un posto per i nostri compatrioti, un posto molto piccolo nel cinema nazionale. Difendendo i francesi, non faccio altro che rivendicare per loro il diritto di minoranza". (France la doulce, 1934)

MARCEL AYMÉ

"Siamo in comunione con il marxismo integrale, perché è l'arma del nostro nazionalismo. Si potrebbe dire che il marxismo è l'antitesi del capitalismo, che pure è sacro per noi. È proprio perché sono poli opposti che ci danno i due poli del pianeta e ci permettono di esserne l'asse". (citato in "Genève contre la paix", 1936, dal conte di Saint-Aulaire, ambasciatore francese, che riporta le parole di un importante banchiere ebreo a New York)

PIERRE-ANTOINE COUSTEAU

Il fratello del capitano Cousteau scrisse: *"E subito si capì che la conquista del denaro da parte dei plutocrati ebrei non andava di pari passo con la conquista delle masse da parte degli agitatori ebrei. Sempre lo stesso dualismo, la cui espressione più perfetta oggi è l'alleanza tra Wall Street e il Cremlino". (America ebraica, 1942)*

LOUIS FERDINAND CÉLINE

"La nostra Repubblica francese non è altro che un'enorme impresa di svilimento e negrificazione del popolo francese sotto la guida degli ebrei. L'uomo bianco cerca soprattutto l'artificiale, il contorto, la contorsione afro-asiatica. Tutti i film francesi, inglesi e americani, cioè i film ebraici, sono sempre infinitamente di parte. Esistono e vengono diffusi solo per la maggior gloria di Israele. Lo fanno sotto varie maschere: la democrazia, l'uguaglianza razziale, l'odio per i "pregiudizi nazionali", la marcia del progresso, in breve, l'esercito delle sciocchezze democratiche. Il loro obiettivo è quello di istupidire ancora di più il goy, di fargli rinnegare il più rapidamente possibile le sue tradizioni, i suoi tabù, le sue religioni, di fargli abiurare il suo passato, la sua razza, il suo ritmo a favore dell'ideale ebraico.

Il trucco dell'ebreo braccato, del martire, è ancora inevitabilmente giocato su questo Goy cornuto. La piccola storia pietosa dell'ebreo perseguitato, la geremiade ebraica, lo fa sempre bagnare. Infallibile! Solo le disgrazie dell'ebreo lo colpiscono. Ingoia tutto. Quando il saccheggiatore ebreo grida aiuto, la pera goy salta immediatamente. È così che gli ebrei possiedono tutte le ricchezze, tutto l'oro del mondo. L'aggressore grida che gli venga tagliata la gola! Il trucco è vecchio come Mosè.

La musica moderna è solo un tam tam di transizione. È l'ebreo che ci mette alla prova per vedere quanto siamo degenerati e marci, la nostra sensibilità ariana negata. Quindi, dopo averci robotizzato, ci danno spazzatura commerciale abbastanza buona per la nostra sporca carne da schiavi. Chi se ne frega? Il mondo ha perso la sua melodia. È ancora folclore, gli ultimi sussurri del nostro folclore che ci cullano nel sonno. Poi sarà finita, la notte. E il tam tam nègre...". (Bagatelle pour un massacre, 1937)

Ho riservato molto meno spazio ai Goyim che agli ebrei per convergere verso la stessa lucidità. In effetti, in quest'epoca di zombismo, quello che dicono gli ebrei è più convincente...

Non c'è altro da aggiungere a tutto questo: a meno che non ci sia un miracolo, a meno che la circoncisione primo-puberale non venga radicalmente abolita, ci stiamo dirigendo verso un cataclisma in cui ebrei e goyim saranno sterminati.

Lasciamo un'ultima parola a Dostoevskij, e vediamo se l'involuzione che stiamo vivendo non sia stata prevista da menti superiori nel secolo scorso. Ecco cosa diceva Dostoevskij circa un secolo fa: "*Il loro regno è vicino, il loro regno è completo. Sta arrivando il trionfo delle idee, davanti al quale i sentimenti di umanità, la sete di verità, i sentimenti cristiani e nazionali, e persino i sentimenti di orgoglio popolare dei popoli europei non fiateranno più. Al contrario, sta arrivando il materialismo, la sete cieca e rapace del benessere materiale personale, la sete dell'accumulo di denaro con ogni mezzo, tutto ciò considerato come fine supremo, come ragione, come libertà, invece dell'ideale cristiano della salvezza attraverso l'unico mezzo della più stretta unione morale e fraterna tra gli uomini. Ci rideremo sopra...*

Tutti questi Bismarck, Beaconsfield (Disraeli), la Repubblica francese, Gambetta e altri, per me sono solo un'apparenza: il loro padrone, come quello di tutti gli altri e di tutta l'Europa, è l'ebreo e la sua banca. Vedremo di nuovo il giorno in cui pronuncerà il suo veto e Bismarck sarà spazzato via senza pietà come un fascio di paglia. Il giudaismo e la banca ora regnano su tutto,[69] sull'Europa, sull'istruzione pubblica, su tutta la civiltà e soprattutto sul socialismo, perché con il suo aiuto il giudaismo sradicherà il cristianesimo e la cultura cristiana. E se da tutto questo non verrà fuori altro che l'anarchia, alla testa ci sarà ancora l'ebreo, perché anche se predica il socialismo, resterà comunque, in quanto ebreo, con i suoi fratelli di razza, fuori dal socialismo, e quando tutti i beni dell'Europa saranno saccheggiati, resterà solo la banca ebraica. Gli ebrei condurranno la Russia alla sua rovina".

Questo testo è stato scritto nel 1880. In altre parole, circa 120 anni fa.

---

[69] Questo è vero, ma c'è più di una sfumatura: Dostoevskij poteva ancora dirlo e pubblicarlo. I media non erano ancora interamente controllati dagli ebrei come lo sono oggi, così come il sistema giudiziario. Oggi i media, come il governo e la magistratura, sono interamente controllati da loro. Il fatto che nel 1981 un ministro della Giustizia fosse ebreo (Badinter) è un simbolo definitivo. Non c'è più libertà: in nome di leggi razziste mascherate da "antirazziste", Dostoevskij verrebbe incriminato. Se fosse stato un ebreo, come Wilhelm Marr, sarebbe stato sottoposto a commissioni psichiatriche: questo è un dato di fatto.

L'OLOCAUSTO SHERLOCKLAMIZZATO

Gli ebrei hanno subito molti pogrom dolorosi. È stata indubbiamente colpa loro, ma il dolore che hanno patito è stato gigantesco. Perché inventare la menzogna dell'Olocausto hitleriano, una vera e propria assurdità tecnico-aritmetica? Incorruttibilmente, si tratta di un fantastico imbroglio che permette di estorcere più denaro possibile a ogni nazione possibile facendo sentire tutti in colpa (senza mai menzionare le decine di milioni di vittime degli ebrei da parte del bolscevismo).

Diamo il tocco finale a questo pseudo-olocausto sherlockolamizzandolo:

C'è un solo gruppo etnico nella storia dell'umanità che non si rallegrerebbe nell'apprendere che in una guerra conclusa cinquant'anni fa ha subito un numero di vittime infinitamente inferiore a quello che pensava? La persona che l'ha scoperto non verrebbe celebrata, premiata per questa buona notizia? Verrebbero comminate multe salatissime? Si cercherebbe di assassinarlo, così come si è cercato di assassinare il professor Faurisson? Una simile reazione non sarebbe chiaramente psicopatica?

Gli scheletri viventi di film come *Nuit et Brouillard* di Alain Resnais hanno qualcosa a che fare con la gassazione? Non erano forse ridotti in questo stato dall'impossibilità di rifornire i campi a causa dei bombardamenti dell'aviazione anglo-americana, che ridussero in cenere città tedesche con più di centomila abitanti e olocausto centinaia di migliaia di donne e bambini, di cui non si parla mai?

Dove sarebbero stati i sei milioni durante l'intenso periodo dell'Olocausto del 1943-44, quando un singolo campo non poteva contenere più di sessantamila prigionieri e quando, ufficialmente, lo stesso Claude Lanzmann afferma che non ci fu alcuna gassazione con il ciclone B in nessun altro luogo oltre ad Auschwitz. Per quanto riguarda le gasazioni di massa con altri gas, non è mai stato messo in dubbio e non ci sono prove in merito.

Che valore hanno i *"testimoni"* quando tutti sanno come sono state ottenute le testimonianze ai processi di Norimberga, come quella del maggiore Hoess, la cui assurdità è ormai leggendaria, quando ci sono cento testimonianze di gasazioni a Dachau, dove è ufficiale che non ci sono mai state camere a gas?

Ci vogliono 130 kg di carbone per cremare un corpo. Ci è stato detto che i tedeschi ne bruciavano 1.300 al giorno. Durante la durata ufficiale dell'Olocausto, l'aviazione americana scattò centinaia di fotografie di Auschwitz. Perché nessuna di queste foto mostra gli enormi ciuffi di fumo nero o le gigantesche pile di carbone che erano necessarie?

Perché la radio, i film, la televisione e la stampa continuano a infliggerci quotidianamente il mito dei "Sei milioni - camere a gas", secondo la tecnica ebraica della geremiade, perseguendo cinquant'anni dopo, nonagenari che avevano cercato di salvare la Germania dall'iniquità del Trattato di Versailles, dal marciume della Repubblica di Weimar, dal crollo della gioventù tedesca, da una disoccupazione di sei milioni di persone dando il pane alle 215.001 persone che dipendevano da loro?

Perché l'*American Jewish Year Book*, a pagina 666 del numero del 1943, ci informa che nel 1941 c'erano 3.300.000 ebrei nell'Europa occupata?

Come è possibile che le camere a gas fossero adiacenti ai crematori se il ciclone B è un gas iperinfiammabile?

Perché gli storici revisionisti vengono perseguitati per aver dimostrato che la Shoah è stata una messinscena, quando un dialogo scientifico su un problema essenzialmente aritmetico e tecnico di natura primaria, richiesto fin dal 1980, stabilirebbe la verità una volta per tutte, chiudendo così la bocca a tutti, come è avvenuto per Katyn grazie al revisionista Gorbaciov?

Come è stato possibile utilizzare il Cyclon B, acido cianidrico, per gasare un migliaio di persone alla volta, quando la camera a gas americana, per un condannato a morte (massimo 2), è incredibilmente complessa e costosa? Perché al processo DEGESH del 1949 si sostiene che tali gasazioni erano impossibili e impensabili?

Perché Fred Leuchter, un ingegnere responsabile della manutenzione delle camere a gas negli Stati Uniti, ha dichiarato in una relazione di esperti che non c'è stata alcuna gasazione ad Auschwitz?

Perché il Rapporto Rudolf, che conferma i risultati del Rapporto Leuchter, è vietato? Perché chi lo divulga viene condannato in tribunale, senza alcun riguardo per la qualità o l'accuratezza del rapporto?

Perché è stata annullata (per la prima volta nella storia) la tesi di Henri Roques sul Rapporto *Gerstein*, un documento che è stato respinto ai processi di Norimberga, quando il famoso storico e ministro socialista Alain Decaux ha dichiarato nel suo libro (*"La guerre absolue"*, 1998): "*Ho ammirato la perfezione del lavoro di vero cartomante in cui si è impegnato il signor Roques" (nella sua tesi di dottorato sul Rapporto Gerstein)*. (Nella sua tesi di dottorato sul Rapporto Gerstein).

Perché Raymond Aron e François Furet hanno affermato, in una conferenza alla Sorbona alla quale non erano stati invitati revisionisti (senza dubbio per correttezza intellettuale e libertà democratica), che non esiste la minima traccia orale o scritta di un ordine di sterminio degli ebrei? Perché non si parla del piano di sterminio dei tedeschi, attraverso la sterilizzazione generale, come previsto nel libro "La *Germania deve morire*" dell'ebreo americano Kaufman? Non si tratta forse di un piccolo dettaglio?

Perché il Cyclon B è stato utilizzato dai servizi igienici in Germania a partire dagli anni '20 per scopi diversi dalla pulizia dei vestiti per prevenire il tifo? Perché sono state trovate grandi quantità di ciclone B in campi in cui è stato ufficialmente riconosciuto che la gassazione non ha mai avuto luogo?

Perché si parla sempre dei "Sei milioni - camere a gas" e mai degli 80 milioni di goyim sterminati in URSS sotto un regime interamente ebraico in cui i boia delle prigioni e dei campi di concentramento si chiamavano: Kaganovitch, Frenkel, Jagoda, Firine, Apetter, Jejoff, Abramovici, Rappaport, ecc. (circa cinquanta ebrei).

Perché, al processo Zündel in Canada, i noti sterminatori ebrei si sono resi ridicoli parlando di "licenza poetica" per giustificare palesi bugie, e perché non si sono presentati in tribunale alle successive convocazioni?

Perché abbiamo bisogno della legge Fabius-Gayssot (Laurent Fabius, l'ebreo, responsabile del sangue contaminato, e Alain Gayssot, il comunista, che vanta duecento milioni di cadaveri).

Non è forse la prova suprema dell'impostura, la prova del nove, necessaria e sufficiente? Non abbiamo bisogno di una legge stalinista-orwelliana, di una legge *che "istituisce il reato di opinione"* (il reato di pensiero di "*1984"*), "*il reato di revisionismo fa arretrare il diritto e indebolisce la storia",* come disse Toubon, poco prima di diventare Ministro della Giustizia, una legge antidemocratica, anti-diritti umani, anti-costituzionale, per stabilire la verità. Fatti, argomenti e prove sono sufficienti. Il professor Faurisson chiede ardentemente un dibattito pubblico con un numero illimitato di avversari e non l'ha mai ottenuto. L'Abbé Pierre l'ha chiesto: abbiamo fatto finta di accettarlo, poi l'abbiamo rifiutato. Tale forum ha avuto luogo durante un programma trasmesso dalla televisione ticinese (svizzera), a Lugano. Nessuno lo sa perché i media, che prendono ordini dalla lobby ebraica, muovono un dito solo se la lobby globalista li autorizza a farlo...

Perché, quando un insegnante dichiara che "*l'olocausto di sei milioni di ebrei sterminati nelle camere a gas del ciclone B"* è un'assurdità aritmetico-tecnica, viene immediatamente licenziato, istituendo così per la prima volta nella storia l'aberrante concetto di un dogma storico-religioso passibile, in caso di perpetua non adorazione del mito dell'olocausto, dell'ira dell'Inquisizione laica?

Perché, nel numero di gennaio 1995, L'*Express* ha affermato che "*la camera a gas mostrata per decenni ad Auschwitz I era una ricostruzione postbellica nel suo stato originale e che tutto ciò che la riguardava era falso*"?

Conclusione: c'è stato davvero un olocausto di 60 milioni di persone in una guerra dichiarata dagli ebrei contro Hitler nel 1933. Hitler aveva tolto dalla disoccupazione sei milioni di lavoratori e dato il pane a 21.500.000 persone che dipendevano da loro. Aveva rifiutato la dittatura del dio dollaro e il totalitarismo ebraico, inquinatore dell'umanità e del pianeta, chiamato "democrazia" dalla mistificazione semantica. Ora ci sono solo due partiti: il globalismo, la giudeopatia totalitaria che stermina l'umanità e il pianeta, e il nazionalismo dei Goyim che non sono ancora stati totalmente necrotizzati dall'influenza capitalista-marxista ebraica.

Sul settimanale *Marianne,* Jean François Kahn attacca i burocrati del Congresso ebraico mondiale. Commentando la conferenza sulla spoliazione dei beni ebraici conclusasi a Washington il 2 dicembre 1998, scrive: "*Hanno ridotto la Shoah a un mercato finanziario.*"

Così la tipica vittima della barbarie nazista, l'oggetto primario del più spaventoso genocidio del nostro tempo[70] non era né l'operaio sfruttato di Cracovia, né l'umile artigiano di Lodz, né il giovane funzionario di Kiev, né il piccolo negoziante di Rue des Rosiers, né lo sconosciuto artigiano di Riga, ma il miliardario cosmopolita che colleziona Rembrandt e Rubens, dorme su una pila di lingotti d'oro, accresce la sua immensa fortuna in Svizzera, stipula ovunque comode polizze assicurative e manda i suoi figli a fare carriera negli Stati Uniti. Questa potente lobby di oligarchi americani non si vergogna di ridurre la Shoah a una questione di grandi capitali".

Se Faurisson avesse osato dirlo, avrebbe avuto un'altra causa intentata contro di lui da un sistema giudiziario asservito a questi oligarchi...

L'ultima parola in questa sezione spetta allo scrittore Paul Chevallet, autore del notevole libro *"Urnocratie"*:

"L'essenza del globalismo devastante è ebraica. Gli ebrei ne sono gli inventori e i profittatori, con grande danno per l'intera umanità.

L'articolo 131 del Trattato di Amsterdam recita:

"La politica commerciale comune deve contribuire, conformemente all'interesse comune, allo sviluppo armonioso del commercio mondiale, alla graduale scomparsa delle restrizioni al commercio internazionale e alla riduzione delle barriere doganali.

È evidente a chiunque stia ancora pensando che l'articolo 131 è fondamentalmente ispirato da speculatori apolidi alla Soros. Non si tratta affatto di manifattura o produzione, ma esclusivamente di sviluppo commerciale, di eliminazione delle restrizioni al commercio internazionale e delle barriere doganali!

È perfettamente chiaro che il mondo deve favorire non chi lavora, ma chi trae profitto dal lavoro degli altri (CQFD)! Tutti gli Stati oggi sono orientati e diretti in ogni settore dagli ebrei. Il sistema è suicida a lungo termine, su scala umana. I padroni sono così ossessionati dall'oro da non rendersi conto che, soprattutto, l'acqua potabile deve essere preservata per la sopravvivenza di tutti noi!

---

[70] Questo giornalista ebreo ignora o finge di ignorare le realtà aritmetiche e tecniche di questo pseudo-olocausto, ma ciò che dice non è meno coraggioso ed eccezionale.

Ci limitiamo quindi a prendere atto di questi fatti incontestabili, ma ci guardiamo bene dal denunciarli perché, al contrario, proviamo una profonda esultanza all'idea che i Tempi della Fine annunciati dalle Scritture si stiano avvicinando.

"Per 5.000 anni abbiamo parlato troppo: parole di morte per noi stessi e per gli altri". (George Steiner, ebreo).

ULTERIORI INFORMAZIONI SULL'ONU

Come la vecchia Società delle Nazioni, le Nazioni Unite sono radicalmente ebraiche. Ecco i nomi dell'alta burocrazia del governo mondiale a Flushing Meadows, New York. I burocrati sono ebrei come i loro oscuri direttori.

Quello che si può dire senza errori è che l'ONU, che vuole agire come un super-governo mondiale composto da ebrei, massoni e persone di sinistra per governare i popoli che non sono ancora sotto la dittatura socialista-comunista.

Avevamo appreso dagli stessi giornali ebraici che un terzo di tutti gli ebrei dei Paesi controllati dai comunisti, circa quattro milioni, formano la leadership e la burocrazia principale dei Paesi imprigionati nell'inferno rosso comunista. La stessa percentuale controlla le Nazioni Unite.

In breve, sia l'Oriente che l'Occidente sono sotto il dominio dei circoncisi.

Non è possibile citare tutti gli ebrei che fanno parte delle delegazioni politiche dei vari Paesi riuniti all'ONU; per farlo sarebbe necessario stampare un enorme elenco. Lo stesso vale per gli innumerevoli burocrati ebrei di minore importanza: l'obiettivo qui è solo quello di dare un'idea non esaustiva dei leader importanti dell'organo permanente dell'ONU.

SEGRETERIA GENERALE

➢ Dott. H.S. Bloch, Capo della Sezione Armamenti.

➢ Antoine Goldet, direttore del Dipartimento Affari economici.

➢ David Weinstraub, direttore della Divisione Stabilità economica e sviluppo.

➢ Karl Lachman, responsabile della divisione fiscale.

➢ Henri Langier, Segretario generale aggiunto responsabile del Dipartimento Affari sociali.

➢ Dr. Léon Steinig, Direttore della Divisione Narcotici.

➢ E. Schwelb, Direttore della Divisione Diritti Umani.

➢ H.A.Wieschoff, Capo della Sezione Analisi e Ricerca, Dipartimento della Fiducia per i Popoli Non Autogestiti.

➢ Benjamin Cohen, Segretario Generale aggiunto responsabile del Dipartimento di Pubblica Informazione.

➢ J. Benoit-Lévy, Direttore della Divisione Film e Informazione visiva.

➢ Dott. Ivan Kerna, assistente responsabile dell'ufficio legale.

➢ Abraham H. Feller, Consigliere generale e Direttore principale dell'Ufficio legale.

➢ Marc Schreiber, consulente legale.

➢ G. Sandberg, Consigliere giuridico, Divisione Sviluppo e Diritto internazionale.

➢ David Zablodowsky, responsabile della divisione stampa.

➢ Georges Rabinovitch, direttore della Divisione Interpretazione.

➢ Max Abramovitch, vicedirettore dell'Ufficio di pianificazione.

➢ P. C. J. Kien, responsabile della Sezione contabilità generale.

➢ Mercedes Bergman, Funzionario esecutivo, Ufficio del personale.

➢ Paul Radzianka, segretario dell'Ufficio ricorsi.

➤ Il dottor A. Singer, ufficiale medico responsabile della clinica sanitaria.

CENTRO INFORMAZIONI

➤ Jarzy Shapiro, direttore del Centro informazioni delle Nazioni Unite a Ginevra.

➤ B. Leitgeber, direttore del Centro informazioni delle Nazioni Unite a Nuova Delhi, India.

➤ Henri Fast, direttore del Centro informazioni delle Nazioni Unite, Shanghai, Cina.

➤ Julius Stawinski, direttore del Centro informazioni delle Nazioni Unite, Varsavia.

UFFICIO INTERNAZIONALE DEL LAVORO (ILO).

➤ David.A. Marse (Moscovitch), Direttore generale dell'OIL a Ginevra.

➤ Dei quattro membri che governano l'OIL, tre sono ebrei: Altman (Polonia), Finet (Belgio), Zellerbach (USA).

➤ V. Gabriel-Garces, delegato per l'Ecuador, in servizio presso l'ufficio dell'OIL.

➤• Jan Rosner, corrispondente per la Polonia presso l'ufficio dell'OIL.

ORGANIZZAZIONE DELLE NAZIONI UNITE PER L'ALIMENTAZIONE E L'AGRICOLTURA (FAO)

➤ André Mayer, primo vicepresidente.

➤ A.P Jacobsen, rappresentante della Danimarca.

➤ E. de Vries, in rappresentanza dei Paesi Bassi.

➤ M.M. Libman, Economista, Sezione fertilizzanti.

➤ Gerda Kardos, responsabile della sezione fibre.

➤ B. Kardos, Economista, Sezione Prodotti Vari.

➤ Ezechiel, responsabile della sezione Analisi economica.

➤ J.P. Kagan, Ufficiale tecnico, Sezione legname e attrezzature.

➤ M.A Huberman, funzionario tecnico, sezione Diritto, gestione e organizzazione, divisione Foreste e prodotti forestali.

➤ J. Meyer, Funzionario tecnico, Divisione Nutrizione.

➤ F. Weisel, Divisione amministrativa.

ORGANIZZAZIONE EDUCATIVA, SCIENTIFICA E CULTURALE (UNESCO)

➤ Alf Sommerfelt e Paul Carneiro, Comitato esecutivo.

➤ Alf Sommerfelt, presidente del Comitato per le relazioni esterne.

➤ J. Eisenhardt, direttore del Consiglio internazionale temporaneo per la ricostruzione educativa.

➤ La signorina Luffman, responsabile della Divisione Tensione.

➤ H. Kaplan, responsabile dell'Ufficio informazioni pubbliche.

➤ H Weitz, capo dell'Ufficio Gestione amministrativa e bilancio.

➤ S.Samuel Selsky, capo dell'Ufficio del personale.

➤ B.Abramski, responsabile della Divisione Alloggi e Viaggi.

➤ B.Wermiel, responsabile della divisione Reclutamento e collocamento.

➤ Dr. A Welsky, direttore dell'Asia meridionale, Ufficio per la cooperazione nelle scienze applicate.

BANCA MONDIALE PER LA RICOSTRUZIONE E LO SVILUPPO

➤ Léonard B. Rist, Direttore finanziario.

➤ Leopold Scmela, membro del Consiglio dei governatori, in rappresentanza della Cecoslovacchia.

➤ E. Polak, membro del Consiglio dei governatori, rappresentante della Cecoslovacchia.

➤ De Jong, Consiglio dei governatori, in rappresentanza dei Paesi Bassi.

➤ Pierre Mendès-France, membro del Consiglio dei governatori, in rappresentanza della Francia.

➤ Bernales, membro del Consiglio dei governatori, in rappresentanza del Perù.

➤ M. Mendels, segretario.

➤ Abramovic, membro del Consiglio dei governatori, in rappresentanza della Jugoslavia.

FONDO MONETARIO INTERNAZIONALE (FMI)

➤ Josef Goldman, Consiglio dei governatori, rappresentante della Cecoslovacchia.

➤ Pierre Mendès-France, membro del Consiglio dei governatori, in rappresentanza della Francia.

➤ Camille Gutt, Presidente del Consiglio esecutivo e Direttore generale del FMI.

➤ Louis Rasminsky, direttore esecutivo per il Canada.

➤ W. Kaster, direttore alternativo per i Paesi Bassi.

➤ Louis Altman, assistente del direttore generale.

➤ E.M. Bernstein, direttore del Dipartimento di ricerca.

➤ Joseph Gold, consulente senior.

➤ Lee Levanthal, consulente senior.

ORGANIZZAZIONE MONDIALE DEI RIFUGIATI

➤ Mayer Cahen, Direttore Generale del Dipartimento Benessere e Manutenzione.

➢ Pierre Jacobsen, direttore generale del Dipartimento per il rimpatrio e il reinsediamento.

➢ R.J. Youdin, Direttore della Divisione Rimpatrio.

ORGANIZZAZIONE MONDIALE DELLA SANITÀ (CHE)

È presieduto dal dottor Chishlam, ex ministro federale del Canada. Questo medico, parlando come un'autorità in materia di salute mentale, ha detto alla radio canadese che il cervello dei bambini è stato danneggiato insegnando loro nozioni di bene e male, raccontando loro leggende cristiane.

L'ONU ha trovato l'ebreo più qualificato al mondo per la salute fisica e mentale dell'umanità.[71]

➢ Z. Deutschnobb, responsabile della sezione tecnologica.

➢ G. Mayer, responsabile della sezione traduzioni.

➢ Dr. N. Goodman, Direttore Generale del Dipartimento Operazioni.

➢ Siegel, direttore dell'amministrazione finanziaria.

➢ A. Zorb, direttore dell'Ufficio legale.

ORGANIZZAZIONE MONDIALE DEL COMMERCIO (OMC)

➢ Max Suetens, presidente della Commissione intermedia per il commercio internazionale.

UNIONE INTERNAZIONALE DELLE TELECOMUNICAZIONI (UIT)

➢ P.-C de Wolfe, membro americano del Consiglio di amministrazione.

➢ Gerry C. Cross, Segretario generale aggiunto.

---

[71] Questo è solo uno dei tanti esempi dello sradicamento del senso morale prodotto dalla circoncisione dell'ottavo giorno, che ha alimentato nei secoli l'antisemitismo con poteri speculativi non controllati dal senso morale.

➤ H.B. Rantzen, Direttore del Servizio Telecomunicazioni delle Nazioni Unite.

➤ A.G. Berg, Organizzazione Internazionale dell'Aviazione Civile: capo della sezione aeronavigabilità. Inoltre, il colonnello A.G. Katzin ha rappresentato le Nazioni Unite durante la guerra di Corea.

➤ Georges Movshon, responsabile dell'informazione delle Nazioni Unite in Corea.

➤ Ernest A. Cross, vice rappresentante degli Stati Uniti presso le Nazioni Unite.

➤ Isador Lubin è il rappresentante degli Stati Uniti presso la Commissione per l'economia e l'occupazione.

➤ Julius Katz-Sachy è il delegato permanente della Jugoslavia presso le Nazioni Unite.

Va notato che lo Stato di Israele non tollera alcun rappresentante non ebreo in nessuna delle sue delegazioni all'ONU, né lo fanno l'American Jewish Committee, il sionismo internazionale, il World Jewish Congress e altre organizzazioni parassitarie che si attribuiscono lo status di veri e propri Stati, una perfetta illustrazione del non-razzismo ebraico (buon per gli altri!).

Fine della seconda parte

PARTE TERZA
UN TESTO ASSOLUTAMENTE VERITIERO ATTRIBUITO AD UN EBREO

Il testo seguente, pubblicato nel 1914 e di nuovo nel 1934, ha riferimenti precisi e un nome di autore. L'audacia e l'aggressività di questo testo sono tali che dubito che un ebreo possa averle scritte in questo modo. La prima parte è ovvia, ma a questo livello di azione diretta, per così dire, gli ebrei sono piuttosto discreti. La loro discrezione si spinge fino al cambio di nome su vasta scala. Darò tutti i riferimenti a questo testo con il necessario riserbo, e se li darò è perché il suo contenuto è rigorosamente accurato. Questo testo potrebbe appartenere alla categoria dei "*Protocolli degli Anziani di Sion*": un falso che dice la verità.

Non solo è tutto vero, ma dal 1934, data della sua pubblicazione definitiva, tutto è stato superato in orrore: la guerra mondiale, la disoccupazione, la disintegrazione morale, fisica e intellettuale, la musica che uccide, la droga, la pornografia, il collasso ecologico, l'estinzione delle specie animali e vegetali, la violenza, il crimine, ecc. E infine il trionfo del globalismo rothschildo-marxista, che segna la morte del pianeta. E infine, il trionfo del globalismo rothschildo-marxista, che segna la morte del pianeta.

Ecco i riferimenti esatti del testo che segue, che non ho voluto attribuire ai miei simili o ai Goyim, ma semplicemente alla verità da tempo provata.

L'autore sarebbe Isaac Blümchen, nato a Cracovia il 14 novembre 1887 (anche se va notato che questa natività scorpionica corrisponde bene al testo). Era figlio di Jacob Haïm Blümchen, un fabbricante di casse da morto, e di Salomé Sticka Pfaff, sua moglie. Suo zio Blümchen, che viveva a Lipsia, era conosciuto in tutta la Sassonia e in tutta la Germania per la sua Blümchen-Kaffe. Isaac Blümchen giunse a Parigi nel 1904, invitato dall'Alliance Israélite, il cui presidente era Maurice Leven e le cui spese erano pagate dalla Société des Enfants de Cracovie, il cui presidente era Henri Weinstein di Maisons-Alfort. Aspettò di diventare cittadino francese fino a quando non raggiunse l'età del servizio militare attivo. Svolse un ruolo importante nella campagna elettorale del 1914, quando la guerra gli diede altro da fare.

I libri, intitolati "*Le Droit de la Race supérieure*" e "*A nous la France*", furono pubblicati nel 1914 e nuovamente nel 1934. I libri sono stati depositati presso la Bibliothèque Nationale de France nel 1913, con riferimento n. 8°Lb 57 18013 e Lb57 18012 A.

Gli estratti che seguono non sono affatto esaustivi, poiché questi due libri sono, come ci si può aspettare, introvabili...

IL DIRITTO DELLA RAZZA SUPERIORE

Finalmente il popolo ebraico è padrone della Francia. Governi e nazioni hanno riconosciuto ufficialmente il fatto. Alfonso XIII, re di Spagna della Casa di Borbone, venne in Francia nel novembre 1913. Si recò dal Presidente Poincarré per una battuta di caccia a Rambouillet. Ma andò anche a trovare il nostro Edouard de Rothschild per discutere degli affari della Spagna con la Francia. Sua Maestà Cattolica il Re di Spagna, ospite di un ebreo. Carlo V, Filippo II ed Enrico IV non se lo sarebbero mai aspettato.

Quando Carlos del Portogallo appese il Gran Cordone dell'Ordine di Cristo al collo di un Rothschild, stava solo prostituendo il suo Dio all'ebreo, ma Alfonso XIII prostituì se stesso. Ferdinando, lo zar bulgaro delle Case d'Orléans e di Coburgo, venuto in Francia per trattare gli affari del suo Paese, non si recò nemmeno dal Presidente Fallières: andò direttamente a casa del nostro Joseph Reinach, dove trovò tutti i ministri della Repubblica.[72]

La nostra conquista è ormai un evento compiuto.

Ho spiegato (vedi il resto del testo) *che non volevamo cacciare i francesi dalla Francia, come alcuni dei nostri esaltati dalla vittoria hanno incautamente affermato. Abbiamo soppresso solo i francesi*

---

[72] Quando la polizia della Repubblica decise di perquisire l'abitazione di Reinach, il bandito delle ferrovie del sud panamense e dei letti militari, trovò dei documenti diplomatici che il Ministero degli Affari Esteri si era rifiutato di rivelare alla commissione parlamentare per "segreto di Stato".

I nostri segreti sono ben custoditi dai Reinachs di Francoforte sul Meno (nota del traduttore).

che si ribellavano al nostro dominio, cioè un manipolo di persone energiche. Abbiamo bisogno della massa docile e laboriosa dei nativi, proprio come gli spartani avevano bisogno degli iloti in Laconia e gli inglesi degli indù nell'Hindustan. Tutto ciò che dobbiamo fare è controllare il Paese ed esercitare il comando. Possiamo esercitarlo alla luce del sole. Per i primi trent'anni della Repubblica abbiamo nascosto il nostro potere e il nostro progresso; con il ventesimo secolo è iniziata l'era ebraica. Governiamo e vogliamo che il mondo lo sappia. Governiamo la Francia in virtù dello stesso diritto che gli europei hanno invocato per annientare i pellerossa e per schiavizzare i cafri o i congolesi. Il diritto della razza superiore su una razza inferiore. È una legge di natura. La superiorità della razza ebraica e il suo diritto al dominio sono stabiliti dal fatto stesso del dominio. I vinti si inchinano all'evidenza.

Il francese non manca di una certa intelligenza. Cominciano a capire cosa possono guadagnare accettando l'inevitabile. Cercano i nostri insegnamenti, i nostri consigli e il nostro incoraggiamento in tutti i settori dell'attività politica, economica, artistica, filosofica e letteraria.

È alle scuole elementari, al liceo, alla Sorbona, nei grandi istituti di istruzione superiore che si formano tutte le classi della nazione, che la plebe acquisisce le poche nozioni su cui vivrà tutta la vita e che la borghesia acquisisce le idee che poi considera definitive. Prima di svelare il nostro disegno politico, avevamo saggiamente preso il controllo dell'istruzione pubblica a tutti i livelli. L'Università, i suoi consigli e i suoi programmi sono nelle nostre mani. I più modesti libri di testo delle scuole elementari e le più orgogliose cattedre universitarie sono soggette alla nostra censura. All'École Normale Supérieure e al Polytechnique, i nostri uomini controllano tutto e decidono su tutto. Molti degli editori di libri di testo sono ebrei e gli insegnanti autoctoni che lavorano per loro devono conformarsi al nostro pensiero. L'intera Sorbona è dedicata a noi, il Collège de France trema davanti a noi. Nello scandaloso affare Curie, i pontefici e i maestri della cultura "francese" si sono uniti contro la madre di famiglia per servire nostra sorella Salomé Slodowska.

Abbiamo epurato la storia della Francia dal suo splendore. Grazie alla nostra volontà, i francesi autoctoni ignorano o negano i secoli del loro passato che hanno preceduto il nostro avvento. Credono che la Francia fosse sprofondata nella barbarie, nel fanatismo, nella servitù e nella miseria prima del momento in cui gli ebrei emancipati si dedicarono alla sua emancipazione. La storia della Francia non è altro che la storia della conquista della Francia da parte di Israele, a partire dall'intervento delle logge massoniche alla fine del XVIII secolo fino all'apoteosi del XX secolo. Joseph Reinach diceva nel 1895: "Mentre cancelliamo dai programmi o eliminiamo dall'insegnamento queste inutili leggende, queste assurde rivisitazioni del passato, mettiamo fuori legge quella che i francesi chiamavano ingenuamente "l'Histoire Sainte", cioè la storia delle nostre tribolazioni, il quadro delle nostre superstizioni, il resoconto dei nostri furori e la memoria delle nostre origini".

Chiedete ai coscritti francesi che presto costituiranno l'elettorato quando arriveranno nelle caserme: vi diranno prontamente che Luigi XI era il padre di Luigi XII e il nonno di Luigi XIV, tutti tiranni imbecilli, libidinosi e feroci, o che Giovanna d'Arco era uno dei generali di Napoleone. Non vi diranno mai, perché non lo sanno, che gli ebrei arrivano dalla Palestina attraverso i ghetti della Russia e della Germania, perché due centinaia di migliaia di insegnanti strettamente controllati insegnano loro che un ebreo è un normanno, un provenzale, un lorenese di una particolare religione, un francese buono e vero come gli autoctoni.

Abbiamo aperto a Parigi una Scuola di Studi Sociali Avanzati per insegnare alla gioventù borghese la morale, la filosofia, la pedagogia, la sociologia, il giornalismo e tutto ciò che riguarda la vita pubblica. I direttori, tra cui un generale dal nome predestinato di Bazaine, sono Théodore Reinach e Bernard, e il consiglio di amministrazione comprende i nostri ebrei Eugène Sée, Felix Alcan, Dick May (ebreo, segretario generale), Diehl, Durkheim, Joseph Reinach e Felix Michel.

I professori per l'anno 1913-14 (con alcuni nativi di cui è garantita la sottomissione alla cieca) sono: Théodore Reinach, Léon Friedel, Cruppi-Crémieux, Dwelshauvers, Hadamard, Brunschwig, Milhaud, Meyerson, Blaringhem, Rosenthal, Lévy-Wogue, Gaston Raphaël, G. Bloch, Hauser, Mantoux, Moch, Worms, Yakchtich, Weyll-Raynal, Lévy-Schneider, Bergmann, Zimmermann, Rouff, Léon Cahen, Caspar, Georges-Cahen, Bash, Mandach, Boas-Boasson, Mortier, Bluysen, Elie May, Edmond Bloch, ecc.

Tutti loro occupano posizioni importanti, posizioni di comando, nell'istruzione superiore o nel governo centrale. I nomi dei nostri ghetti ci sono stati sbattuti in faccia a sufficienza in passato! Ebbene, abbiamo trasformato la Sorbona in un ghetto, l'Università in un ghetto e le grandes écoles francesi in altrettanti ghetti. È nel ghetto delle Hautes Études Sociales che i giovani francesi delle classi agiate o ricche vengono a imparare a pensare, a imparare a vivere la vita pubblica, a modellare il loro pensiero sul pensiero ebraico, ad abolire i loro istinti ereditari di fronte alla volontà ebraica, a praticare l'unico ruolo a cui permettiamo loro di aspirare: quello di servi zelanti, di perfetti servitori di Israele!

Ma i nostri giovani ebrei hanno sempre la precedenza. Quando Lévy-Brühl, presiedendo la filosofia juris, ha consegnato i diplomi alla Sorbona, ha nominato prima gli studenti Abraham, Durkheim, Flilgenheimer, Gintzberg, Lambrecht, Kaploum, Lipmann, Guttmann e Spaler, e poi i nativi.

Il nostro Joseph Reinach era vicepresidente della commissione dell'esercito, della commissione incaricata di scavare negli archivi della Rivoluzione, della commissione incaricata di esplorare i documenti diplomatici del Secondo Impero e di far luce sulle cause della guerra franco-prussiana. Tutti i segreti militari e gli archivi storici erano alla mercé di Joseph Reinach.

Quando Joseph Reinach si dimise dalla tribuna parlamentare dove aveva appena sistemato l'organizzazione dell'esercito francese, Théodore Reinach prese il suo posto (11 novembre 1913) per difendere le antiche chiese di Francia dal vandalismo degli indigeni.

Al congresso sull'istruzione, fu Théodore Reinach a proporre l'interdizione civica e politica e pene infamanti per i padri nativi che non affidavano i loro figli a un insegnante israeliano autorizzato.[73] *Fu Théodore Reinach a prendersi la briga di scrivere piccoli trattati di grammatica per insegnare ai francesi la loro lingua. E Joseph Reinach ha rivelato ai lettori di Le Matin (tra Blum, Porto-Rich, Weyll e Saüerschwein) che Corneille era l'autore*

---

[73] Il secolarismo e la (pseudo)democrazia sono i due mezzi necessari per il ringiovanimento totale. Sono i mezzi radicali per istupidire e zombizzare le masse, di cui i politici di tutti i partiti, di destra e di sinistra, sono la punta dell'iceberg. Dobbiamo quindi imporre queste due imposture con tutti i mezzi possibili, a partire dalla scuola materna.

di Phèdre. Avremmo potuto usare di più i nostri in questi diversi ruoli.

Abbiamo Herr all'Ecole Normale, Carvalho al Polytechnique, Bloch, Cahen e Lévy in tutte le cattedre superiori. Ma ci è sembrato necessario ripetere ovunque il nome di Reinach, che ha subito tanti oltraggi in vari momenti. Più gli indigeni francesi mostravano insolenza in quel momento, più era importante umiliarli, prostrarli davanti alla famiglia ebraica che avevano osato infangare. Quando gli studiosi ebrei avranno insegnato il francese agli indigeni francesi, allora insegneranno loro l'ebraico e lo yiddish, perché i vinti devono parlare la lingua dei vincitori. L'Univers Israélite e l'Écho Sioniste hanno fatto questa proposta con grande ragione nell'ottobre 1912. "L'ebraico è una lingua classica come il greco e la Repubblica dovrebbe creare un baccalaureato ebraico-latino in cui i candidati potrebbero scegliere Isaia e i Proverbi come testi. Questo insegnamento fornirebbe un lavoro remunerativo ai nostri rabbini provinciali".

D'altra parte, ha senso insegnare la nostra lingua ai francesi, così come i francesi insegnano la loro lingua agli annamiti e ai malgasci. È addirittura indispensabile, dal momento che l'ebraico e lo yiddish stanno diventando la lingua degli incontri pubblici (salle Wagram, presidenza Jaurès), delle riunioni professionali (Bourse du Travail, inviti speciali per l'Humanité) e delle campagne elettorali (elezioni municipali a Parigi, IV arrondissement, candidatura socialista, con manifesti in caratteri ebraici). Il raggiungimento dei nostri obiettivi sarebbe ritardato se gli ebrei importati da Germania, Russia, Romania e Levante fossero obbligati a imparare il francese. Abbiamo bisogno che siano immediatamente al sicuro dall'espulsione e immediatamente eleggibili, eleggibili e candidabili alle più alte cariche del Paese.[74] Per questo abbiamo nominato il nostro Grümbach, scelto con cura dall'Alliance Israélite, a capo del dipartimento delle dichiarazioni di residenza,

---

[74] Durante la mia infanzia ebraica, ho assistito alla naturalizzazione di molti ebrei che parlavano a malapena il francese. Ma questo svantaggio è stato rapidamente corretto perché gli ebrei hanno un dono per le lingue e non ci hanno messo molto a parlare perfettamente. Una volta ho conosciuto un ebreo laureato in filosofia alla Sorbona che, pur parlando perfettamente il francese, aveva un accento spaventoso, tanto che in una frase come questa l'effetto comico era sconcertante: "Mi accusavano di aver sartré Heidegger e di aver Heidegerrisé Jean Paul Sartre...".

dei permessi di soggiorno, delle ammissioni a domicilio e delle naturalizzazioni presso la Sûreté Générale.

Per questo motivo abbiamo imposto alla Procura e al Tribunale della Senna una procedura speciale per gli immigrati ebrei. Per gli ebrei, e solo per gli ebrei, il Tribunale e la Procura accettano come prova sufficiente dell'identità, in sostituzione di qualsiasi stato civile, un atto di notorietà redatto da qualsiasi rabbino e certificato da sette nostri fratelli. Così, quando i nostri ebrei arrivano, prendono i nomi che preferiscono, nascondendo il loro passato, le loro condanne e le ragioni per cui cercano rifugio in Francia. La Procura arriva a esentare gli ebrei, e solo gli ebrei, da qualsiasi legalizzazione dei documenti che sono disposti a produrre. La firma di un rabbino, che non deve nemmeno dimostrare di esserlo, è un talismano davanti al quale tutto si inchina. È così che siamo riusciti a installare a Parigi un esercito di cinquantamila ebrei, che non sanno il francese, ma sono cittadini francesi.

Quasi intere circoscrizioni elettorali parlano solo la nostra lingua, ad esempio in Algeria e a Parigi nel 3°, 4° e 18° arrondissement. Diverse migliaia di nomi sulla lista elettorale di Costantino sono Zaouch, Zemmour, Zammit, Zerbola, Kalfa figlio di Simone, Kalfa di Giuda, Kalfa di Abramo, Marchodée di Abramo, Samuel di Aronne, Salomon di Isacco, Chloumou di Simone, Chloumou di Mosè, Elie di Isacco, ecc. E i nostri fratelli che danno alla Francia i suoi legislatori e ministri (Etienne, Thomson) non conoscono solo il francese. Quindi i francesi devono conoscere lo yiddish.

Vogliamo che l'ebraico sia la lingua ufficiale della Francia per la prossima generazione, almeno al pari del dialetto indigeno. In una tesi approvata dalla Sorbona e prefata dal professor Andler, della Facoltà di Lettere di Parigi, il nostro dottor Pines ha sufficientemente stabilito che lo yiddish è una lingua letteraria illustrata dai nostri scrittori "che hanno trasformato in diamanti le pietre della strada dell'esilio" e ben degna di prendere il suo posto accanto al gergo francese. La Sorbona ha conferito al nostro Pines un dottorato in letteratura a sostegno della sua affermazione.

Non ci sono insegnanti ebrei nelle scuole primarie statali perché la paga è troppo bassa. Ma il personale delle scuole elementari è composto da nostri uomini. Nei licei parigini, come il Janson de Sailly e il Condorcet, i nostri ebrei sono responsabili di tutto. Non permetteremmo mai a un francese di insegnare in una scuola ebraica, di insegnare la storia di Israele e di commentare i nostri libri sacri davanti a bambini ebrei. I bambini francesi, invece, sono istruiti dai nostri ebrei e sono plasmati dal pensiero ebraico.

Notate questa caratteristica che riassume la situazione delle due razze: in nessuna famiglia francese troverete domestici ebrei, cameriere ebree. Tutte le nostre famiglie ebree sono servite da domestici francesi: la razza superiore servita dalla razza inferiore.[75] Fermatevi davanti alla banca Rothschild di rue Laffite o all'hotel Rothschild di rue de Rivoli e rue Saint-Florentin: vedrete poliziotti in uniforme che sorvegliano i nostri dirigenti, i padroni della Francia. Non un crimine, non una catastrofe li distoglierebbe per un momento dal loro dovere. È il simbolo della Francia dedicata al servizio di Israele.

Ecco un congresso dei Giovani Repubblicani. Sul palco, come ospiti d'onore, i nostri Reinach, Strauss, Roubinovitch. I presidenti, i segretari e gli oratori sono i nostri ebrei Hirsh, Stora, Lévy, Cahen... I giovani nativi ascoltano e obbediscono. I giovani indigeni ascoltano e obbediscono. Ecco un'associazione di giovani ragazze repubblicane: nel comitato, Mlles Klein, Halbwachs.

Alle conferenze delle Annales, ai lavori del Segretariato delle donne, nelle leghe per i diritti delle donne, per il suffragio femminile, a capo delle opere filantropiche ed educative, all'Ecole Normale di Sèvres, di Fontenay, a tutte le riunioni femministe o femminili di Parigi e delle province, chi presiede, ispira, dirige?

Le nostre donne ebree, le nostre moderne ebree, le nostre devote Esther: Mme Cruppi-Crémieux, Mme Moll-Weiss, Mme Dick-Meyer, Mme Léon Braunschweig, Mme Boas, Mme Marguerite Aron... E le donne francesi, le giovani francesi, docili, consapevoli dell'inferiorità della loro razza e della loro inferiorità personale, stanno modestamente davanti al presidente ebreo, al docente ebreo, al direttore ebreo,[76] come le piccole Annamite e le piccole

---

[75] L'ho visto accadere centinaia di volte, soprattutto nella mia famiglia.

[76] Il simbolo di questa spaventosa inferiorità mentale goyish e della capacità dello zombismo di uniformarsi a livello globale è l'orribile uso dei blue jeans di Levis, una spaventosa manifestazione della scomparsa di ogni giudizio estetico elementare, di ogni personalità. Nessuno può credere che la distorsione mentale sia tale che spesso questo indumento viene indossato non solo per conformismo gregario, ma anche per civetteria! !

Madagascar intorno a un insegnante europeo. Razza superiore, razza inferiore!

Trentotto milioni di francesi leggono solo riviste e giornali scritti dai nostri ebrei o da goyim al nostro soldo. Studiano la loro storia solo nei libri di testo prodotti sotto il nostro controllo e i loro autori classici solo in edizioni annotate e commentate dai nostri scribi. Della morale, della psicologia, della politica, del giornalismo, dell'arte o della finanza non sanno nulla se non da noi.

E quando pensano di bere birra da un birrificio "Pousset", in realtà bevono birra ebraica da un birrificio "Lévy" (la famiglia Lévy, Jacob e Reiss). Se pensano di armare le loro barche con artiglieria francese, in realtà comprano i loro cannoni da una fabbrica Lévy (Commentry).

Incapaci di produrre e vendere gli oggetti necessari alla loro vita materiale o le opere necessarie alla loro vita intellettuale, come potevano i francesi governarsi? Come avrebbero potuto sfruttare il mirabile Paese che Geova ci aveva destinato dalla distruzione del Tempio?

Abbiamo preso il potere nelle nostre mani. Alle elezioni del 1910 si candidarono trenta ebrei. Ne furono eletti una dozzina. Questo significa che in una decina di collegi elettorali i francesi autoctoni hanno già capito che non troveranno tra i loro fratelli rappresentanti come i nostri ebrei. La superiorità dell'ebreo è evidente al popolo. Nel 1914, avremo il doppio dei candidati e occuperemo il doppio dei seggi.

Il Presidente della Repubblica è sotto la nostra stretta dipendenza.[77]
I ministri sono occupati da ebrei o da goyim sposati con donne ebree. Quando un politico non sposato mostra ambizioni come il giovane Besnard o Renoult, lo costringiamo a sposare un'ebrea se vuole un portafoglio. Se un politico è sposato con una donna francese, lo costringiamo a divorziare e a sposare un'ebrea.

---

[77] Il nostro arguto e considerevole Henri Amshell (al teatro Henri de Rothschild), che usa le parole di un autore, chiama familiarmente M. Poincarré "le sire concis". I nostri grandi critici Blum, Weyl e Porto-Rico dit Porto Riche trovano questa parola squisita. L'avevamo già vista applicata a Pipino il Breve ne *La vie de Bohême*. Ma la battuta di Henri Amschel è più deliziosa perché prende di mira sia la statura del Presidente che il suo zelo per Israele.

Come Baudin, "Le grand dépendeur d'andouilles", che avevamo spinto in Marina. Ripudiò la moglie francese per sposare nostra sorella Ochs, che lo accompagnò nelle ispezioni della flotta (aprile 1913). Quando arrivò in Rue Royale, la sua prima mossa fu quella di nominare nostro fratello Schmoll avvocato del Ministero. L'ordine degli avvocati di Parigi non si scompose. Dobbiamo ammettere che gli manca l'eroismo: ha solo il culto del successo. Aveva respinto duramente Aristide Briand, un mendicante con una cattiva reputazione. Durante laffare Dreyfus, quando la vittoria dei nazionalisti sembrava probabile, gli avvocati insultarono i dreyfusardi al Palazzo di Giustizia, li picchiarono e volevano gettarli nella Senna. Dalla vittoria ebraica, l'Ordine degli Avvocati è stato assoggettato agli ebrei. I nostri avvocati ebrei si impadroniscono dei casi migliori, monopolizzano la pubblicità fruttuosa, intimidiscono i magistrati non circoncisi.

Ho assistito a un'udienza della nona sezione, dove il nostro Lévy-Oulmann, che difendeva alcuni ebrei della malavita, appena usciti da un ghetto russo, ha proclamato con sicurezza: "I miei clienti sono buoni francesi, sono altrettanto buoni francesi, migliori francesi di chiunque altro in quest'aula". Gli avvocati indigeni, così come il deputato e i tre giudici, sono rimasti muti sotto l'insulto. È così che bisogna trattare i francesi. Il tempo della cautela è passato. L'audacia fratelli, l'insolenza: gli sconfitti chinano il naso.

Questo tratto dell'ordine degli avvocati di Parigi è simmetrico a quello della Société des Gens de Lettres che scelse come rappresentante degli scrittori francesi in Russia il nostro ebreo Kohan, di Odessa, detto Séménoff, che si vantava di far uscire dalla Francia i francesi fastidiosi. La Société des Gens de Lettres è stata avvertita e le è stato detto di risparmiare ai suoi membri di questo oltraggio, ma ha persistito. Perché ha paura di noi: Chi sono gli imbrattatori di carta che non teniamo in considerazione per qualche sportula? "Oignez vilain, il vous poindra, poignez le Français, il vous oindra". È per questo che la nostra sorella Ochs ha costretto il marito Baudin a consegnare i dossier navali al nostro Schmoll. Se il marito non si dichiara contro i fornitori Lévy e Paraf, il caso viene ascoltato: Baudin, il ministro, è caduto, Schmoll rimane.

Per attaccare il Ministro della Guerra Etienne, l'opposizione socialista ripeteva che questo uomo d'affari era allo stesso tempo un fornitore dell'esercito: presidente della trafileria di Le Havre, che forniva il materiale per i bossoli. Ma i socialisti non hanno mai *sottolineato che il Consiglio di Amministrazione comprendeva, oltre al presidente Etienne, i nostri ebrei Weiller, Hauser, A. Cahen, E. Cahen, Einhorn (vicepresidente), ecc. La percentuale di ebrei è la stessa in tutte le grandi aziende fornitrici, soprattutto per la guerra e la marina. Abbiamo bisogno di informazioni riservate e vogliamo grandi profitti. Il nostro Lazarel-Weiler si permette il lusso di regalare qualche rotolo di monete d'oro agli aviatori militari: è denaro ben investito. Il nostro Cornélius Herz e il nostro Reinach di letti militari lo sapevano. Lo sapevano anche i nostri Lévy, Salmon, Caïn, Hanen e Wertheimer che inviavano "La charogne à soldats" alle guarnigioni di frontiera. Ma non ci piace parlarne.*

In Aula, che il Presidente si chiami Brisson o Deschanel, non è mai permesso menzionare il nome di Rothschild così come non è permesso incriminare un ebreo. Il Partito socialista è nostro perché manteniamo i suoi giornali, le sue organizzazioni e i suoi tribuni. Il partito radicale e radical-socialista è nostro: il suo segretario generale è un Cahen. I suoi membri sollecitano e ricevono sovvenzioni per le loro elezioni dalle banche Rothschild e Dreyfus.

Il comitato Mascuraud, che è l'agenzia elettorale più ricca e forse più influente della Repubblica, è composto per l'80% da ebrei: cinque Bernheim, nove Bloch, sei Blum, nove Cohen, quattro Cahen, dieci Kahn, sette Dreyfuss, cinque Goldschmidt, quattro Hirsh, ventinove Levy, ecc.

Dal socialista Jaurès al radicale Clémenceau, non c'è politico grasso o magro che non sia al nostro soldo. Li teniamo d'occhio attraverso le loro segretarie ebree e le loro amanti ebree, le ragazze del teatro o del gioco d'azzardo, le baronesse d'avventura o le mercanti di stalli. Quando le loro rivalità danno origine a litigi che interferirebbero con la nostra politica, li costringiamo a mantenere la pace. Siamo stati noi a riconciliare questi due nemici mortali, Clémenceau e Rouvier, nella sinistra notte in cui uno dei due Reinach morì.

Siamo stati noi a riconciliare i due perfidi rivali, Deschanel e Poincaré, ad Astruc, prima dei nostri Merzbach, Sulzbach e Blumenthal. Per sostenere la sinagoga e il Comitato dell'Alliance Israélite, abbiamo fondato delle logge massoniche a Parigi dove i nostri fratelli deliberano da soli, al riparo dai laicisti. Tutte le logge massoniche sono popolate dai nostri ebrei, ma nessuno può penetrare nelle nostre logge ebraiche, come la Loggia Goethe fondata nel 1906 dai nostri fratelli Dubsky, Fisher e Bouchholtz. Vi si parla solo tedesco e yiddish.

Da lì partiranno gli ordini che getteranno i nostri cinquantamila immigrati per le strade, con i pugni marroni, per la grande Pasqua al suono dei cannoni tedeschi. Il nostro fratello Jost van Vollenhoven, un bravo ebreo di Rotterdam, è stato nominato dalla Repubblica viceré dell'Indocina francese. La sua fortuna è persino migliore di quella di Gruenbaum-Ballin, un buon ebreo di Francoforte, presidente del Consiglio della Prefettura della Senna, o di quella di Isaac Weiss, segretario generale del Consiglio comunale. Appena naturalizzato, Vollenhoven entrò nell'amministrazione coloniale come scrivano da duemila franchi. Dieci anni dopo, regnava su un immenso impero cosparso di sangue e oro francese. Mai un francese aveva fatto tanta carriera. Gli Annamiti videro con i loro occhi la distanza tra l'ebreo e il francese: ora conoscevano il loro vero padrone.

Un Paese in cui, su dodici milioni di abitanti, non c'è un uomo in grado di amministrare la sua più grande colonia, che si riduce a far venire un piccolo ebreo da Rotterdam per governare Parigi, e da tutti i ghetti tedeschi, russi, rumeni e levantini, degli ebrei per governare le sue province, le sue finanze, i suoi uffici, i suoi eserciti, è un Paese finito, un Paese libero, un Paese da prendere: Bene, lo prenderemo!

Il Marocco subirà lo stesso destino dell'Indocina. Dal punto di vista commerciale, tutto ciò che sfuggiva ai tedeschi finiva nelle mani di aziende fondate dai nostri Cahen, Nathan, Schwab e Blum. Gli ufficiali francesi parlano con ingenua commozione dei bambini ebrei che li salutavano nelle città marocchine con un complimento in francese: come se non fosse naturale vedere i nostri fratelli oppressi dai marocchini ricevere i francesi come liberatori. In pochi anni, grazie ai francesi, gli ebrei del Marocco si ritroveranno padroni del Paese dove gemevano nella sporcizia, padroni dei marocchini sconfitti, padroni anche dell'esercito francese, "spada e scudo di Israele".

L'Algeria ne è un esempio. Gli arabi e i kabyles che un tempo ci trattavano come cani, oggi, grazie alla Francia, sono meno che cani davanti a noi. La loro terra, le loro mandrie, i frutti della loro industria sono nostri. Se si muovono, i soldati francesi ci difendono.

In Crimea, in Italia, in Messico, in Madagascar, nel Tonchino, sui campi di battaglia del 1870, arabi e cabili hanno versato il loro sangue per la Francia. Ma la Francia continua a tenerli nella polvere dei nostri sandali. La Francia ci ha reso cittadini, elettori e sovrani. Siamo noi a nominare gli Etienne e i Thomson, gestori dei nostri affari, arbitri dei destini francesi.

Nel Journal Officiel del 16 dicembre 1912, troviamo questa impudente petizione sottoscritta da diverse migliaia di firme (Algeria, Madagascar, Tebessa ecc.):

Signor Presidente,

Ci permettiamo di farvi notare la situazione veramente deplorevole in cui ci troviamo rispetto a quella degli israeliti e degli stranieri domiciliati in Algeria. Essendo noi, come loro, soggetti all'imposta sul sangue, siamo loro pari dal punto di vista del dovere, ma dal punto di vista del diritto non sarà così e ci troviamo con i nostri figli in una situazione chiaramente inferiore alla loro.

Non appena lasciano il reggimento, gli israeliti godono di tutti i diritti dei cittadini francesi, mentre noi no. Permettetemi di fare due esempi:

1/ Oggi arriva in Algeria una famiglia di qualsiasi nazionalità, la maggior parte della quale non parla né capisce una parola di francese. La famiglia ha un figlio che vuole arruolarsi nell'esercito e il padre firma semplicemente una dichiarazione per farlo arruolare e il figlio presta due anni di servizio militare. Quando lascia il reggimento, è francese e gode di tutti i diritti e le prerogative di un cittadino francese. Possiamo fare un parallelo con i nostri figli che, fin dalla prima infanzia, hanno amato la Francia? Ebbene, questo straniero che, nonostante il servizio militare, non parla francese e quando torna a casa riprende la sua lingua d'origine, è francese e i nostri figli restano stranieri.

2/ Un ex ufficiale Spahis o Tirailleurs in pensione, quasi sempre decorato con la Legion d'Onore, torna alla vita civile. Rimane uno straniero assoluto. Non ha i diritti di un cittadino francese, anche se per trent'anni ha dato la vita sui campi di battaglia, mentre uno straniero che ha prestato solo due anni di servizio militare ha la nazionalità francese!

Se abbiamo dei doveri da rispettare, vorremmo avere gli stessi diritti degli israeliti... Guardate! Gli stessi diritti degli israeliti!

I parlamentari non hanno risposto a questa folle richiesta.
L'arabo è il soggetto del francese, che è il soggetto dell'ebreo.

La nostra conquista della Francia è stata facilitata da una serie di circostanze fortunate. Geova combatte così apertamente a nostro favore che volge a nostro vantaggio anche la resistenza ai nostri sforzi. Troviamo alleati inaspettati a ogni passo. E i nostri nemici ci servono inconsapevolmente.

Negli ultimi vent'anni abbiamo avuto davanti a noi il partito nazionalista, il partito cattolico, il partito neorealista: i nazionalisti hanno capitolato subito, la Chiesa romana non rischia di ribattere colpo su colpo, il partito neorealista è la nostra migliore salvaguardia. Il partito nazionalista, composto dalle macerie del partito boulangista, è stato nostro senza combattere. Déroulède, sovvenzionato da Rothschild (200.000 franchi),[78] amico intimo di Arthur Meyer, ex accolito di Alfred Naquet; i signori Galli e Dausset, futuri collaboratori del nostro Isaac Weiss da Budapest all'Hôtel de Ville. Barrès, l'ornamento dei salotti di Willy Blumenthal; e i diciannove ebrei di Le Gaulois, i venti ebrei di Le Figaro, gli ebrei de L'Echo de Paris, gli ebrei di tutti i giornali, di tutte le riviste, di tutte le agenzie di stampa hanno fatto il nostro grande gioco anche quando hanno finto di resisterci. Arthur Meyer ci rispondeva dallo staff nazionalista, come ci aveva risposto dallo staff boulangista: intimidendo alcuni, comprando altri, a nostre spese, spiando tutti, ce li consegnava alla nostra mercé. Il Partito Nazionalista e "La Patrie française" non avevano molto peso.

La Chiesa cattolica sembrava essere una forza con cui fare i conti. Ma quando sono arrivato da Cracovia e ho visto l'enorme e rovinoso edificio del Sacro Cuore incombere su Montmartre, ho perso le mie preoccupazioni: chi spende cinquanta milioni in macerie e non ha cinquantamila franchi per sostenere un giornale non è pericoloso. Troviamo intelligente mantenere la leggenda che la Chiesa ci perseguita furiosamente; allora diventiamo i martiri e i campioni del libero pensiero; la Massoneria non ha altra preoccupazione che quella di glorificarci e servirci; gli anticlericali si impegnano a coprirci: tutta la Repubblica atea, laica e secolarizzante è cosa nostra.

---

[78] Si veda *Le Testament d'un antisémite* di Edouard Drumont.

In effetti, alcuni esponenti dell'alto clero andavano molto d'accordo con noi. La speranza di convertire alcuni milionari ebrei e di ottenere da loro un'ostentata elemosina attraeva i prelati. Il battesimo di Gaston Joseph Pollack, detto Pollonais, lacchè di Arthur Meyer a Le Gaulois, da parte di padre Donnech, nella chiesa di San Tommaso d'Aquino, fu il principale successo di cui la Chiesa andò fiera durante la terribile crisi di Dreyfus: il nostro rinnegato, tenuto al fonte battesimale dalla contessa di Béarn e dal generale Récamier, fece poco onore ai suoi padrini.

Quel temibile gesuita, padre Dulac, che spaventò la Libre-Pensée, pranzò con il nostro Joseph Reinach. Padre Maumus con Waldeck-Rousseau. Questi campioni della fede cattolica, come i de Muns, lavoravano con i nostri ebrei: il marchese (...) nella finanza dubbia con Lazare Weiler, il conte (...) nel giornalismo equivoco con Arthur Meyer. Il vescovo di Albi fece votare il suo clero per il nostro miglior scagnozzo, il cittadino Jean Jaurès, e i cattolici della Loira marciarono per l'ex prefetto Lépine, complice di tutte le nostre macchinazioni.

Il venerabile monsignor Amette, cardinale arcivescovo di Parigi, quando la Repubblica espropriò le congregazioni, negoziò con il nostro ebreo Ossip Lew, agente del nostro ebreo Cahen, commerciante di caffè, per revocare la scomunica imposta agli acquirenti o agli affittuari dei beni religiosi confiscati.

All'epoca del processo di Kiev, il prelato accademico Duchesne e alcuni vescovi cattolici inglesi pensarono, per qualche motivo, di protestare contro l'accusa di "crimine rituale" (oggetto del processo di Kiev) con la stessa forza dei nostri rabbini. Non sappiamo cosa abbiano pensato i loro greggi: noi eravamo più disgustati che contenti.[79]

Se sosteniamo che i nostri libri e i nostri sacerdoti non sostengono i crimini rituali, e affermiamo l'innocenza di uno dei nostri accusati di crimini rituali, non possiamo garantire che non ce ne siano mai stati e che non ce ne saranno mai tra i fanatici sanguinari tra di noi.

---

[79] Questo tipo di osservazioni, così come il tono dell'insieme, mi inducono a credere che questo documento sia stato concepito da un goy consapevole e con un'ammirevole conoscenza di tutti gli angoli e le zone d'ombra dell'attualità. Ciò che seguì dopo il 1934 fu lo stesso, ma decuplicato, e i nomi ebraici di allora furono sostituiti da Aron, Wahl, Soros, Bleustein-Blanchet e così via.

La Chiesa romana è responsabile! I suoi cardinali e vescovi sono più ebrei di noi! Fanno il passo più lungo della gamba: non sta a noi lamentarci.

Il commercio di oggetti di pietà nel distretto di Saint Sulpice, così come nella città miracolosa di Lourdes, è, nel complesso, un monopolio ebraico. D'altra parte, i nostri ebrei, in possesso di un seggio parlamentare, concedono volentieri protezione ai parroci della loro circoscrizione. Possono farlo senza incorrere nel mortale sospetto di clericalismo e ne traggono un certo beneficio.

Ma è essenziale che l'antisemitismo sia considerato in Francia come la peggiore espressione del fanatismo clericale. I nativi di questo Paese vivono di frasi fatte e di leggende assurde: approfittiamone.

L'unico gruppo di francesi autoctoni che ancora si oppone a noi è quello dei neorealisti. Ho detto come ci liberiamo dei singoli che ci ostacolano. Non avremmo più problemi a sbarazzarci di un gruppo organizzato. Ma questo gruppo è prezioso per noi. Se l'Action Française non esistesse, dovremmo inventarla. Dopo l'affare Dreyfus, nell'ebbrezza della vittoria, abbiamo commesso qualche imprudenza, qualche maldestra brutalità. Le bande antisemite, sconfitte e disperse, si riunirono attorno a qualche strano sostenitore di Dreyfus, più acceso contro di noi e più implacabile dei nostri precedenti avversari. Una nuova ondata di antisemitismo avrebbe colpito le mura di Gerusalemme prima che il nostro canto di trionfo si spegnesse.

Fortunatamente, l'Action Française è apparsa, ha esposto le sue dottrine e ci ha permesso di collegare la nostra causa a quella della Repubblica.

Durante le tumultuose serate dell'affare Bernstein alla Comédie-Française, quando Lépine affiancava a ogni spettatore due rossi per garantire il rispetto di Israele, un'alta donna ebrea disse ai suoi scrocconi francesi: "Non è niente, un branco di furfanti, i Camelot del Re che gridano "Abbasso gli ebrei"", e la nostra Judith finse di ridere. Come lei, anche noi ridiamo quando sentiamo "Abbasso gli ebrei". Sono i cammelli del re, sono l'Ancien Régime, il feudalesimo, il droit du seigneur, l'oscurantismo, la gabelle, la mainmorte, la corvée. Questi sono i nostri avversari. Noi siamo la

Repubblica, la Libertà, il Progresso, l'Umanità, la Città futura...[80] *Per i francesi ignoranti e sconsiderati, che vengono condotti dove vogliono con l'esca di una formula vuota, è tutto ciò che serve. Piuttosto che essere visti come Camelot du Roi, come scagnozzi dell'Ancien Régime, i francesi ci permetteranno tutto, ci perdoneranno tutto, ci daranno tutto. Se l'Action Française dovesse mai rimanere senza soldi, noi le forniremo più che le dote: è la nostra sicurezza.*

Inoltre, non temiamo l'improbabile prodigio che ristabilisca la monarchia: la monarchia sarebbe nostra come la Repubblica. Filippo VII andrebbe a caccia da Rothschild come il re di Spagna e a pranzo da Reinach come lo zar di Bulgaria. La monarchia non si appoggerebbe a un clan di follicolari sovraeccitati, ma all'aristocrazia e all'alta borghesia. L'aristocrazia è una nostra appendice e l'alta borghesia il suo servo.

Teniamo le classi medio-alte al guinzaglio nei consigli di amministrazione. Abbiamo comprato ciò che restava dell'aristocrazia. I borghesi che vogliono fare carriera devono essere nostri generi o nostri estafiers. Anche i discendenti più o meno autentici delle grandi famiglie di un tempo sposano le nostre figlie o vivono alle nostre spalle. Se c'è uno squilibrio, è dalla nostra parte. Siamo la prima aristocrazia del mondo.

Per darci un aspetto francese, usurpiamo i segni esteriori della nobiltà francese. Ci sono diversi modi per farlo. Il più semplice ed economico è quello di assumere un nome di terra, una particella o un titolo di propria autorità, come fanno molti cortigiani e truffatori. Per esempio, il nostro Finkelhaus acquistò un castello ad Andilly e lo firmò Finkelhaus d'Andilly, (F. d'Andilly). *La nostra signorina Carmen de Raisy, una delle galline di Rostand (Chantecler), è la nostra sorella Lévy. O Bader et Kahn des Galeries Lafayette, B. et K. de Lafayette, barone e conte di Lafayette. Altri, imbarazzati dagli scrupoli, acquistano una vera pergamena da un monarca laborioso e venale: così i Rothschild. O dal Papa: il conte*

---

[80] La città del futuro è una cosa bellissima: negli Stati Uniti e in Francia, migliaia di città sono state abbandonate alla violenza, alla disoccupazione, alla droga e a ogni tipo di criminalità, e nel 2000, dove saremo domani, questo è solo l'inizio. *"Il mondo finirà in una sanguinosa anarchia"*, ho scritto nel mio libro *"J'ai mal de la terre"*, 50 anni fa (Nota di R. Dommergue Polacco de Ménasce). È qui che porta l'egemonia ebraica e l'assenza di qualsiasi religione.

Isidore Lévy, che ha pagato in contanti il Breve papale dell'8 gennaio 1889.

Il governo della Repubblica ci rende lo stesso servizio per meno soldi. Per meno di cinquanta luigi, il nostro Wiener è diventato, per decreto presidenziale, Monsieur de Croisset. Infine, se siamo vanitosi solo per i nostri nipoti, ci limitiamo a comprare alle nostre figlie gentiluomini di buona famiglia. Non è meglio per loro ripristinare la reputazione sposando un'onesta ebrea piuttosto che sposare una vecchia puttana, come sono destinate a fare?

Il Principe di Bidache, Duc de Grammont, imparentato con i Ségurs, Choiseul-Pralin, Montesquiou-Fézensac, Lesparre, Conegliano, ecc. ha sposato una Rothschild. Il Principe di Wagram e Neuchâtel (Berthier) ha sposato una Rothschild. Il Duca di Rivoli (Masséna) *sposò una Furtado-Heine, che aveva precedentemente sposato il Duca di Elchingen* (Ney)*, la cui figlia sposò il Principe Murat. Il principe di Chalençon-Polignac sposò una Mirès. La nostra Marie-Alice Heine, prima di sposare il Principe di Monaco, fu moglie del Duca di Richelieu. La Duchessa d'Étampes è un'ebrea di Raminghen. La Marchesa di Breteuil è un'ebrea di Fould. La Viscontessa de la Panouse era un'ebrea di Heilbronn. La marchesa di Salignac-Fenelon, ebrea di Hertz. La Marchesa di Plancy, un'ebrea Oppenheim. La Duchessa di Fitz-James* (degli Stuart, mia cara), *ebrea di Loevenhielm. La Marchesa di Las Marinas, un'ebrea giacobita, forse fuggita da Turcaret. La Principessa Della-Roca, un'ebrea Embden-Heim. La Marchesa di Rochechouart-Montemart, ebrea di Erard. La Viscontessa di Quelen, la Baronessa di Baye e la Marchesa di Saint Jean de Lentilhac sono tre sorelle, tre ebree di Hermann-Oppenheim. La Duchessa de la Croix-Castries è un'ebrea di Sena. Rimasta vedova, si risposò con il conte d'Harcourt: entrò così a far parte di tutte le famiglie d'Harcourt, i Beaumont, i Guishe, i Puymaigres, i Mac Mahon, gli Haussonville. Personalmente, i D'Haussonville ebbero altre occasioni per allearsi con gli ebrei Éphrussi* (si veda un famoso romanzo di Gyp su questo argomento)*. La marchesa du Taillis è un'ebrea Cahen. La Principessa di Lucinge-Faucigny era un'altra ebrea Cahen. La Contessa de la Rochefoucault era un'ebrea Rumbold. La Marchesa di Presles non è una Demoiselle Poirier, come credeva l'ingenuo Augier, ma un'ebrea Klein. La contessa di Rambervilliers era un'ebrea Alkein. La marchesa di Groucy, la viscontessa di Kerjégu* *e la contessa di Villiers erano tutte sorelle Haber. La marchesa di Noailles, ebrea Lackmann, la contessa d'Aramont, ebrea Stern... L'intero armoriale sarebbe incluso. Il nostro Finkelhaus ha pubblicato un'opera molto ampia del visconte de Royer su questo importante argomento. Da allora, queste famiglie* "old rock" *si sono moltiplicate. I loro figli sono cresciuti e altre famiglie* "old rock" *affamate di denaro ebraico hanno seguito l'esempio. Quindi abbiamo una pinta di sangue buono quando vediamo i neo-royalisti dell'Action Française prodigarsi con energia, talento ed eloquenza per riportare l'antica nobiltà al posto che le spetta e per restituire alla Francia il suo destino. L'*"antica nobiltà" *è oggi costituita dai nostri generi, nipoti e cugini di primo grado: tutti per metà o per un quarto kike. Il buon Monsieur Charles Maurras non riceve mai un annuncio quando si verifica un lutto in una famiglia nobile? Mescolati in un'edificante insalata con i più antichi nomi di discendenza francese, egli leggerebbe i nomi dei nostri Grumbach, Lévy, Schwobs, Kahn e Meyer, che sono* "questi signori della famiglia".

Tuttavia, abbiamo trovato nella stessa Action Française un resoconto dei funerali fatti dalla nobiltà francese al suocero di Arthur Meyer, un d'Antigny Turenne. L'intero arsenale e l'intero ghetto ondeggiavano in un abbraccio fraterno. Ah, sarebbe una bella cerimonia per noi se Filippo VII venisse incoronato circondato dai suoi valorosi uomini e dai suoi paggi: i figli e i nipoti delle nostre donne ebree sfoggerebbero i velli crespi, i nasi adunchi, le labbra lascive e le orecchie sporgenti che costituiscono il nostro marchio.[81] *È stato impresso da noi, la raffinata aristocrazia francese: le nostre figlie o le nostre sorelle hanno deposto le uova.*

La Vie Parisienne" *racconta di come Tristan Bernard fosse ai ferri corti con un nobile anziano in uno dei salotti più aristocratici. Come il nazionalista e cattolico Barrès era ospite abituale dei Blumenthal, il nostro ebreo Bernard potrebbe essere ospite abituale dei Breteuil o dei Larochefoucauld, visto che la marchesa e la duchessa provengono proprio dalla sua tribù...) e il nobile anziano disse:* "Mio nonno è stato ucciso durante la conquista dell'Algeria, il mio trisavolo è stato ghigliottinato da Robespierre, uno dei miei

---

[81] Questo è il tipo di commento che mi porta a concludere perentoriamente che questo testo è "un falso che dice la verità".

pronipoti è stato assassinato da Henri de Guise, un altro dei miei antenati è morto gloriosamente a Pavia...

Ah, signore", interruppe il famoso ironista, *"mi creda, sto partecipando a questo lutto crudele e ripetuto.*

Bravo, buon ebreo Bernard, hai fatto bene a insultare il nobile vecchio.

La sua nobiltà e la sua vecchiaia meritavano l'insulto dei nobili ospiti che accoglievano gli ebrei e il cui lusso era probabilmente pagato da una dote o da una governante ebrea. Tutte le distinzioni sociali sono nostre di diritto.

Quando Napoleone I creò la Legione d'Onore, non pensava a noi. Sotto la Repubblica, la Legion d'Onore ci appartiene.[82] *Si potrebbe dire che il nastro o la coccarda rosa hanno sostituito il berretto giallo del Medioevo: è così che si riconosce un ebreo per le strade di Parigi. Sembra che portiamo all'occhiello ciò che è stato tagliato altrove. I nostri May, Mohr, Hahn, Sue, Sacerdote, Klein e il barone James de Rothschild, decorati come "uomini di lettere" nel 1913, erano senza dubbio gli ultimi a non esserlo. Da Schmoll, amministratore di Le Gaulois, Ufficiale della Legion d'Onore*[83] *e Meyer Arthur d'Antigny-Turenne, Commendatore dell'Ordine di Saint-Stanislas, a Mme Guillaume, nata Goldschmidt* (in letteratura, Jean Dornis), *passando per Marcel Cahen, "piantatore di caïffa" e Lévy-Brühl, che ha trasmesso i sussidi Rothschild a L'Humanité, le nostre dodici tribù hanno indossato la Stella dei Coraggiosi.*

Il nostro Lazare Weiler, socio del Marchese de Mun, fu nominato Commendatore della Legione d'Onore per la sua razzia di risparmi francesi nella General Motor Cab, nella New York Taxi Cab e nella Anglo-Spanish Copper & Cie Ltd. Allo stesso modo, il nostro Bonnichausen (noto come Eiffel) *è stato nominato Ufficiale della Legione d'Onore per il suo licenziamento per prescrizione dello*

---

[82] È vero che nel corso del ventesimo secolo, che la mia vita ha praticamente coperto, mi sarebbe impossibile dare conto dell'enorme numero di ebrei che hanno ottenuto questa decorazione che sancisce la democratizzazione...

[83] Quando al signor Rouvier, presidente del Consiglio, è stato raccomandato un giornalista per la croce, ha detto: "È impossibile, non è nella mia lista di fondi segreti! Logica rigorosa. Il governo può solo decorare i suoi ausiliari. Gli ebrei di Le Gaulois sono sempre stati nominati a Place Beauvau come "membri dell'opposizione".

scandalo di Panama: "Un po' di gloria per la grande umiliata del 1870, la Francia", *ha spiegato il suo avvocato Waldeck-Rousseau. Noi diamo continuamente alla Francia umiliata l'elemosina delle nostre glorie! Non riuscirà mai a decorarci abbastanza per riconoscerlo. Ognuna delle nostre famiglie fornisce la cronaca della vita nazionale in Francia con più di mille famiglie indigene.*

Dove non si trovano i nostri Bloch? Jeanne Bloch, la grande artista; Bloch, il satirico che conficcava spilli nei seni delle ragazze francesi; Bloch, il funzionario che rubò mezzo milione dalla sottoscrizione per le vittime del Mont-de-Piété (Martinica); *Bloch-Levallois, che spoglia tutte le vecchie proprietà e spoglierà il Palais Royal. Chi rappresenta i drammaturghi francesi? Bloch. Chi presiede i grandi circoli dei boulevardier? Bloch. Chi si occupa dei diritti umani? Bloch. Chi ha derubato il 14° Ussari, la ragazzina di Quinsonnas? Una seconda Jeanne Bloch. Chi ha ucciso Minnie Bridgemain? La nostra Rachel Bloch. Chi insegna morale e sociologia al Collège des Hautes Études Sociales? Tre maestri Bloch.*

Potrei continuare per dieci pagine, e se prendessi la famiglia Lévy o la famiglia Cohen, riempirei due volumi: siamo solo noi. Andate in Place des Victoires, intorno alla statua di Luigi XIV e al bassorilievo che commemora l'attraversamento del Reno. Le case d'affari sono gestite da Bloch, Lippmann, Weill, Klotz, Kahn, Lévy, Wolff, Alimbour-Akar, Cohn, Siamo quelli che hanno attraversato il Reno!

Siamo solo noi. Chi fa parte del comitato esecutivo della Société des Commerçants et Industriels de France? Hayen, segretario generale, Klotz, vice, Cohen, segretario amministrativo, Sachs, Schoeen, Sciami, Zébaum. Gli uffici sono stati spazzati dai francesi. Siamo solo noi. Chi sono i consiglieri francesi per il commercio estero nominati dalla Repubblica per controllare gli interessi nazionali? I signori Amson, Baruch, Moïse Bauer, Moïse Berr, A. Bernheim, G. Bernheim, Aaron Bloch, Louis Bloch, Meyer Bloch, Raoul Bloch, Isidore Blum, Brach, Brunswick, E. Cahen, A. Cahen, H. Cahen, Jules Cahen, Joseph Cahen, A. Dreyfus, Moïse Dreyfus, Dreyfus-Bing, Dreyfus-Rose e così via in ordine alfabetico fino a Weil, Weill, Weiss e Wolf.

I francesi aiutano l'esportazione inchiodando le casse di imballaggio. I francesi non sono nemmeno in grado di compiere un furto redditizio. Rubano un tozzo di pane quando hanno fame, ma per rubare collane di perle, sfondare i muri e i forzieri delle gioiellerie, truffare i gioiellieri, fare furti da 100.000 a 3.000.000 di franchi, ci sono solo i nostri ebrei: Kaourbia, Aaron, Abanowitz.

E gli eroi del caso Meyer-Salomons, e gli eroi del mistero Goldstein? Chi gestisce l'industria più fiorente di Parigi: la tratta delle schiave bianche? I nostri ebrei Max Schummer, Max Epsten, Jacques Jeuckel, Sarah Smolachowaka, Samuel Rosendthal, Sarah Léovitch, Sarah Planhouritch. Il preside della scuola comunale dove si rifugiavano i fornitori di Flachon e Nitchevo era nostro fratello Weill.

Leggete "Les communiqués de la vie mondaine" *del nostro organo* "Le Matin": *altro che lutti o unioni dei nostri Aron, Abraham, Gobsek, Schwob, Meyer, Worth, Kuhn e così via.*

Aprire "Excelsior": *una fotografia dei salotti di Madame Navay de Foldeack, già Madame Dreyfus, nata Gutmann.*

Incidenti d'auto? Il signor Bodenschatz si scontra con il signor Gutmann, la signora Gutmann, la signorina Gutmann e la signora Rosenstein. "Una famiglia parigina", *dice* Le Matin. *O forse è il nostro Théodore Reinach che schiaccia un'anziana donna francese sotto la sua 60HP. Tutti i giornali tacquero e il tribunale valutò la vita della donna nativa a 15.000 franchi.*

Siamo sovrani nel decidere le questioni d'onore. Nel caso Bernstein, tre coppie di testimoni autoctoni hanno squalificato il nostro grande drammaturgo austro-americano per motivi di stato civile. Ebreo di razza, francese di fantasia. Convocammo immediatamente una giuria d'onore e un ammiraglio francese dichiarò solennemente che la diserzione non inficiava in alcun modo l'onore di un gentiluomo di Israele. I sei francesi che si erano pronunciati contro di lui non si scomposero.

Avete visitato la mostra dei regali ricevuti dalla nostra Myriam de Rothschild quando ha sposato il nostro Barone di Goldschmidt?

I donatori avevano inciso i loro nomi su carte monumentali per dimostrare la loro devozione alle famiglie Rothschild e Goldschmidt. Si tratta della Duchessa de Rohan, del Duca e della Duchessa de la Tremoille, del Duca e della Duchessa de Guiche, del Marchese e della Marchesa de Ganay, de Jaucourt, de Noailles, de Breteuil, de Mun, de Montebello, de Saint-Sauveur, il Principe e la

Principessa de Broglie, de la Tour d'Auvergne, il Duca Vogue, de Talleyrand-Périgord, de Chevigné, de Beauregard, de Kergorlay, de Pourtalès, de la Tour-du-Pin, Chambly, ecc. Lo ha fatto? Pensi che il nostro piccolo Goldschmidt avesse il diritto di prendere per il culo?

E quando il nostro Maurice de Rothschild, figlio del barone Edmond, sposò la nostra Noémie Halphen, che folla si riversò nella sinagoga di rue des Victoires, sorvegliata dall'ufficiale di pace del IX arrondissement. Era sempre la stessa folla di Rohan, Harcourt, Ganay, Breteuil, Morny, Sauvigny, Mouchy, Bertheux, Fitz-James, La Rochefoucault, ecc... La maggior parte dei mezzi ebrei rispondeva alla domanda: "Cosa ci fate qui? La maggior parte dei mezzi ebrei ha risposto come ebrei alla Ketubah e all'Aschrei Kol Yerci intonato dal Rabbino Capo Dreyfus dopo le sette benedizioni del Rabbino Beer. C'era tutta la vera Francia, la nuova Francia, riassunta nella sua aristocrazia.

Quanto alla borghesia francese, di solito paga il prezzo della nostra grandezza. Quando siamo arrivati nella meravigliosa terra di Chanaan, in fuga dalla polizia russa o dai gendarmi tedeschi, con solo le nostre pulci e qualche malattia asiatica (elefantiasi, congiuntivite purulenta) come bagaglio, l'Alliance Israélite e la Massoneria ci hanno fornito l'investimento iniziale per una piccola attività commerciale per darci un po' di "superficie". Nel giro di pochi anni, attraverso fortunati fallimenti, con l'emissione di titoli fantastici, con traffici che non hanno un nome preciso in nessuna lingua, abbiamo messo in tasca le fortune di dieci, cento, mille famiglie francesi. La Repubblica ci protegge, il potere giudiziario è nostro, le leggi non esistono più.[84] *Quando dico che la*

---

[84] Meglio ancora, alla fine di questo secolo, impongono leggi anticostituzionali, anti-diritti umani, anti-democratiche ai politici e ai magistrati di rastrellamento, concedendo loro ogni diritto e vietando loro di essere criticati, pena l'accusa di razzismo. Il loro razzismo megalomane diventa totalitario in nome dell'antirazzismo. Qui sostengono gli arabi che stanno massacrando in Palestina, in nome di un antirazzismo che permette loro di istituzionalizzare l'incrocio con la feccia del mondo afro-asiatico. Il globalismo è già in coma. La legge si chiama "Fabius Gayssot": un ebreo responsabile dell'atroce affare del sangue contaminato e un comunista che si sta trascinando dietro 200 milioni di cadaveri...

magistratura[85] *è nostra, non sto tradendo alcun segreto. Molti magistrati, giudici e consiglieri di Parigi sono ebrei. I magistrati autoctoni sanno bene che la promozione dipende dal loro zelo per la causa ebraica. Alla nona camera, il giudice sostituto Péan ha proclamato che il suo primo dovere era quello di proteggere gli ebrei dalla ribellione dei francesi. Abbiamo immediatamente nominato Péan capo dello staff del Ministro della Giustizia e lo abbiamo fatto decorare. All'ottava sezione, un maldestro giudice istruttore processò nostro fratello Leib Prisant come un ricettatore. Il suo avvocato ebreo, l'avvocato Rappoport, dovette solo produrre un certificato della sinagoga:*

"Io, sottoscritto rabbino dell'associazione religiosa Agondas Hakehilok, certifico che il signor Prisant Leib ha già raggiunto un altissimo grado di perfezione nello studio del Talmud e che presto sarà degno del titolo di rabbino" (Firmato, Rabbi Herzog).

Il tribunale ha immediatamente assolto nostro fratello. Cosa dobbiamo temere? Il borghese francese lavora per venti, trent'anni come un galeotto. Accumula scudi su scudi. Nega alla sua famiglia, e spesso a se stesso, tutti i piaceri della vita. Quando è ricco, porta il suo bottino nei nostri forzieri, perché gli promettiamo un reddito del 40 o 400% e lo scherzo è finito. Non molto tempo fa, la farsa presentava ancora dei pericoli.[86] *Ricordiamo il disastro del nostro Benoist-Lévy, che derubò diverse famiglie locali e fu ucciso da un rovinato signor Caroit con tre colpi di rivoltella. L'assassino fu difeso da Henri Robert, oggi presidente dell'ordine degli avvocati, che disse:* "Il signor Benoist-Lévy si faceva chiamare Benoist. Lévy è un bel nome, però. Non tutti possono chiamarsi Abramo, Lévy o Matusalemme. Ha praticato il sistema del ragno che lascia avvicinare la mosca e la cattura al momento giusto. Tutti questi lupi e falchi del mercato azionario non meritano alcuna considerazione. La loro ricchezza deriva dalla nostra povertà, le loro speranze dai nostri dolori. Se credete nella protezione dei francesi onesti, assolvete Caroit senza esitazione. *L'assassino è stato assolto e la vedova Lévy ha ricevuto solo venti centesimi di risarcimento.*

Ma il tempo è andato avanti.

---

[85] Questo era ancora più vero nel 1999.

[86] Oggi, il diffuso sistema ebraico per il mercato azionario, bancario e assicurativo dà loro ogni diritto, senza alcun rischio.

Oggi la giuria proclamerebbe il diritto legale di Lévy sui resti di Caroit: il diritto della razza superiore.[87]

Quest'inverno sono stato al Five-O'Clock di una delle nostre belle ragazze ebree. Mi disse che suo cognato Salomon spendeva trecentomila franchi all'anno e che aveva regalato alla figlia una superba collana di perle. Tra le donne indigene venute ad ammirare il nostro lusso, ho visto una madre e una figlia che Salomon aveva alleggerito di trecentomila franchi l'anno precedente. La piccola francese non ha più una dote: sposerà uno dei nostri dipendenti o insegnerà ai nostri figli. Ma non si ribella. Lei e sua madre sono piene di rispetto per la ricchezza ricavata dalla loro miseria, per l'auto, l'albergo, il castello storico della grande signora israelita.[88] Una volta all'anno, Salomon deve solo trovare una famiglia francese di questo tipo per sostenere il suo treno e scegliere i suoi generi tra la nobiltà realista (Noailles o La Rochefoucault), la nobiltà dell'impero (Wagram o Rivoli), o la nobiltà repubblicana (Besnard, de Monzie, Kruppi, Crémieux, Renoult-Wormser, Delaroche-Paraf, o Baudin-Ochs).

La bambina francese, con la cuffia di Santa Caterina e i piedi nel fango, vedrà il corteo nuziale salire lo scalone della Madeleine. Noi siamo il popolo eletto. Perché è scritto Tratto Hid: "Dio ha dato agli ebrei il potere sulla fortuna e sulla vita di tutti i popoli". *Il Signore ci aveva dato la vita dei Filistei, degli Amaleciti, dei Madianiti, degli Ammoniti, Moabiti, di quelli di Betel, di quelli di Rabba e di quelli di Galgala. Li abbiamo distrutti. Li abbiamo massacrati, crocifissi, impiccati e fatti a pezzi, arrostiti in statue di bronzo, strappati vivi sotto erpici di ferro* (Pentateuco, Libro dei Re).

Il Signore ci ha dato le vite degli zar, dei granduchi, dei governatori e dei generali della Russia, e noi ne facciamo continuamente un grande chérem (massacro, strage) *con le bombe e i fucili da caccia.*

---

[87] Tutto, assolutamente tutto, nel contesto politico e giuridico dimostra che questa affermazione è vera. Lo spargimento di sangue ebraico è diventato multilaterale e perfettamente legale. E a un livello che va oltre l'intelligenza umana. Lo sfruttamento spudorato di un olocausto la cui inettitudine aritmetico-tecnica è abbagliante è il chiodo nella bara di questo mostruoso sistema di rovina goy.

[88] Questo aneddoto illustra ciò che dico sempre: "non c'è una questione ebraica, c'è solo una questione di stronzate goyish"...

Ma il Signore ci ha dato la Francia per farne la nostra terra di abbondanza e i francesi per renderli nostri schiavi.[89]
La Sua volontà è fatta: sia glorificato il nome di Geova! Noi siamo la razza superiore...

---

[89] Schiavi consenzienti e soddisfatti che, nei loro orrendi blue jeans Levy, proclamano beatamente "libertà, uguaglianza, fraternità" mentre guardano una partita di calcio o un film pornografico...

IL NOSTRO PER LA FRANCIA!

La Francia è un concetto geografico. Il nome Francia si riferisce al territorio compreso tra la Manica e i monti Vosgi, tra il Golfo di Biscaglia e le Alpi. Gli uomini che governano questa regione sono chiamati francesi. Ora noi ebrei governiamo e comandiamo la Francia. Gli indigeni ci obbediscono, ci servono e ci arricchiscono. Quindi i francesi sono noi. Un popolo sostituisce un altro, una razza sostituisce un'altra: con i nuovi francesi, la Francia continua. Siamo una grande nazione di dodici milioni di persone. Una delle più ricche e, nonostante la dispersione, la più omogenea, la più unita e la più fortemente organizzata del mondo. Più di cinque milioni del nostro popolo sono accampati in Russia, di cui due milioni nella Polonia russa. Più di due milioni in Austria-Ungheria, settecentomila in Germania, trecentomila in Turchia, trecentomila in Romania, duecentocinquantamila in Inghilterra, ma gli ebrei a Gerusalemme sono solo sessantamila. Ci sono centocinquantamila a Londra e un milione e duecentomila a New York.[90]

Ma il nostro Paese d'elezione è la Francia. Il clima è salubre, la terra è ricca, l'oro è abbondante e gli indigeni si offrono alla nostra conquista. Privati di una patria, dobbiamo insediarci nella patria di altri. Cercando la linea di minor resistenza, siamo penetrati più facilmente nell'organismo francese e ci siamo insediati più saldamente. Prima dell'affare Dreyfus, eravamo centomila in Francia. Dall'inizio del XX secolo, grazie all'opera del Concistoro e dell'Alleanza, con l'aiuto dei ministri che si sono succeduti, che abbiamo tenuto sotto stretto controllo, e dei nostri uomini che abbiamo inserito nell'amministrazione, i nostri fratelli sono stati chiamati, portati, insediati, dotati del necessario e del superfluo in questa terra di Chanaan in lotti di trenta-quarantamila all'anno.

---

[90] Nel 1999 queste cifre dovranno essere riviste al rialzo. Ci sono più ebrei negli Stati Uniti che in Israele. Il governo americano è radicalmente e totalmente ebraico. Il clown Clinton, che è oggetto di un processo grottesco (per aver palpeggiato una ragazza ebrea) e di cui ovviamente vogliono sbarazzarsi con questa ridicola procedura, ha nove consiglieri ebrei su dieci. È stato eletto dal 60% degli elettori ebrei.

Il Presidente Loubet e il Presidente Fallières resteranno nella memoria di Israele. Nel dicembre 1912, la sezione ufficiale dell'organo dell'ebraismo in Tunisia pubblicò questa espressione di gratitudine:

Il presidente Armand Fallières,

Mentre il nostro amato e venerato Presidente della Repubblica, Armand Fallières, termina il suo mandato di sette anni e si ritira per diventare un comune cittadino della Francia repubblicana, vorremmo cogliere l'occasione, in questa rivista francese, per salutarlo con rispetto.

M. Fallières è un amico dell'ebraismo francese e ha sempre mantenuto le relazioni più cortesi con i nostri correligionari nella Francia metropolitana. Quando venne in Tunisia nel 1911, ricevette con grande cordialità le varie delegazioni ebraiche che si erano recate a rendergli un deferente omaggio. Ebbe parole di simpatia per la lealtà dei nostri fratelli indigeni e per la loro devota collaborazione all'opera di civilizzazione ed emancipazione della nostra amata patria. Dobbiamo anche ricordare che è stato lui a conferire la Légion d'honneur al nostro eminente collega Elie Fitoussi, onorando così l'intero ebraismo tunisino nella persona del nostro delegato.

Rinnoviamo a M. le Président Fallières l'espressione del nostro più profondo rispetto e i nostri migliori auguri lo seguono nel suo pensionamento. Le ultime firme apposte dal venerato Presidente Fallières hanno concesso il titolo e le prerogative di cittadini francesi ai nostri fratelli: Marcus Grunfeld, Vohan Sholak, Fermann, Zeftmann, Guitla-Ruchla Merovitz, Jacob-Ariya, Altsschuler, Taksen, Wurtz, Hanna Guelbtrunk, Weinberg, Kayser, Kummer, Ott, Lew Spivakoff, Reifenberg, Kopetzky, Hanau, Wittgenstein, Valsberg, Esther-Lévy Ruben, Schmilovitz, Dobès dit Dobison, Goldstein, Isaac Azoria, Kapelonchnick, Robenowitz, Baretzki, Nephtali Gradwohl, Meyer, Abraham Garfoukel, Isaac de Mayo, Roethel, Kuchly, Friess, Sarah Kaluski, Nathalie Schriftgiesser, Martz, Mecklenburg, Bernheim, Tedesco, Schmidt, Fisher, Ehrhardt, Wachberg, Strasky, Miraschi, Weiss, Schellenberg, Moïse Cohen, Finkel, Aron, Rabinovitch, Handverger, Josipovici, Ornstein, Rosenthal, Frank, Dardik, Sternbach, Max Goldmann, Lubke, Rossenblat, Bleiweiss, Mayer, Belzung, Salomovici, Kahan, Salomon, Kopeloff, Isaac Danon,

Wertheimer, Kleinberg, Himstedt, Lewy, Reichmann, Weill, Schuffenecker, Moïse Saül, Wend, Oberweiss, Meyer, Goldstein, Elmach, Schamoun, Isaïe, Feldman, Weinberg, Kahn, Rosenblum, Mozes Wallig, Stern, Jakob-Karl, Noetzlin, Karnik Kevranbachian, Isaac Silberstein, Fremde Rosenzweig, Engelmann, Bloch, Jontor Semach, Spitzer, Freidlander, Lévy, Lilienthal, Taub, Zucker, Friedmann, Meyer, Klotz, David Salomon, Navachelski, Jacob Meyer, Eljakim-Ellacin Ubreich, Schlessinger, Weiss, Wolff, Aaron Viesschdrager, Sarah Id, Gombelid, Abraham Zaslawski, Ettla Granick, Ouwaroff, Ruhl, Maienberg, Feier, Munschau, Leib David, Rosenthal, Israël Quartner, Simon-Baruch Prechner, Fürst, Haym Cohen, Saül Blum, Goldenberg, Lichtenberg, Schwartz, Leichle, Bachner, Haberkorn, Pfaff, Abraham Berger, Leib, Axebronde, Elie et Simon Arochas, Ephraïm Marcovici, Eisenreich, Pfirsch, Moïse Sapsa, Miriam Sapsa, Sura Hamovicy, Hack, Nathalie Jacob-Isaac, Schweke, Mifsud, Isaac Mayer, Bertchinsky, Moïse Seebag, Moïse Bedoncha, Ephraïm Bronfein, Necha Arest, Jacob Bronfein, Haïm Tcherny, Stoianowsky Liba, Metzger, Marcus, Friedmann, Zacharie Zacharian, Nathalie Pitoeff, Leonhart, Hofrath, Unru Fisher, Katuputchina Fisher, Kieffer, Schick, Schor, Abraham Eptein, Esther Goldenberg, Jacob Kozak, Kamm, Abraham Rabinovitcz, Abrahamovitcz, Suralski, Jacob Bercovich, David Guenracheni, Cohen, Cahen, Mohr.

(Estratto dal Journal Officiel).

Il nostro amato Presidente Poincarré, sostenuto da Klotz, il ministro ebreo, e da Grumbach, il viceministro ebreo, sta seguendo con determinazione le orme dei suoi predecessori. Ci aveva già dato prova della sua devozione in diverse occasioni. È stato lui che, come ministro delle Finanze, ha valutato il patrimonio del nostro grande Rothschild (Amschel Meyer) a trecento milioni, rimettendo così agli eredi diritti che sarebbero ammontati a diverse centinaia di milioni, e soprattutto nascondendo alla plebe francese l'enormità delle fortune alimentate dal suo servilismo. Fu anche il presidente Poincaré che, in qualità di ex presidente del Consiglio e di avvocato, prese sotto la sua protezione la nostra sorella Marfa-Salomé Slodowska, Dame Curie, e non risparmiò alcuno sforzo per affossare una sciocca francese; grazie alla sua influenza, furono fermate indagini imbarazzanti, furono messi a tacere documenti compromettenti, furono intimiditi testimoni pericolosi. Ci volle una sfortunata occasione perché la francese e la sua nidiata sfuggissero alla trappola così ben tesa dal nostro audace compatriota.

Le prime firme apposte dal nuovo Capo di Stato conferirono il titolo e le prerogative di cittadini francesi ai nostri fratelli: Jacob Eisenstein, Stein, Kissel, Moïse Abraham, Rachel Lehmann, Nahïn Zaïdmann, Nessi Flachs, Tugendhat, Steinmetz, Acher Lourie, Slata Rocks, Weismann, Loeb, Reicher, Bassa, Weksler, Abraham, Kerestdji, Bohn Gruenebaum, Kouttchneski, Zelenka, Klotz, Moïse Leibowitz, Olga Herscovici, Reisner.

(Estratto dalla Gazzetta ufficiale).

In questo modo Poincaré ha continuato l'opera di Loubet e Fallières. Non possiamo sentire la sua mancanza. Non è da lui che accetteremo la resistenza all'introduzione di elementi estranei nel corpo francese.

Gli permetteremo un nazionalismo in parata; sa bene quali considerazioni avremmo avanzato per vietargli un nazionalismo effettivo. Non rischierà mai: la prudenza è il tratto principale del suo carattere vigoroso. Durante la crisi che ha scosso il suo Paese per diversi anni, M. Poincarré ha avuto il coraggio di tacere, di non schierarsi, di frenare sia la sua passione per la giustizia che il suo istinto patriottico. Più tardi, dopo la vittoria, "liberò la sua coscienza" e riconobbe pubblicamente che i vincitori avevano ragione.

Il 13 settembre 1913, durante il suo tour reale, M. Poincaré presiedette il banchetto offerto in suo onore presso la prefettura a Cahors. Alla sua destra c'era Madame Klotz, ebrea e moglie del ministro, e alla sua sinistra Madame de Monzie, ebrea e moglie del viceministro. Le donne indigene occupavano sgabelli un po' più in basso. Tra le due principesse ebree, il Presidente della Repubblica mostrava il suo ruolo e la sua devozione: Lunga vita a Poincaré!

La Francia è ora nostra. Noi siamo la Repubblica.

Questi Sternbach, Goldman, Kohans, Schuffeneckers, Schamanns, Oberweisfs, Kaksens, Scholacks, Ruchlas, Merowitzs e Guelbtrunks, che ogni anno rinforzano le nostre fila a decine di migliaia e che i Presidenti della Repubblica dichiarano immediatamente "francesi di prima classe", possono inizialmente sembrare un po' disorientati. È naturale che non conoscano la lingua e i costumi, la storia e le tradizioni, la gente e le cose di Francia. Ma si sono subito resi conto che l'intera organizzazione politica e tutti i poteri sociali erano al loro servizio. Naturalizzati nel 1912 e 1913, ieri caschieri, come il mio venerato padre, pellicciai, mercanti ambulanti nelle profondità della Tartaria, dell'Ucraina, della Galizia, della Polonia, della Svevia, della Prussia, della Moldo-Valacchia, li vedremo prima di dieci anni prefetti, deputati, direttori di grandi giornali, professori alla Sorbona, concessionari di proprietà coloniali e di monopoli metropolitani, cavalieri, ufficiali della Legione d'Onore, proprietari di foreste e di castelli storici, signori indiscussi della Francia.

E il popolo francese li saluta a bassa voce.

Francesi per i decreti di Loubet, Fallières e Poincaré, rimangono allo stesso tempo tedeschi, russi, austriaci, rumeni per le leggi del loro Paese d'origine: hanno quindi diverse nazionalità fittizie da usare a seconda delle circostanze. Ma hanno una sola nazionalità reale: la nostra, quella ebraica. Siamo stranieri, ospiti ostili in ogni Paese, e allo stesso tempo siamo a casa nostra in ogni Paese dove siamo i padroni. Ecco perché protestiamo qui contro la pusillanimità, contro la pietosa codardia degli ebrei che inventano sofismi per nascondere la loro sconfitta ai vinti e per far credere ai nostri vassalli che non siamo i loro baroni.

Alcuni immaginano di sostenere che non esistono razze umane, che uno spagnolo o un eschimese, un giapponese o un norvegese, un cafro, un siciliano, un patagonico, sono tutti esseri della stessa specie, con le stesse facoltà, la stessa fisiologia, la stessa mentalità, la stessa sensibilità. Una teoria grossolanamente assurda. Ci sono razze di uomini come ci sono razze di cani o di cavalli, così diverse, così distanti, fisicamente nemiche, che gli elementi dei loro corpi non possono essere riuniti.

Al congresso di chirurgia tenutosi a Parigi nell'ottobre 1912, il dottor Serge Voronoff dimostrò per via sperimentale che era possibile innestare le ovaie di un'altra pecora della stessa specie su una pecora e che questa rimaneva fertile. Tuttavia, è impossibile effettuare un innesto tra due pecore di specie diversa.

Che abisso tra l'ebreo e la francese! Tra l'ebreo e il francese!

Altri ebrei, come il nostro fratello Weyll (noto come Nozières) *nella sua commedia* "Le Baptême" (Il Battesimo), *chiedono pietà ai nostri sudditi francesi, lamentandosi*: "Essere ebrei non è una religione, né una razza, è una disgrazia". *Una disgrazia! Quando basta varcare la frontiera in Francia, con le bisacce sulle spalle, e dichiararsi ebrei per ricevere immediatamente dalla Repubblica il nome francese, la terra, i fecondi privilegi, gli onori, le innumerevoli immunità, il potere e l'inviolabilità! Mentre a noi basta dichiararci ebrei per vedere i francesi autoctoni strisciare davanti a noi.[91]*

Avanti! Niente falsa umiltà!

Sono finiti i tempi in cui dovevamo piegarci all'indietro, scendere le scale di nascosto, accettare le avances e i rifiuti. Abbiamo la forza, e quindi il diritto, di parlare, di presentarci come siamo, di essere orgogliosi del nostro status. È vergognoso che tanti ebrei chiedano alla Cancelleria francese un nome francese o si diano uno pseudonimo. Perché i nostri Meyer Amschel si chiamano Rothschild e i Rothschild si chiamano Mandel? Cosa sono tutti questi falsi nomi di Tristan Bernard, Francis de Croisset, Cécile Sorel, Henri Duvernois, Isidore de Lara, Jeanne Marnac, Jean Finot, Séménoff, Nozières? Quando arrivai da Cracovia, i nostri capi dell'Alliance Israélite mi consigliarono di tradurre il mio nome Blümchen e di chiamarmi d'ora in poi François Fleurette, per tranquillizzare i nativi. All'ufficio di naturalizzazione, il nostro fratello Grumbach voleva creare uno stato civile a nome di Raoul d'Antigny o Robert de Mirabeau, per darmi un accesso più facile al grande mondo e ai salotti ufficiali. Rifiutai con disprezzo: so bene quanto valiamo oggi. Che bassezza far credere ai francesi che siamo uno dei loro popoli asserviti quando siamo il popolo sovrano.

Onore ai nostri Jeanne Bloch, Henry Bernheim, Sulzbach, Merzbach, Blumenthal, Gugenheim, Bischoffsheim, ai nostri Cohen, Cahen, Kohn, Kahn, Kohan, ai nostri Meyer, Lévy, Rosenthall, Roseblatt, ai nostri Stern, Klotz, Schrameck e Schmoll, che portano con orgoglio il nome ebraico o germanico.

Questi sono i degni figli di Giuda, i veri conquistatori, e la ricompensa per il loro coraggio si trova nell'umiltà del popolo conquistato, piegato davanti a loro, che porta il proprio raccolto nei suoi granai e i suoi risparmi nei suoi forzieri.

---

[91] Questo è sempre più vero: l'ultimo Presidente della Repubblica è stato eletto solo perché si è prostrato davanti agli ebrei. L'altro candidato si è rifiutato e non è stato eletto, nonostante i sondaggi fossero nettamente a suo favore.

In Inghilterra e in alcuni altri Paesi, dove abbiamo ancora solo grandi interessi finanziari, senza molto potere politico, siamo accusati di aver creato uno Stato nello Stato.

In Francia, quel periodo è finito: noi siamo lo Stato.

L'ammiraglio cattolico de Cuberville una volta si rese ridicolo agli occhi dei francesi liberi di pensare dicendo che "la Francia dovrebbe essere la spada e lo scudo della Chiesa". *Le Crociate sono ormai lontane. Oggi la Francia è la spada e lo scudo di Israele. Possiamo mettere sotto le armi quattro milioni di francesi per sostenere le nostre speculazioni internazionali, per recuperare i nostri ingenti debiti, per liberare i nostri fratelli oppressi, per portare avanti la nostra politica nazionale.*

Come osa qualcuno mettere in discussione il nostro amore per la Francia?

Lo amiamo come un ricco proprietario terriero ama la sua tenuta, come un cacciatore ama il suo cane, come un epicureo ama la sua cantina e la sua amante, come un conquistatore ama i suoi pretoriani d'élite.

Gli ebrei isterici, quelli che a volte mettono a repentaglio i nostri affari con le loro gaffe, hanno minacciato i francesi di "farli uscire dalla Francia". *Si riferivano ai pochissimi francesi che ancora osano opporsi a noi: un pugno di pazzi, senza credito e senza risorse, che saranno lapidati al primo segno della nostra presenza.*[92]

Ma cosa faremo, per Geova, con la Francia senza la sua brava gente, bestiame facile da tosare, docile alla frusta, industrioso, parsimonioso, umile davanti ai suoi padroni, produttivo al di là di qualsiasi cosa si possa sperare dalla Terra Promessa?[93] *Amiamo i nativi di Francia come amiamo la Francia: sono il bestiame della nostra fattoria. Tutto ciò che dovevamo fare era sottometterli, e lo abbiamo fatto, e lo abbiamo fatto bene.*

---

[92] È proprio vero: sono i politici e i giudici francesi che applicano la legge Gayssot contro coloro che si ribellano a tutte le manifestazioni di giudeopatia totalitaria... Gli ebrei non si muovono: approvano le leggi come il "grande fratello"...

[93] Purtroppo, le condizioni socio-economiche imposte dall'ebraismo hanno cambiato questo popolo infelice, che non è più incoraggiato a lavorare dai contributi sociali e dalle tasse, ed è ridotto alla disoccupazione...

Non solo nelle assemblee, nei caffè, nei luoghi pubblici, ma anche nelle redazioni dei giornali, a casa, ai loro tavoli, gli indigeni abbassano la voce quando parlano di noi: Proprio come facevano gli italiani a Milano sotto il terrore austriaco. A volte mormorano contro di noi, lanciando intorno uno sguardo preoccupato. Ma se qualche sciocco li incita all'azione, si affrettano a rispondere: "Non posso, ho famiglia, devo guadagnarmi da vivere, loro hanno tutto".[94] Così come la Germania fa estromettere dalla Repubblica francese i ministri che le dispiacciono, noi facciamo estromettere dalle riviste e dai giornali francesi gli scrittori sospetti che cercano di opporsi a noi o che semplicemente si sottraggono al nostro controllo.[95] I giornali più grandi e potenti di Francia non osano più nemmeno stampare la parola "ebreo", che a loro sembra dura e aggressiva. Per loro, non ci sono più ebrei. In casi di assoluta necessità, con mille precauzioni, scrivono timidamente "israelita".

Abbiamo imposto il silenzio assoluto sulla nostra dominazione e su qualsiasi episodio che potesse ricordare agli indigeni il fatto della nostra dominazione.[96] Questa meravigliosa disciplina della stampa francese merita un capitolo a sé: Je l'écrirai.

La nostra vittoria è così completa, la nostra conquista così definitiva, che non permettiamo nemmeno ai francesi di ricordare che c'è stata una battaglia, che un tempo erano i padroni del Paese, che ciò che è non è sempre stato. E non permettiamo loro di ricordarlo. Un esempio mostra come trattiamo i nostri soggetti. Il commercio parigino è raggruppato in due grandi associazioni. Una, l'agenzia Mascuraud, è gestita di fatto da una dozzina di Cohen, Weill, Meyer e Lévy, mentre l'altra, l'associazione dei

---

[94] Una simile osservazione varrebbe l'applicazione della legge Gayssot da parte di un giudice Goyim. Multa, prigione. Non c'è più la minima libertà di parlare delle atrocità ebraiche.

[95] Louis Ferdinand Céline fu la causa della prima legge razzista contro gli ebrei, grazie ai suoi eccezionali pamphlet che esponevano la verità fondamentale sulle atrocità ebraiche. Questa fu la prima legge Pléven e Marchandeau, che si evolse in una forma sempre più totalitaria fino alla legge Fabius Gayssot.

[96] I giornali parlano delle azioni mostruose di Soros (destabilizzazione delle economie, pianificazione di farmaci da banco) ma NESSUNO di loro dice che Soros è un ebreo. Da nessuna parte nei cosiddetti giornali democratici troverete che i GUERRAI che hanno finanziato la guerra del 14-18 e il bolscevismo sono ebrei.

commercianti francesi, è gestita da Hayem. Di recente, un grosso commerciante di rue de la Paix ha permesso che il suo nome fosse inserito nelle liste di patrocinio di un candidato che in passato aveva fatto dichiarazioni antisemite. Il candidato non ha pensato a nulla e i suoi sostenitori lo hanno ignorato. Il grande uomo d'affari non aveva dubbi. Ma noi sapevamo: i nostri archivi sono ben conservati, la nostra polizia è vigile, la nostra memoria è sicura. Tutte le ricche donne ebree che acquistavano da questo grande negoziante reclamavano i loro conti da lui durante il giorno. Il pietoso francese corse immediatamente da ognuna delle sue clienti per placarle. Protestò la sua innocenza, "avevano usato il suo nome senza preavviso". Si è umiliato, si è scusato e ha sostituito a sue spese i manifesti del candidato con altri che non portavano la sua firma. Ha affermato la sua devozione agli israeliti generosi, agli israeliti belli, a tutto Israele.

Oh, mio Dio! Che allenamento![97]

Chiunque sostenga di opporsi a Israele e sogni di portarci via la Francia, noi lo calunniamo, lo infanghiamo, lo affamiamo e lo uccidiamo.[98] *Infatti, lo facciamo calunniare, infangare e uccidere dai nostri scagnozzi francesi.*[99]

A cento franchi al mese, i nostri baroni Rothschild trovano tutti i lacchè francesi che vogliono, che travestono da estafiers per uccidere i contadini colpevoli di aver catturato un coniglio o di aver rubato un fagotto nella ex foresta francese. A venticinque luigi, dieci luigi, possiamo trovare tutti i tagliagole francesi che vogliamo per intimidire i nostri detrattori, o i giudici per condannarli, per imbavagliarli.

---

[97] Lo stesso accadde a FORD, che scrisse un duro studio contro l'ebraismo mondiale. Fu costretto a ripiegare o ad affrontare la rovina. Recentemente, il famoso attore che ha interpretato "*Il Padrino*" e che aveva denunciato l'egemonia ebraica sul cinema si è pentito fino alle lacrime! (Marlon Brando).

[98] Oggi, la semplice legge Fabius Gayssot si occupa di tutto: multe e carcere.

[99] Ecco perché continuo a dire che non c'è una questione ebraica, ma la questione delle stronzate dei goyish.

Tutti i nativi della Francia tremano davanti al padrone ebreo come i nativi dell'India tremano davanti al padrone inglese.[100] *Non che i francesi di temano di spargere sangue umano, hanno lo stesso gusto degli altri popoli per il massacro, soprattutto per il massacro dei deboli e dei vinti. In Madagascar, Sudan e Marocco, i francesi hanno ucciso e continuano a uccidere. In Cina, hanno eguagliato o superato lo spaventoso sadismo dei tedeschi e dei russi. Nella stessa Francia, di tanto in tanto si sgozzano a vicenda con implacabile ferocia. La Rivoluzione ha sterminato metodicamente quasi un milione di francesi: in Vandea, a Parigi, a Lione e a Bordeaux ci sono state ghigliottine, fucilazioni, annegamenti e septembrate che fanno rabbrividire.*

Nel giugno del 1848, la borghesia distrusse metà degli anziani di Parigi, e distrusse gli altri nel maggio del 1871. Di conseguenza, la grande città, intelligente, vivace e generosa, era ormai popolata solo da immigrati venuti ad arricchirsi sfruttando i vizi degli oziosi e dei furfanti. Parigi era scesa al livello di Bisanzio: un brulichio di ballerini, giullari, sensali, prostitute e valletti. Una facile preda per i conquistatori che siamo. Ma questi stessi francesi, spietati con gli altri, spietati tra di loro, sono presi dal terrore del panico in presenza dell'ebreo, il loro padrone.

Quando Monsieur Antoine, dopo aver fatto dell'Odéon un teatro ebraico così come il suo emulo, M. Claretie, aveva fatto della Comédie Française un teatro ebraico, diede "Ester, Principessa d'Israele" nel febbraio 1912, fu una splendida dimostrazione della nostra potenza e del nostro odio.

Per venti volte l'auditorium era gremito dei nostri ardenti ebrei, che acclamavano il sanguinoso trionfo di Ester e Mardocheo, la schiavitù di Assuero, il supplizio di Aman e della sua famiglia.

Il viziato Assuero simboleggiava l'ex popolo francese, mentre Aman e i suoi figli simboleggiavano i nostri ultimi avversari.

> *Mordecai testimoniò che la nostra razza*
> *è la razza eletta e la razza eterna,*
> *Che Dio stesso ha dettato ai nostri antenati,*
> *Il libro della vita e della verità;*

---

[100] Il padrone inglese delegato dall'ebreo, perché la colonizzazione era un'operazione ebraica, soprattutto in India.

La razza a cui è stata promessa la terra intera,
e che deve conquistare l'umanità soggiogata.
Quando aggiunse con voce roca:
In Israele c'è una forza che spezza
Qualsiasi movimento umano scatenato contro di noi,
che tocca i nostri diritti, è condannato in anticipo!
L'intera sala ruggì con orgoglio e furore: "Abbasso i Goyim, morte, morte!
Sì, chiunque tocchi i nostri diritti in anticipo è condannato. I nostri diritti sono la mia conquista e la padronanza del mondo, la distruzione spietata dei Filistei, degli Amaleciti e dei Madianiti, e lo sfruttamento fino al sangue di tutta l'umanità goy, vile bestiame. Il misero Aman implorava pietà, almeno per i suoi figli. Così la nostra Ester:
Aman mi ha ricordato che ha dieci figli al fronte
affascinanti, giovani, belli e forti, che potrebbero
vendicarlo un giorno, se li lasciamo vivere.
Dammi le loro dieci teste
Assuero: Te le do.
Il nostro Mardocheo ruggì subito questi versi mirabili
Così periranno i nemici di Israele,
E che l'esempio sia tale da far sì che l'Universo impari
Quello, segnato dal suo Dio per l'opera sovrana,
forte della meta infallibile a cui questo Dio lo ha condotto,
Ieri come domani, domani come oggi,
Il nostro popolo - ignaro del tempo, del secolo e dell'ora,
tra le nazioni che passano, rimane solo!
Invano Assuero cercò di sottrarsi alla promessa, spaventato dall'immensità del massacro.
Sangue, sempre sangue!
Esther:
Voglio di più, voglio di più
In modo che i figli di Israele possano, fino all'alba,
massacrare senza rimorsi, senza pietà, senza misericordia,
i nemici di Dio... che sono anche miei.
Stavamo uccidendo, ancora uccidendo.
Nella sala, i nostri fratelli sentivano un'ebbrezza segreta. Per tre giorni interi, senza sosta, senza riposo,
Colpisci, colpisci uno per uno, per gregge,
per casa, per tribù!
Esther:

Colpire in massa
E se necessario, gettare ai venti della solitudine
Il seme delle generazioni future!
È una notte così mite
Com'è bello essere vivi!
Ecco quindi il giorno della vendetta,
Il giorno tanto atteso della consacrazione,
vibrante di clamore e caldo di massacro,
Il trionfo promesso al mio popolo eterno!
In venti spettacoli cinquantamila ebrei impazienti gridarono
insieme alla bella attrice ebrea:
Svegliatevi, cantori dello splendore di Israele
Suonate le arpe dei re, le trombe dei leviti!
Che le spade siano rapide, che le frecce siano rapide
Che la vendetta corra con i piedi di un pazzo!

Le pareti del teatro hanno tremato per il clamore. Quando se ne andarono, l'entusiasmo dei nostri fratelli risuonò in tutto il quartiere. I pallidi francesi si nascosero sotto le coperte, spaventati dal passaggio della tempesta. Belle serate! Pagate dal bilancio della Repubblica, in un teatro ufficiale della Repubblica, per dimostrare il sostegno della Repubblica ai nostri progetti e la sua obbedienza ai nostri desideri!

Li avremo, i tre giorni di Ester. Non possiamo averli in Russia,[101] non possiamo averli in Germania, o in Inghilterra perché gli indigeni sono ancora in grado di difendersi. Li avremo in Francia, dove il popolo imbastardito, abilmente evirato da noi, vigliacco e sventrato come Assuero, sottopone volontariamente la propria spina dorsale alle nostre fruste e la propria gola ai nostri coltelli.

In Israele c'è una forza che spezza
Qualsiasi movimento umano scatenato contro di noi,
E chi tocca i nostri diritti è condannato in anticipo
Serate indimenticabili!

Tutti i versi mi ossessionano e cantano una deliziosa melodia
dentro di me.
Non riesco a fare a meno di rileggerli e copiarli!
Massacrare senza rimorsi, senza pietà, senza misericordia,

---

[101] È fatta: la rivoluzione giudeo-bolscevica del 1917 ha consegnato loro la Russia. Con i suoi 80 milioni di vittime del bolscevismo...

*i nemici di Dio che sono anche miei.
Colpire, colpire uno per uno, per greggi,
per case, per tribù,
Come è dolce la notte, come è bello vivere
Il bel giorno che consacra
Il trionfo promesso al mio popolo eterno!*

Ah, Francia, cara Francia, preziosa Chanaan! Che fonte di vendetta e di gioia sei stata per noi! Ora è il nostro turno! Per 20 secoli abbiamo sopportato la violenza e l'oltraggio, abbiamo piegato la schiena, abbiamo opposto alla brutalità solo la bassezza. Infine, abbiamo trovato qualcuno più rassegnato di noi, più brontolone di noi, più vigliacco di noi: i nativi di Francia. Toccava a noi brandire la frusta e il bastone! Tocca a noi spogliare il vinto e insultare lo schiavo! Mentre aspettiamo le belle notti rosse del massacro, siamo già riusciti a svilire questo meraviglioso Paese.[102] *Il nostro collega Grumbach, che l'Alliance Israélite ha messo a capo del servizio di naturalizzazione francese, non si accontenta di naturalizzare decine di migliaia di nostri connazionali provenienti da Germania, Russia, Romania e Turchia, i rinforzi di cui abbiamo bisogno per occupare Parigi. Grumbach ha anche naturalizzato lotti della feccia d'Europa, galeotti, contumaci e banditi di ogni paese, trasformandoli in cittadini francesi, magistrati francesi, diplomatici francesi, legislatori francesi e i principali direttori dei principali giornali francesi per presiedere al destino della Francia e illuminare l'opinione pubblica francese.*

Ah, toglieremo i pidocchi dai capelli del vecchio leone prima di sparargli!

Ah, avremo trascinato la bella Francia, la grande Francia, la gloriosa Francia sullo sterco prima di averla finita!

*Il nostro popolo, incurante del tempo, del secolo e dell'ora
Tra le nazioni che passano, solo loro rimangono!*

Viva la Repubblica!

---

[102] Ci riusciranno: la giustapposizione di gruppi etnici inassimilabili rende inevitabile la rivoluzione tra francesi e africani. Gli africani hanno fucili e altre armi. I francesi sono disarmati per legge.

GIUDEOPATIA GLOBALISTA TOTALITARIA

Tre ebrei hanno costruito la NBC, la ABC e la CBS, che sono gli epicentri della struttura della società americana. Gli ebrei dominano quasi tutti gli studios di Hollywood. Quattro su cinque di Viacom, Disney-ABC, Time-Warner e AOL sono ebrei. Lo è anche Murdoch, che gestisce il mondo. Hanno fondato tre reti televisive in Inghilterra: Associated-Rediffusion, Associated-Télévision e Granada. Il New York Time e il Washington Post sono ebrei, così come il Wall Street Journal. Il 50-60% dell'economia russa è controllata da una manciata di oligarchi ebrei, alcuni dei quali hanno la doppia nazionalità russo-israeliana. In Russia, due reti televisive su tre sono ebraiche. Uno studio del 1973 ha dimostrato che 21 dei 36 produttori e redattori di reti televisive erano ebrei. Un altro studio ha stabilito che il 59% dei registi, scrittori e produttori di cinquanta film che hanno avuto un sicuro successo economico tra il 1965 e il 1982 erano ebrei. Secondo uno studio degli anni '70, il 70-80% degli sceneggiatori di Hollywood sono ebrei. Quattro ebrei hanno creato il famoso *Festival di Woodstock*. Un ebreo ha costruito e diretto la fama dei Beatles. La maggior parte della scena rock 'n' roll è controllata da ebrei: Rolling Stones, Credence, Clearwater, Bruce Springsteen, ecc. La base della musica popolare americana *"Tin Pan Alley"* è dominata dagli ebrei, che dominano l'industria musicale. L'80% dei comici americani sono ebrei, così come l'80% dei pionieri dell'industria dei fumetti. Gli ebrei dominano il teatro e la musica classica. Due ebrei gestiscono il Museo d'Arte Moderna e il Whitney Museum, solo i più famosi di una lunga lista di magnati ebrei del mondo dell'arte. Uno di loro sostiene un partito di destra in Israele e gestisce anche un conglomerato televisivo presente in una dozzina di Paesi dell'Europa centrale e orientale. Un ebreo ha fondato l'azienda informatica Intel e il numero due di Microsoft è un mezzo ebreo che sostiene le cause israeliane. Negli ultimi anni, ebrei sono stati alla guida di Compaq, Hewlett-Packard e Dell.

Il capo della NASA è ebreo. Gli ebrei hanno avuto un ruolo importante, insieme alla mafia italiana, nella fondazione di Las Vegas. Il suo sviluppo è stato fortemente favorito dalla più grande organizzazione criminale della storia americana, guidata da un ebreo. Nella mafia russa gli ebrei hanno un ruolo immenso. Negli anni '70, l'80% delle imprese di New York era di proprietà di ebrei. 5 degli ultimi 8 poeti laureati sono ebrei, così come 15 dei 21 intellettuali più importanti. Questi intellettuali sono promossi da riviste fondate e dirette da ebrei, come la New York Review of Books e la Partisan Review. Simon and Schuster, Alfred A. Knopf, Farrar Strauss and Giroux sono l'inizio di un lungo elenco di case editrici fondate e controllate da ebrei di New York. Metà delle squadre di pallacanestro sono gestite da ebrei, la National Hockey League e il baseball professionistico sono ebraici. Gli ebrei controllano le agenzie che curano le carriere e gli interessi degli sportivi professionisti. Cinque degli otto college della Ivy League sono gestiti da ebrei.

Nel gabinetto di Clinton c'erano ebrei: il Segretario al Lavoro, al Commercio, alle Finanze, all'Agricoltura e il Segretario di Stato. Il Segretario alla Difesa aveva un padre ebreo. I due candidati alla Corte Suprema di Clinton erano ebrei. I due senatori californiani sono ebrei ed entrambi membri di un'organizzazione di attivisti femminili pro-israeliani. Un giornale ebraico degli anni '90 rivela che quattro dei sette direttori della CIA erano ebrei. Lo era anche l'uomo di punta, poi graziato da Bill Clinton per violazioni della sicurezza prima che le indagini sulle sue attività fossero completate.

Sebbene rappresentino solo il 5% della popolazione complessiva degli Stati Uniti, il 45% dei quaranta americani più ricchi sono ebrei. Nel 2000, gli ebrei avevano quarantadue grandi donatori alle elezioni nazionali americane. Essi forniscono la metà dei finanziamenti al Partito Democratico. La loro priorità assoluta è sempre la politica estera a favore di Israele. Nel 1997, il capo del Comitato pro-Israele è diventato leader del Partito Democratico e, pochi mesi dopo, il responsabile degli affari politici della lobby pro-Israele è diventato direttore finanziario del Partito Democratico. Negli anni '90, il presidente del Fondo Monetario Internazionale era ebreo, così come i due direttori della Banca Mondiale. Un ebreo dirige la Federal Reserve e la Federal Trade Commission.

Nel 2001, una "oligarchia" ebraica controllava dal 50 all'80% dell'economia russa. Il secondo uomo più ricco d'Australia è ebreo e possedeva una parte del World Trade Center, l'altra parte apparteneva a un ebreo di New York. Intorno al 1990, un ebreo gestiva Mac Donald, altri, la Bank of America, la United Airline, e questo è solo l'inizio di un lungo elenco. Un ebreo ha scritto un libro sul monopolio dei diamanti, che è interamente in mani ebraiche. Dominano anche l'industria della moda: Calvin Klein, Tommy Hilger, Ralph Lauren, Donna Karan, Kenneth Cole, ecc. Questi sono solo esempi, la punta dell'iceberg della gigantesca influenza ebraica nella nostra società. La loro attività a favore dello Stato di Israele è enorme. Ma se si citano questi semplici fatti, piovono le condanne: "pregiudizio, bigottismo, razzismo, odio", si è quindi antiebraici, il che distruggerà la vostra vita e la vostra carriera. Si viene accusati di razzismo, mentre la questione ebraica non può in alcun modo rientrare nel mito del razzismo (le razzee i gruppi etnici sono costituiti da secoli di appartenenza a un ambiente fisso, cosa che non è assolutamente il caso degli ebrei. L'etnia è il risultato di un adattamento ormonale a un ambiente fisso: il particolarismo ebraico deriva esclusivamente dalla circoncisione dell'ottavo giorno, il primo della pubertà). Nessun politico occidentale può mantenere la sua ben pagata carica elettiva se pronuncia UNA sola parola di verità sugli ebrei. Esistono organizzazioni con budget milionari il cui unico scopo è mettere a tacere tutti coloro che si oppongono al loro dominio condannandoli per antisemitismo. In Francia, la legge Gayssotine, antidemocratica, contraria ai diritti umani, incostituzionale e quindi illegale, è il colmo per una legge.

Qualsiasi illustre professore che volesse pubblicare i risultati di una ricerca che scontentasse gli ebrei veniva licenziato e condannato. È quindi impossibile smascherare le loro menzogne, se non nella stampa clandestina, che ora è considerevole. (L'assurdità aritmetico-tecnica del mito dei "sei milioni di camere a gas" non può mai, in nessun caso, essere menzionata). La maggior parte della gente, istupidita dal secolarismo, dalla televisione, dalla chemioterapia negli alimenti e nei farmaci e dalle vaccinazioni, non ha idea delle dimensioni della questione ebraica, perché la censura è onnipresente, proprio come in *1984* di Orwell, quando le persone vengono condannate per "*crimini di pensiero*".

Per esempio, se si parla di predominanza ebraica a Hollywood, ci si deve difendere dall'antisemitismo di fronte a chi chiede il silenzio sulla questione della predominanza ebraica a Hollywood.

In una società robotizzata in cui il potere ebraico è radicale, Hollywood ci fa ignorare il fatto che la Seconda Guerra Mondiale è stata architettata dagli ebrei, che ha lasciato sessanta milioni di morti e non solo sei milioni di ebrei (il cui lavoro revisionista ci ha rivelato l'enorme inflazione e l'impossibilità di gasare con lo Zyklon B). Hollywood ha reinventato la guerra a vantaggio degli ebrei internati, anche se questi avevano dichiarato guerra a Hitler nel 1933, e non ci parla mai delle decine di milioni di cadaveri della Russia sovietica radicalmente ebraica, dai suoi ideologi come Marx ed Hegel ai suoi boia delle prigioni e dei campi di concentramento come Kaganovitch, Frenkel, Yagoda, ecc.

In Francia e altrove la situazione è la stessa. Come bonus abbiamo Badinter, che ha fatto annullare la pena di morte e l'ha istituzionalizzata per un numero illimitato di innocenti, poiché una volta che un assassino è stato condannato non c'è rischio che venga condannato di nuovo se uccide di nuovo da sei a quindici volte, cosa che a volte fa... Questo stesso Badinter ci dice che per essere un buon padre bisogna essere un po' pedofilo e pedofilo, mentre la signora Badinter ci dice che l'istinto materno non esiste. Lang e Kouchner ci dicono che i bambini "*hanno diritto al piacere sessuale*", Simone Veil istituisce l'aborto self-service per i bambini sani, mentre i pazzi pullulano. Lang promuove anche la musica patogena e criminogena e i rave-party... La pornografia del Benezaref è in mostra all'"*athée-lévy-sion*" e altrove...

Abbiamo qui una schiera di criminali extradimensionali di lèse-humanité... L'immoralità è diventata un sistema...

CONCLUSIONE

Per me è chiaro che questi fatti, che sono noti dal 1934 e che offrono un Niagara di nove prove, non sono stati scritti da un ebreo (a meno che non ci siano prove del contrario), ma da un goy che era disgustato dalla perversità ebraica quanto dalla disgustosa servilità dei goyim, "*quel vile seme di bestiame*".

L'abolizione radicale della circoncisione dell'ottavo giorno risolverebbe la questione ebraica (come ho spiegato nelle mie opere segrete). Ma, ahimè, il giudeo-cartesianesimo è lanciato e nulla può fermare la sua corsa verso il nulla.

Il marxismo rothschildo ci sterminerà. Dopo le rovine... Vedremo!

Dopo l'età del ferro, del cemento e delle tenebre, ci sarà un'età dell'oro, ma noi non saremo qui a vederla.

* * * *

ALTRI TITOLI